CIZIA ZYKË

Parodie

EDITION° 1/HACHETTE

Vancouver, Canada. La traversée du Pacifique a été rude.

Changer de continent est toujours un moment heureux. Alors j'ai fêté ça, peut-être trop. Les trois derniers jours à Tokyo, je n'ai pas dormi et j'ai abusé du champagne pendant les quinze heures de vol. Les couloirs de l'aéroport me semblent interminables, jusqu'à la file d'attente du guichet de l'immigration. Je suis relax, sans préoccupation. Ils ont l'air sympathiques, ici.

Je tends mon passeport au fonctionnaire. C'est un type solide, aux yeux clairs, au visage barré d'une moustache de père de famille.

Il prend son temps. Il consulte la première page, examine ma photo et relève les yeux pour me dévisager. Il vérifie la date d'émission avant de continuer à tourner les pages. Posément, il étudie mon visa d'entrée puis s'attarde sur les autres pages. Il est étonné par l'état du document et surtout par le nombre de tampons qui s'y trouvent. J'avais oublié cette rigueur des fonctionnaires nord-américains.

L'immigration est une chose sérieuse ici. Il faut que je me concentre pour bien répondre.

« Vous voyagez beaucoup, mister Zykë. C'est la première fois que vous venez au Canada ? »

Ça, c'est une question facile.

« Yes, Sir.

– Vous comptez rester longtemps?

– Je ne sais pas.

– Où comptez-vous séjourner? Vous avez de la famille au Canada? Des amis?

– Non, mais j'ai l'intention de m'en faire. »

Ça ne le fait même pas sourire. Pourquoi faut-il que je tombe toujours sur celui qui va m'embêter? Les questions continuent de pleuvoir. J'ai de plus en plus de mal à comprendre. Je me suis appuyé à son comptoir, fatigué, l'esprit embrumé. Sa voix est lointaine et parvient difficilement jusqu'à moi.

« Vous comptez travailler au Canada? »

Travailler?

Le mot se fraie un chemin jusqu'à mon esprit. Je n'ai jamais travaillé mais je sais que c'est à la mode dans le monde entier. Je saute sur l'occasion de faire plaisir au moustachu. Je me redresse et, souriant, réussis à articuler d'une voix pâteuse mais ferme que c'est mon désir le plus cher. J'en rajoute même en parlant de fonder un foyer, avec des enfants qui seront tous d'excellents travailleurs, moi-même issu d'une longue lignée de travailleurs. Mon père, mon grand-père...

Contrairement à mon attente, il ne me rend pas mon passeport. A l'inverse, il se lève et m'invite à le suivre.

« Vous n'avez pas de bagages?

– No, Sir. »

C'est là que les ennuis ont commencé.

On m'a confiné trois jours dans une chambre de l'hôtel de l'aéroport, avant de me faire passer devant un conseil de l'immigration.

Le bâtiment officiel est un building impersonnel

et froid. Je suis mon guide, un grand flic, à travers un dédale de couloirs et d'ascenseurs. On attend une demi-heure dans un hall.

Je suis mal à l'aise. Mon costume est chiffonné et poché aux genoux. En lin clair, coupé sur mesure à Hong Kong, il a eu beaucoup de classe. Les heures d'avion et ces trois jours d'hôtel l'ont transformé en serpillière. Avec ce grand flic muet à mes côtés, j'ai l'impression d'être un petit immigrant italien sur un quai de New York.

Six personnes m'attendent dans la salle, cinq hauts fonctionnaires en uniforme et une femme qui se présente comme mon interprète. Elle commence aussitôt à traduire en français, avec un fort accent québécois, les articles du code que lit un des types.

« Vous avez déclaré vouloir travailler sur le territoire canadien. C'est formellement interdit sans visa d'immigrant. »

C'était donc ça! C'est plutôt sympathique, un pays où le travail est interdit.

« En conséquence, vous ne pouvez pas rester au Canada. On va vous déporter. Vous avez le choix entre votre pays d'origine ou celui d'où vous venez. »

Voilà.

Ces braves gens m'annoncent tranquillement qu'ils veulent me foutre dehors. Ce n'est même pas un procès. On m'a fait venir ici pour m'informer de ma condamnation. Je dépense de l'argent pour venir les voir et ils me jettent dehors. Et tout ça parce que, pour la première fois de ma vie, j'ai manifesté l'intention de travailler.

Je n'ai aucune envie de revenir en arrière. Il est trop tôt pour un retour en France. Je vais rester ici. Je regarde mes juges. Ils sont rigides sur leurs chaises, impassibles. Ils ont tous des carrures impressionnantes, sanglés dans une chemise d'uniforme impeccable. Inébranlables, aucun d'eux ne me viendra en aide.

La seule solution, c'est la femme.

A première vue, elle est aussi inattaquable que les mâles. La quarantaine un peu bouffie, une épaisse paire de lunettes carrées, elle porte un tailleur bleu d'une stricte coupe administrative. Sur sa poitrine, un badge indique qu'elle s'appelle Mme Simpson. C'est une femme mariée. Elle a sans doute des enfants. Je vais jouer la fibre maternelle.

« Madame! Laissez-moi vous expliquer... »

Et je lui expose mon impuissance et mon désespoir d'être ainsi traîné en justice, après trois interminables journées de prison; combien il est pénible d'être placé sous surveillance policière; à quel point le choc psychologique de mon injuste garde à vue, s'ajoutant à l'erreur judiciaire qu'ils sont en train de commettre, peut être traumatisant pour mon équilibre affectif et mental.

Elle me regarde maintenant avec attention, surprise. Je continue.

« Il faut que vous m'écoutiez, madame... Je suis un étudiant en psychologie. J'ai présenté à la fin de l'année dernière une thèse difficile sur les comportements humains et les traumatismes. J'ai remporté à force d'énergie et de travail ces difficiles examens de fin d'études. Mon papa, fier de moi et soucieux de me ménager après ce grand effort intellectuel, m'a offert un voyage d'études à travers le monde. Il s'agit de m'éveiller, de m'élargir l'esprit par des contacts humains bénéfiques. D'en connaître un peu plus sur les lois de la vie et d'apprendre à bien les respecter. Madame... J'ai dit que je venais travailler? Mais c'est une erreur, un quiproquo, un regrettable malentendu à mettre sur le compte d'une simple confusion linguistique, bien excusable après une journée d'avion, perturbé par le décalage horaire et le trouble qui m'habitait depuis le vol de la totalité de mes valises, cadeaux de ma famille où je conservais mes livres, mes diplômes, les photos de ma famille et tous mes souvenirs de voyage. Tout a disparu à l'hôtel, à Tokyo.

« Les ennuis pleuvent sur moi et on en profite pour me traiter comme un indésirable, un bandit, un criminel, un aventurier venu semer le trouble. Moi qui me faisais une joie, après avoir découvert les civilisations du monde, les mœurs des hommes et de leurs femmes, de terminer mon tour du monde par le Canada. »

Derrière ses verres correcteurs, le regard bleu de Mme Simpson me scrute avec un intérêt qui n'est plus seulement professionnel. Son tailleur bleu cache mal des rondeurs qui restent presque appétissantes. A l'attaque.

« Le Canada, madame! J'ai tant rêvé de ce pays. Lorsque j'ai organisé mon voyage, j'ai tout de suite décidé de terminer par là. Depuis l'enfance, je passais des heures à lire tout ce que je pouvais sur le Grand Nord et les trappeurs. Ma mère, qui a visité le Canada dans sa jeunesse, m'en parlait le soir. Je me réjouissais déjà de contempler les grands espaces, de voir, une fois dans ma vie, les chutes du Niagara... Votre coiffure vous va extrêmement bien... Et je voulais voir les Indiens, faire de la motoneige, rencontrer les professeurs de l'université de Vancouver... »

Je suis remarquable. A demi dressé, le regard plongé dans les yeux bleus de mon interprète, je porte l'estocade par un vibrant :

« Aidez-moi, madame! »

Elle a rosi quand je l'ai complimentée sur ses cheveux. Elle se ressaisit un instant avant de traduire pour les cinq fonctionnaires l'essentiel de mon plaidoyer. Je parle parfaitement anglais et n'ai aucune difficulté à suivre la progression. D'impersonnel et efficace, le ton de ma traductrice devient plus rythmé. C'est une plaidoirie en ma faveur. Bientôt, elle ne traduit même plus, s'efforçant de convaincre les autres de ma bonne foi.

Etudiant en psychologie? Je devrais dire maître en la matière, car je t'ai bouffé la tête, ma grosse!

Je sais que c'est gagné quand les officiels commencent à se concerter à mi-voix. Encore quelques discours et on me laisse partir. Il est quand même convenu qu'ils conserveront mon passeport jusqu'à ma sortie du territoire. Je devrai faire viser un papelard au bureau de l'immigration le plus proche, une fois par mois.

Dernière formalité, on me fait jurer sur la Bible de respecter les lois et le reste. Complètement athée, ça ne me dérange pas du tout, mais je dois dire que c'est bien la première fois qu'on me fait jurer sur mon papier à rouler. De toute façon, je suis prêt à jurer tout ce qu'ils veulent et sur n'importe quel bouquin, car j'ai décidé de rester.

Le soin qu'ils prennent à protéger leur pays me fait penser qu'il doit y avoir des bonnes choses à y prendre. Leur obstination à me refouler a éveillé ma convoitise. J'ai toujours vu le continent américain comme un coffre-fort. J'y ai fait, ces dernières années, de fréquents passages, toujours lucratifs. Et là, quelque chose me fait penser que ça va être encore meilleur.

Dire que sans leur insistance, je serais peut-être passé à côté d'un trésor!

PREMIÈRE PARTIE

TORONTO. Préparer une pipe d'opium est une opération délicate. C'est une succession de gestes précis qui exige l'assistance d'un préparateur. Li-Han, le propriétaire de la maison, y excelle.

Patiemment, il pétrit une boulette au bout d'une aiguille et la transforme peu à peu, entre le pouce et l'index, en un petit cône. Le fourneau de la pipe est une simple petite ouverture, percée dans une boule de porcelaine. Li-Han y glisse la pointe d'opium dont la boule reste à l'extérieur.

C'est de l'opium pur, débarrassé de ses substances végétales, à l'inverse du *rough opium*, marron, collant et désagréable à fumer. Il est beaucoup plus fort, et beaucoup plus cher.

Mon hôte me tend l'embout de la pipe. Couché, bien sûr, pour éviter que l'opium ne coule, j'allume la boulette à la lampe à pétrole posée à côté de moi. Une courte flamme bleue, l'opium grésille, et cette troisième pipe achève de me relaxer.

Allongé sur la natte crasseuse, je me détends. La chambre est sombre en ce milieu de l'après-midi. Une petite veilleuse dans un angle éclaire une statuette du Bouddha qui semble regarder, à l'autre bout de la pièce, le poste de télévision muet, mais allumé en permanence.

Je suis bien loin des splendeurs de l'Orient.

Toronto est une ville moche, où il fait gris et froid. Depuis quinze jours, pas le plus petit événement. Rien dans cette cité industrielle ne m'incite à enclencher une action et à renouer le contact avec la civilisation occidentale.

Les avenues de plusieurs kilomètres de long, à circulation rapide, coupent à angle droit les rues en une succession de blocs uniformes. C'est une ville américaine. Il y pleut sans arrêt, et les trottoirs sont déserts.

Li-Han reprend la pipe. Avec son aiguille, il perce le fourneau et tasse l'opium sur les bords pour maintenir la combustion. Il me tend le tout avec un sourire.

C'est un malin, celui-là. Comme beaucoup de ses congénères, il possède de grandes qualités de commerçant. Jeune, les cheveux longs et habillé à l'américaine, jean et tee-shirt, il porte au poignet une grosse montre suisse en or, l'insigne des Asiatiques débrouillards.

Il m'a dit venir du Yunnan, une province chinoise. Il a beaucoup voyagé, lui aussi. Il est venu me parler dès le deuxième jour de mon installation dans le Chinatown. Sa proposition – me faire découvrir les plaisirs du quartier, l'opium et les époustouflants massages de sa petite cousine – me l'a tout de suite rendu sympathique. Depuis, il me traite comme un roi et me prend tout mon pognon.

Dans cette ville, c'est le travail avant tout. Les seuls qui auraient des raisons de ne rien faire sont les retraités. Mais à cette époque ils ont déjà entamé leur grande migration vers la Floride, le plus vaste cimetière américain, où ils passeront l'hiver au soleil.

Petit plaisir du matin, j'ai trouvé sur Yonge Street un snack italien qui sert des expressos corrects. Le café américain, clair comme du thé, réchauffé dix fois, est imbuvable, surtout au réveil. L'endroit, comme le reste, est généralement désert. Ici, les cafés ne sont pleins qu'à l'heure du déjeuner. Personne ne traîne dans les bars comme dans les pays méditerranéens.

L'après-midi, je me promène dans les grands centres commerciaux qui sont le cœur de la ville. Je tourne, je cherche, je fouine partout, mais c'est sans grand espoir dans une cité aussi tranquille. Les seuls contacts que j'ai eus jusqu'à présent sont avec des zonards sans envergure qui ne peuvent rien m'apporter.

Li-Han perce à nouveau l'opium, avant les dernières bouffées. La chambre est obscurcie par la fumée âcre de la drogue. Je suis complètement détendu maintenant, perdu dans mes réflexions.

Les femmes... Elles sont souvent mes mécènes involontaires mais ici elles ne m'attirent pas. J'ai déjà pratiqué des femelles américaines et j'ai beaucoup souffert de leur manque de féminité. Les bigoudis sur la tête ou la coiffure super-apprêtée, le chewing-gum sans calories entre les dents, elles n'ont que le mot dollar à la bouche.

Alors faire des efforts d'amabilité pour séduire ce genre de gibier ne m'intéresse pas. Je sais trop que je vais trouver cette détestable mentalité! Quand le dollar passe avant tout, il n'y a plus de place pour les sentiments.

Les raffinements de la civilisation, j'en ai vite fait le tour. Le hamburger, c'est bon, mais seulement une fois par an. La deuxième spécialité américaine, le poulet frit aux herbes, me dégoûte. Je ne peux plus y toucher depuis que je sais que ces bestioles dégénérées, avec une crête qui leur retombe sur le bec comme un vieux chiffon, sont nourries de leur propre merde recyclée. Entre les chaînes de fast food, les boissons trop sucrées et les aliments trop parfaits ou soi-disant diététiques, il y a de quoi se détruire la santé. Il me suffit d'ailleurs de regarder les indigènes pour constater que l'obésité est la première maladie indigène.

L'argent qui échappe aux mains expertes de Li-Han et de sa petite cousine masseuse fond en restaurants continentaux et en bouteilles de vin français.

Mon hôte chinois a ôté le fourneau de porcelaine de son embout. Il me prépare une nouvelle pipe avec les résidus des précédentes. Il récupère à l'intérieur de la boule, à l'aide d'une sorte de spatule, les débris noirâtres, qu'il mélange à une poudre blanche. C'est de l'aspirine pilée, qui doit empêcher le résidu de donner mal à la tête.

Que faire d'autre que fumer ? De toute façon, il n'y en a plus pour longtemps. Je ne trouverai pas l'action au Canada. Autant dépenser les dollars qui me restent de façon agréable, puis je m'en irai au soleil. Bouger n'a jamais été un problème.

A dix-sept ans, j'ai quitté la France, devenue trop étriquée pour moi, et j'ai commencé à voyager. Depuis, je n'ai pas cessé de m'amuser et n'en ai toujours pas l'intention. C'est tellement bon de prendre le meilleur d'un pays, d'y vivre une aventure, d'en honorer les occupantes, et d'aller voir ailleurs. Je me prépare des souvenirs pour mes vieux jours. Ma gentillesse et mon assurance, masquant une hypocrisie à toute épreuve, sont les garants de ma positivité.

Je suis un bouffeur de têtes sympathique. Après quelques heures de discussion, les gens se demandent comment ils ont pu vivre si longtemps sans moi.

Auprès des femmes, les plus charmants de mes financiers, je suis avantagé par ma nationalité. A cette époque, le Français est avant tout un ambassadeur de l'amour et des plaisirs raffinés. Ces deux atouts me permettent de me promener de par le monde, les mains dans les poches, sans souci du lendemain ni attaches, tranquille.

Indifféremment français, italien, corse, argentin, libanais ou marocain, étudiant en psychologie, décorateur, fils de banquier en goguette ou industriel, suivant les besoins et les personnes en présence, je suis un caméléon parfaitement adapté à toutes les formes de survie. Quand ça devient critique, je change de pays.

Je ne suis que mes règles et elles sont simples : vivre intensément et ne rien prendre au sérieux. J'ai conscience de ne faire qu'un passage sur cette terre, alors autant en profiter au maximum. Entre une hypothétique place au paradis et une vie de plaisirs immédiats et certains, j'ai choisi au plus court, et très tôt. Dès l'âge de treize ans, je me suis rendu compte que j'étais un jouisseur impénitent. Je ne suis pas né pour souffrir mais pour prendre le meilleur de cette existence. Je ne comprends pas l'intérêt de travailler, d'économiser et de morfler toute une vie, en prévision d'une retraite dont on ne peut jouir que lorsqu'il est trop tard. Préparer un futur incertain ne m'intéresse pas. Je vis à fond le présent. Pour moi, une année vécue est une année gagnée.

Je recherche tous les plaisirs, par tous les moyens. Je me suis vite aperçu que l'interdit est toujours meilleur. Il est vrai que cette vision des choses coûte parfois cher, mais je trouve toujours des âmes charitables pour m'aider, souvent contre leur gré. Je leur offre des plaisirs par procuration, et ça marche. Finalement, je ne fais que ce que chacun a envie de faire sans jamais oser le faire.

Il ne suffit pas d'être riche. Il faut aussi savoir dépenser. Si certains de mes mécènes gardent un mauvais souvenir de moi, c'est presque involontaire. Ce n'est pas ma faute s'il n'y a pas de place pour tout le monde.

Mais ici, ça ne marche pas!

Les couleurs de la télé muette sont floues et lointaines. Li-Han a roulé soigneusement son petit matériel dans un chiffon avant de disparaître. Mon état de relaxation est total, je suis totalement dans les vapes. Je pars en voyage.

CE doit être la faim qui me réveille, parfaitement reposé et d'attaque. Il fait encore jour mais les aiguilles ont dû faire le tour du cadran. L'opium m'a mis hors course au moins vingt-quatre heures.

En bas, le restaurant est déjà envahi par des odeurs de soupe et de chinoiseries qui décuplent mon envie de manger. La salle est minuscule, avec simplement quelques tables de formica et des tabourets de bar vissés au sol. Li-Han, par-dessus son journal en chinois, m'adresse un petit salut. Au-dessus du comptoir, des canards rouges, décapités et ridicules, pendent à des crochets. Des marmites fument dans l'arrière-salle et ça sent bon. Le cuistot, un petit bridé sans âge, ne quitte pas du regard la télévision.

« Prépare-moi... s'il te plaît... un porc à l'ail, une soupe de légumes, une autre aux raviolis... un chop suey, un canard laqué, des crevettes piquantes et quatre bols de riz. »

J'ai très faim. Le cuisinier, toujours surpris par mes capacités d'absorption, se met rapidement au travail, les yeux toujours braqués sur le show télévisé.

Quelques minutes plus tard, je suis rassasié, en excellente forme, et je me demande ce que je vais bien pouvoir faire de cette soirée quand Li-Han vient me retrouver au comptoir, tout sourire.

« Hello! Cizia! Tu sors? Tu as besoin de ma voiture? »

Je n'ai pas vraiment envie de sortir mais que faire d'autre?

C'est ma dernière ou avant-dernière nuit à Toronto. La liasse de billets dans ma poche se réduit à quelques grosses coupures froissées que je trouverai bien à claquer.

« Tu ne vas pas rigoler. C'est le Thanksgiving Day, tout est fermé. »

Ma bonne humeur et ma forme tombent d'un cran. Pourquoi faut-il qu'il y ait tant de jours fériés sur ce continent? Cette ville semble ne pas savoir s'amuser.

Li-Han a garé la voiture, une vieille Cadillac blanche des années soixante. Je lui glisse un billet qui disparaît aussitôt et je démarre. Li-Han m'adresse de joyeux signes d'adieu.

Quel commerçant! Je reviens d'Asie et j'ai pu m'apercevoir qu'il n'est pas le seul à savoir ramasser l'argent. Très doués pour le capitalisme, durs en affaires et rusés, ce sont les futurs maîtres du monde.

Il n'y a d'ailleurs qu'à s'asseoir dans cette guimbarde pour s'en rendre compte. Reliquat de la grande prospérité américaine, d'allure légèrement tordue, c'est la Cadillac de l'immigrant fauché. Les essuie-glaces peinent sur le pare-brise. Une fuite en haut de la portière laisse passer la pluie, désagréable et froide. Ça n'empêche pas Li-Han de me la louer pour au moins le double de son prix d'achat.

Les néons et la relative animation du Chinatown ne concernent que quelques rues. Mon escroc chinois a raison, ce n'est pas le jour idéal pour chercher l'action.

Young Street est parfaitement désolé. Les rideaux de fer sont tirés sur les boutiques de fringues, les sex-shops sont fermés. Seules clignotent les lumières des fast foods vides de clients. Le chauffage de la Cad refuse de marcher. J'ai froid dans mon costume tropical et me demande de plus en plus, en longeant les rues mortes, ce que je fous là.

J'essaie les bas-fonds, une nouvelle fois. Queen's Street m'a semblé amusant à mon premier passage, avec ses quelques bars country et ses putains vulgaires. Au coin de la rue, une épaisse beauté platine, frigorifiée, me propose à la fenêtre ses services, une pipe. Ça ne m'inspire pas.

Finalement, comme les autres soirs, par désœuvrement, je décide d'aller traîner dans les bars des grands hôtels. Je n'ai pas repéré de vraies boîtes de nuit à Toronto. Dans ce trou, les quelques riches noctambules se retrouvent à l'Holyday Inn ou au Hyatt Regency.

Le bar du Regency, une vaste salle confortable moquettée de bleu, garnie de profonds fauteuils de cuir noir, les lumières dissimulées dans les bacs de plantes éclairant les rambardes de cuivre, est encore plus sinistre que d'habitude. Eméchés au bar, seuls dans ce désert avec le barman, deux types semblent s'emmerder aussi intensément que moi.

Dans le fond, sur une estrade, une chanteuse sud-américaine dont les premiers succès doivent remonter à l'époque de la prohibition fait ce qu'elle peut. Pâmée, les yeux mi-clos, elle lance de vibrants messages d'amour aux tables vides et aux murs, qui en ont vu d'autres, et ne s'en formalisent pas pour autant.

Le contrebassiste, un grand échalas tout maigre, les yeux cachés derrière d'épaisses lunettes de myope, se contente de jouer une note de temps à autre, lorsque son absence se fait trop remarquer.

Des trois personnes présentes, ni les deux alcooliques distingués, qui lui ont résolument tourné le dos, ni moi-même ne songeons à applaudir. La fin de chaque morceau est saluée par un silence total.

Pourtant, la chanteuse fait des efforts. Elle s'incline bien bas, répétant des mercis émus et agitant la main pour contenir les tonnerres d'applaudissements qu'elle est la seule à entendre. Je note parfois une légère crispation et l'envie manifeste d'aller taper sur l'épaule de ces deux silhouettes qui l'ignorent, mais la longueur de fil du micro ne lui laisse pas cette liberté.

Pour éviter son regard désespéré, qui s'accroche au mien comme un noyé à sa bouée, je tourne mon attention vers les deux consommateurs. Ils discutent avec le barman qui affiche une mine de circonstance et participe à la discussion par des hochements de tête et un intérêt professionnel.

Le plus petit des deux, la tête entre les mains, a l'air accablé. Ils parlent un mélange d'américain et d'italien. Le peu que je connais de cette dernière langue est un prétexte suffisant pour me joindre à eux. Je m'approche et leur tape sur l'épaule avec un grand sourire.

« Je peux vous offrir un verre ? »

Il n'en faut pas plus pour que naisse une nouvelle amitié, et un quart d'heure plus tard, je sais tout.

Rocco a des problèmes. De garçon de café, il est devenu manager de restaurant, grâce à son frère qui a fait une rapide fortune dans l'immobilier. Aujourd'hui, ses affaires vont mal. Par manque d'expérience il a accumulé les erreurs qui font couler un commerce. En ce jour de fête familiale, il se sent coupable. Il a voulu rester seul. Il a l'alcool triste et me raconte ses problèmes avec des trémolos dans la voix. Le deuxième personnage, heureux de mon intervention, en a profité pour s'éclipser discrètement.

Je n'aime pas les gens bourrés, mais Rocco est un bonhomme sympathique. Il est petit, brun, la quarantaine, avec un visage d'enfant que l'absence de soucis n'a pas encore marqué. On le sent gentil, le cœur sur la main, mais dépassé par une responsabilité trop grande pour lui.

Bon samaritain, je lui remonte le moral. Emigré depuis longtemps aux Etats-Unis, il parle un anglais sans accent et son ébriété lui masque provisoirement la pauvreté de mon italien.

« Allons Rocco, il ne faut pas désespérer comme ça, il suffit que la chance tourne. »

Mes banalités d'usage ne suffisent pas à le rassurer.

« Non, c'est trop tard. Mon restaurant marche vraiment trop mal. Tu vois, Cizia... »

Il s'interrompt pour me mettre la main sur l'épaule dans un geste de fraternité alcoolique.

« Tu es italien, Cizia ?

– Je suis albanais. »

Je joue sur du velours, il y a tellement d'Albanais en Italie... Et j'ajoute que je vais souvent là-bas, que toute ma famille y vit, et que ma mère me parle souvent de l'Italie.

A l'évocation du pays, ses yeux se sont embués. Il reste silencieux un moment, rêveur, puis revient à ses problèmes.

« Ils auraient honte de moi, là-bas, au pays, s'ils voyaient comment je fais tourner mes affaires.

– Je crois que tu désespères trop vite, Rocco,

mon ami. Avec un restaurant, rien n'est jamais définitif...

– Non, c'est foutu, je vais y laisser ma chemise.

– Mais non Rocco, ne t'inquiète pas. Il suffit de changer quelques détails : une bonne carte, un peu de publicité bien faite et toute la ville va venir chez toi !

– Tu t'y connais en hôtellerie ?

– Si je m'y connais ! Mais je suis né là-dedans, Rocco ! Mes parents ont un des restaurants les plus fameux de Milan. Mes frères, mes sœurs, mes grands-parents sont tous dans la restauration. Moi-même, je sors d'une école d'hôtellerie et on me propose de diriger un restaurant à Genève. »

Et d'ajouter que c'est une tradition, dans ma famille, qui remonte au moins aux Croisades ; qu'il a devant lui l'aboutissement de dix siècles d'expérience hôtelière. Bref, qu'il ne pouvait faire de rencontre plus providentielle ce soir...

Un grand sourire aux lèvres, les yeux ronds, Rocco gobe tout ce que je lui raconte. Pendant que je m'efforce de le convaincre que mon arrivée dans sa vie est plus importante que la venue du Messie lui-même, je me demande bien ce que je pourrais faire avec une *trattoria* à part la vendre. Mais ça peut être un point de départ, et puis il y a toujours un tiroir-caisse dans un restaurant qui pourra jouer avec mes poches aux vases communicants.

En fin de soirée, j'ai accepté, sur les instances de Rocco, de venir visiter son établissement le lendemain, afin de voir si, éventuellement, je ne pourrais pas lui glisser un conseil ou deux. Il est évident qu'étant en vacances je fais ça pour lui rendre service, sans compromis aucun.

« Rocco, je te vois demain. Je dois partir maintenant. Enchanté d'avoir fait ta connaissance. T'inquiète pas, je viens t'aider demain. »

Je rentre à Chinatown content. Il y a là le prélude à une bonne partie de rigolade! Je n'ai jamais possédé de restaurant.

A l'hôtel, Li-Han joue au mah-jong avec ses quelques habitués du soir.

« Cizia! Tu veux fumer?

– Non, ça va.

– Un petit massage, peut-être? »

Tous les soirs ou presque, j'use des services de la petite cousine de Li-Han. Yac-Minh est charmante, menue, sous une simple blouse blanche. Comme toutes les jolies Asiatiques, elle peut avoir entre vingt et quarante ans. Avec sa peau délicate comme de la porcelaine, c'est une poupée qui dit bonsoir, merci et bonne nuit.

Je me douche, j'enfile un pantalon de kimono, très large, et je m'allonge. Le massage se pratique à la lueur d'une veilleuse, sous le regard bienveillant du Bouddha. Pendant deux heures, la petite cousine m'étire les bras, les jambes, fait jouer mes coudes, mes genoux, les jointures de mes doigts et de mes orteils, me tord le cou, me presse longuement chaque muscle et me brise en mille morceaux. Le résultat est fantastique. Ce massage est une science millénaire, avec des gestes propres à chaque partie du corps jusqu'à la plus infime, chaque articulation, pour les délier parfaitement.

Pendant que je subis ce délice, la force de ce petit morceau de femme me laisse pantois. Ses doigts surtout sont d'une vigueur extraordinaire. Son endurance a pourtant des limites. Elle est minuscule comparée à mon volume et bien essoufflée quand elle termine cette première partie du traitement.

Elle ne me donne pas son corps pour détendre le dernier muscle contracté. Là encore, sa pratique est le résultat d'une science antique et d'une longue initiation. La caresse enveloppante de ses lèvres est fabuleuse de douceur et de dextérité. Elle sait prolonger indéfiniment ce moment de paradis.

Lorsque, beaucoup plus tard, je fouille mes poches, c'est avec plaisir que je lui donne la moitié de ce qui me reste. Je l'ai habituée dès le premier soir à donner beaucoup. Elle me prodigue un traitement de roi, et je ne mégote pas.

Elle fait disparaître les cent dollars avec un sourire délicieux.

« Merci. Bonne nuit. »

Elle disparaît après m'avoir salué d'une courbette, les deux mains jointes devant son visage.

Le lendemain, je lâche mon dernier billet de cent dollars pour acquérir une veste noire, un pantalon noir, une chemise blanche et un nœud papillon, le tout très chic.

Il me reste dix dollars, avec lesquels j'achète une bouteille de champagne, pour fêter dignement ma dèche momentanée.

J'arrive au restaurant de Rocco, La Strada, un peu avant l'heure du déjeuner. Il est situé dans une galerie commerciale construite à deux pas du Hyatt Regency, sur Avenue Road, parallèlement à Yorkville, sorte de grand couloir en équerre flanqué de chaque côté de boutiques à la mode : chaussures de luxe, vêtements de grande marque, produits européens. L'endroit respire bon l'argent.

La Strada bénéficie d'une excellente situation. C'est le seul restaurant de la galerie. Il possède deux façades, l'une sur la rue, l'autre sur le hall.

Lorsque j'entre, Rocco, qui a récupéré de sa cuite de la veille, m'accueille avec joie, un grand sourire sur sa figure de gamin. Il se souvient de moi, voilà déjà un point d'acquis.

Visiblement en proie à des ennuis, il me montre la cuisine du doigt.

27

« Excuse-moi Cizia, un petit problème et je suis à toi. *Momento.* Assieds-toi et commande quelque chose à boire, *volvo pronto.* »

Et il trottine vers la cuisine.

J'en profite pour faire une rapide inspection des lieux. Le restaurant est vaste, séparé en deux salles. Le bar se trouve dans la plus petite où donnent l'entrée et la porte des cuisines. Il faut monter quelques marches pour pénétrer dans l'autre pièce, plus agréable, entourée d'alcôves. L'aspect visuel n'est pas terrible. Dans son désir de luxe, le décorateur est allé trop loin. L'ensemble est pompeux, trop chargé pour une simple *trattoria* de galerie commerciale. Des lustres vénitiens qui pendent du plafond aux épaisses tentures rouges, en passant par les tables et les chaises, imitations d'époque lourdes et inconfortables, tout est de mauvais goût et a dû coûter une fortune pour un résultat bien médiocre : le décorateur a sans doute voulu prendre sa revanche contre la pauvreté. Rien de tout cela n'est vraiment fonctionnel.

Au milieu de ce déploiement d'artifices, les garçons, en trop grand nombre, débraillés, vêtus d'une chemise rouge et d'un foulard vert, traînent, de toute évidence désœuvrés.

Le personnel se comporte comme s'il savait qu'il n'y en a plus pour longtemps et se soucie peu des quatre clients attablés. Depuis dix minutes que je suis là, personne n'est venu s'occuper de moi, et mon verre de vin n'est pas tout à fait propre.

Très vite, je récapitule les points les plus négatifs : lenteur du service, dont j'entends les rares clients se plaindre, aucune efficacité, beaucoup d'air pour rien.

Ce restaurant n'a pas d'âme.

Rocco revient bientôt, rouge, légèrement tremblant, énervé par ses problèmes.

« Ça va, Rocco, des ennuis ? »

Il soupire comiquement en secouant la tête.

« Ce couillon de cuisinier va me rendre fou. Je n'ai jamais rencontré de type plus têtu que celui-là.

– C'est un Italien ?

– Non un Canadien, un gros con, mais c'est le chef, alors... »

Je prends mon verre et je me lève.

« Tu me fais visiter ? »

La cuisine est entièrement équipée d'appareils modernes et rutilants. Le chef cuisinier, un gros rougeaud à la tête de con, répond à peine à mon salut et se replonge dans la lecture de son bouquin.

Je découvre avec étonnement un tas d'engins dont j'ignorais jusqu'à l'existence. Rocco a remarqué mon intérêt et me fait fièrement quelques démonstrations. Il ne sait pas que si mon attention est réelle, ce n'est pas du point de vue professionnel mais uniquement par curiosité. C'est la première fois de ma vie que je mets les pieds dans une cuisine. Je fais ouvrir la chambre froide, regarde la réserve, commente élogieusement des appareils dont j'essaie de deviner la fonction. J'ai reconnu quelques objets comme le robinet et le moulin à café, mais ça ne va pas plus loin. Mon aplomb masque parfaitement mon ignorance et Rocco est suffisamment volubile pour m'éviter des questions embarrassantes.

Nous retournons dans la salle pour déjeuner.

Le menu est minable. Ce ne sont que des plats riches, trop lourds et longs à préparer. Rien de bon marché, ce qui est une erreur, surtout à l'heure du déjeuner. Pour le lunch, les businessmen américains, perpétuellement préoccupés par la productivité, veulent manger rapide et pas cher.

Je commande le plus classique, des *spaghetti bolognese*. Rocco a commandé un hamburger, reniant lui-même les qualités de sa cuisine. Quand mon plat arrive, mon appréhension se révèle justifiée. Le gros cuistot n'a jamais entendu parler de cuisine italienne et ses nouilles sont infâmes, pas assez salées, insipides et trop cuites. Les boulettes de viande sont fades, la sauce pue la conserve à plein nez. Rocco attendait mon verdict et remarque ma grimace de dégoût.

« Tu l'as trouvé où, ce *cornuto*? dis-je en repoussant mon assiette à peine touchée. Ce n'est pas un cuisinier, c'est un porc!

– *Porqua Madonna!* J'ai fait une erreur! Mais il m'avait affirmé être cuisinier, alors...

– Fous-le dehors! »

Il hausse les épaules, navré.

« Ce n'est pas aussi simple que ça... »

Pauvre Rocco qui ne parvient pas à faire la loi dans son propre établissement! Tout va de travers, ce qui ne peut que servir mes intérêts.

C'est le moment que choisit le cuistot pour faire son apparition dans la salle. Son tablier est sale. Il s'est ouvert une boîte de bière qu'il vient terminer, sans gêne aucune, à notre table. Il est repoussant. Des cheveux mi-longs, plutôt rares et graisseux, le visage bouffi par l'alcool, mal rasé et vérolé.

Rocco me jette un regard désemparé. L'ignoble vide sa boîte, empoigne la bouteille sur notre table et se sert un grand verre de vin dont il prend bien soin de laisser tomber quelques gouttes sur la nappe. Il remarque mon assiette intacte.

« Vous n'avez pas faim?

– Si. Mais je ne peux pas manger ça.

– Vous ne trouvez pas ça bon?

– On ne peut pas juger si c'est bon ou pas bon. C'est dégueulasse, et je ne mange pas ce qui est dégueulasse! »

Surpris, il regarde Rocco qui se fait encore plus petit sur sa chaise. Il me gratifie d'un regard noir et, vexé, choisit de disparaître en direction de ses marmites.

Celui-là, il faut l'éliminer rapidement.

Je pose ma main sur l'épaule de Rocco.

« Il y a beaucoup à faire... »

Tout l'après-midi, je lui parle de restauration. Je lui expose les principes mêmes d'un commerce sain. Baisse des coûts, production planifiée, frais généraux, rendements... Autant de mots qui l'accablent un peu plus chaque fois.

« Je vais étudier un plan de travail. Mais, pour cela, il faut que tu me donnes le plus possible de renseignements. J'ai besoin des factures, des feuilles de paie du personnel, du montant des frais généraux, des noms des fournisseurs, etc. Il faudrait que tu me prépares tout pour demain afin que je puisse travailler sérieusement. »

J'ignore totalement comment marche un restaurant, ce que peut gagner un serveur, ce qu'il faut dans une cuisine et jusqu'aux trucs les plus élémentaires. J'ai besoin de me faire au moins une idée, afin de passer à quelque chose de plus concret que mon habituel bourrage de tête.

Rocco est tellement désemparé qu'il ne remarque même pas les erreurs ou les questions dont les réponses devraient être évidentes pour un hôtelier de ma classe. Il faudra que je trouve un moyen discret de me faire expliquer à quoi servent toutes ces machines dans la cuisine.

Quand je le laisse, il est radieux.

« TU pars?

– Ouais! Je viens d'acheter un restaurant. »

Li-Han me sait en fin de pognon et accuse la surprise. J'en profite pour attaquer.

« Tu comprendras, *partner*, que cet important investissement ait mobilisé tout mon capital. Mais regarde un peu ce que j'ai pour toi. »

Avec superbe, je lui sors mon costume tropical, vaguement défroissé. Il est choqué par mon prix, trois cents dollars, et la lutte s'engage. Cet avare bridé me coupe mes effets dès le début des négociations d'un méprisant :

« *Five bucks!* (Cinquante balles!)

– Mais c'est du lin! Sur mesure! A Hong Kong! »

Après un marchandage forcené, je finis par le doubler. Mon beau costard paie la dernière nuit d'hôtel et quelques paquets de cigarettes.

Ciao Chinatown!

Dès le deuxième jour, je me suis débarrassé du cuisinier.

L'opportunité m'en a été fournie alors que j'arrivais à La Strada, trop tôt le matin. Il m'a fallu attendre que la femme de ménage arrive pour pouvoir entrer chez moi.

C'est une vieille *mamma* italienne. Tout en épluchant les comptes, je l'observais qui traquait la saleté avec méthode, en marmonnant entre ses dents et en me jetant des regards à la dérobée.

Je me suis approché d'elle.

« Hé! Mamma, tu sais faire la cuisine? »

Interloquée, elle s'est reculée d'instinct.

« Vous savez faire les pâtes, Signora?

– Ma bien sour! *Ecco!* Zé souis italienne!

– Les pâtes fraîches? Les spaghettis?

– Ma bien sour!

– Et les lasagnes? Vous savez faire les lasagnes? »

Elle sait tout faire, cette brave vieille. Elle sent un peu la transpiration, mais elle est très soignée et sa blouse est impeccable. Il n'y a qu'à la regarder pour comprendre qu'elle a fait cuire des pâtes toute sa vie et plusieurs fois par jour. C'est exactement le genre de cuisinière qu'il me faut.

Je l'ai traînée jusqu'à la cuisine, débordante des saletés laissées la veille par le gros Canadien, et je lui ai expliqué que c'était là son nouveau domaine. Elle s'activait déjà à tout nettoyer quand l'autre est arrivé, juste réveillé de ce qui avait dû être une cuite monumentale. Il a ouvert la bouche pour engueuler la vieille et s'est tu en m'apercevant. Je lui ai notifié son renvoi. Il a encore ouvert la bouche pour protester et j'ai coupé court.

D'un coup de coude en remontant, à l'asiatique, je lui ai fermé les mâchoires, et clos l'incident. Il s'est enfui aussitôt en se tenant le menton.

Dans sa course vers la sortie, il a failli renverser Rocco qui se pointait et qui, bien entendu, s'est affolé.

« Cizia! Qu'est-ce que tu as fait?

– J'ai viré le cuisinier. »

Mes méthodes lui semblaient trop expéditives. Alors je l'ai traîné vers les placards, papiers en main, et je lui ai expliqué.

« Le seul moyen de remonter un commerce qui coule, c'est de réduire les frais. Le cuisinier vous coûtait deux mille dollars par mois ? Grâce à sa démission spontanée, qui ne vous coûte pas un sou, je le remplace par la Mamma et un aide-cuistot. Les deux réunis ne dépasseront pas les mille dollars et feront du meilleur travail. Les garçons sont trop nombreux. Même avec un restaurant tournant à plein, la moitié, bien entraînée, est amplement suffisante. Les achats maintenant : non seulement ils sont faits en dépit du bon sens mais il n'y a aucun rapport entre les factures et le stock. Je n'accuse personne, mais il est impossible qu'avec le nombre restreint de clients ce mois-ci le stock fabuleux de sauce tomate ait pu disparaître aussi vite. Le prix de la viande est disproportionné, à croire que le cuistot n'achetait que de la qualité supérieure. Un peu d'ordre et vous réduisez de moitié les frais d'achat. Il faut plus de diversité dans le menu et assurer une clientèle régulière, qui donnera l'impression que le restaurant n'est jamais vide. »

Rocco a fini par admettre que j'avais raison.

« Mais tu sais, Cizia, il faut faire attention, on n'est plus en Italie ici, on ne peut plus renvoyer les gens comme ça. Il y a des règlements... On ne peut pas licencier... »

Je lui ai posé une main paternelle sur l'épaule et je l'ai solennellement rassuré.

« *Tranquillo, partner. Non preoccupate.* »

Les deux jours suivants, j'ai viré les serveurs.
Ils étaient décidément trop nombreux et trop

flemmards. A part l'un d'eux qui m'a pris en sympathie, je les sentais, après le renvoi du cuisinier, d'une discrète hostilité à mon égard, ce qui me chagrinait.

Au Canada, les *waiters*, serveurs, ont une situation enviable pour qui n'a pas trop d'ambition. Protégés par un syndicat puissant qui défend leurs droits et parfois plus, ils sont de toute façon assurés de trouver un emploi rapidement, n'importe où, pour un salaire imposé et faramineux. La plupart sont des étrangers, des petits combinards minables, sûrs de pouvoir travailler quand les temps deviennent durs.

Dans cette situation, ils peuvent poser leurs conditions, attitude que je n'apprécie pas chez mes employés.

Ils ont la planque. Toutes les corvées sont assurées par les *bus-boys*, les commis : débarrasser, nettoyer la merde, apporter et vider les cendriers, etc.

Il y a cinq de ces commis à La Strada, méprisés par les serveurs qui sont mieux payés qu'eux et, en plus, se réservent la totalité des pourboires.

Certaines injustices flagrantes me mettent hors de moi. Le nettoyage des employés inutiles a été un travail de psychologie, de pressions, de menaces, de finesse et d'une bonne baffe. Quarante-huit heures de traitement et tous les serveurs ont choisi de démissionner sans faire d'histoires.

Voilà qui a considérablement réduit la masse salariale et ôté de ma vue tous les professionnels, les derniers ici à en savoir plus que moi sur les restaurants. J'ai réuni les commis, offert le champagne, et je leur ai annoncé qu'ils passaient tous au grade de serveur. L'ascension sociale et la perspective des pourboires a éclairé tous les visages. Des applaudissements discrets m'ont confirmé leur enthousiasme.

Ils en ont besoin car maintenant ils se tapent tout le boulot, de l'accueil du client à la plonge, et pour le même salaire qu'avant.

Un seul des serveurs a échappé à la purge. Paolo est napolitain, petit, velu, avec des mains d'étrangleur. Il porte d'épaisses moustaches, à la mode chez les Italiens, des favoris taillés et des talons hauts pour compenser sa petite taille. C'est le typique petit truand qui n'a pas grandi et qui s'efforce de copier les attitudes de ses grands frères les mafiosi.

Ce genre de personnage, vaguement pirate et nostalgique, vient toujours chercher ma sympathie et ma protection.

Troisième phase, la clientèle.

Je suis allé me présenter dans la galerie. Pas un seul des commerçants ne venait manger à La Strada, une aberration. A l'évidence, ils sont notre première cible.

Je les ai informés d'abord du changement de menu. J'ai vanté de magasin en magasin les qualités des pâtes fraîches et de la cuisine familiale italienne, enfin préparée par une authentique Mamma. J'ai aussi promis des menus à moitié prix pour les gens de la galerie et la possibilité pour les employés de venir boire un café ou profiter de leur temps de repos l'après-midi à la *trattoria*.

Il fallait attirer du monde. Un client entre plus facilement dans un endroit animé et peuplé.

A force de sympathie, de sourires aux dames et de persuasion, j'ai fait en sorte que le voisinage donne une nouvelle chance à La Strada.

36

Rocco a passé toute cette période à trottiner derrière moi, me suivant pas à pas, parfois confiant mais toujours affolé.

Je n'ai pas envie de le rouler, c'est un brave type, très sympathique. Son défaut est d'être faible et très influençable. Toutes ses initiatives avaient été jusqu'à présent malheureuses. Pris de vitesse, il ne peut empêcher mes innovations, nécessaires, et il est dépassé.

Ma dernière trouvaille l'a beaucoup remué. J'ai acquis dans un supermarché, à quatre dollars le bidon de dix litres, un exécrable vin rouge international. Dans nos petits pichets à trois dollars pièce, sa couleur vermillon est du plus bel effet. Si les Américains s'y connaissent parfois en bière ou en bourbon, leur palais ne sait pas distinguer un vin d'un autre. La couleur leur suffit.

Baptisé « Vin de Calabre, cuvée spéciale Mamma », il a obtenu dès son arrivée sur la carte un vif succès. J'ai indiqué au personnel comment déclarer, lorsqu'on leur en commande, qu'il n'en reste peut-être plus. Pour le client, ce petit suspense décuple la saveur de cette saloperie.

Naturellement, comme l'a fait remarquer Rocco, on plonge en cas de contrôle. Mais si on doit rester dans la légalité, autant vendre des cacahuètes et mon *partner*, avec le temps, a digéré cela comme le reste.

Finalement, il est content. Je lui ai enlevé les responsabilités qui pesaient sur ses épaules. Ma positivité et ma rapidité d'action l'ont laissé sur place et il n'a plus qu'à approuver mes décisions. A tort ou à raison, les gens, surtout les faibles, m'accordent facilement leur confiance.

Rocco semble avoir eu raison car je me suis installé depuis vingt jours dans son restaurant et ça marche! Malgré ma modestie, je dois reconnaître qu'en quelques jours j'ai fait de La Strada un endroit décent. C'est même le succès. Toutes les tables sont occupées et le personnel, efficace et discret, s'agite dans toute la salle.

Signe que les temps ont changé, je reçois désormais tous les soirs la visite d'Angelo Gucci, le frère cadet de mon partenaire Rocco et véritable propriétaire de ma *trattoria*. Nous dînons ensemble, en compagnie du troisième frère Gucci, Luigi le boxeur, à la table centrale, ronde et très en vue. C'est déjà une habitude.

Angelo Gucci est le plus jeune de cette famille de garçons. Blond dégarni, les yeux bleu pâle, c'est aussi le plus malin. Il a fait fortune dans l'immobilier et ce restaurant est plus un caprice qu'autre chose.

Il est habillé avec énormément de recherche, en costume trois-pièces classique, d'un blanc immaculé, et fait sur mesure. Escarpins italiens, de l'or aux doigts et aux poignets. Une Cadillac blanche dernier modèle l'attend devant la porte. Un grand chauffeur, massif, en manteau épais et casquette, la conduit.

Luigi est la honte de la famille, le voyou. Ancien boxeur, truand à ses heures, il a un faciès qui n'invite pas à la conversation. Le nez écrasé par les coups, les oreilles en chou-fleur, le front bas et les arcades sourcilières gonflées trahissent sa profession. Il porte une veste de cuir qu'il n'a pas quittée pour manger et sa chemise rose est parsemée de taches de graisse. Le voir engloutir sa platée de lasagnes, comme seuls les Italiens savent vraiment le faire, à grand bruit mais avec recueillement, de la sauce plein le menton, est un vrai spectacle.

Rocco, volubile et nerveux, agite les mains et parle sans cesse, quêtant mon approbation ou celle de son petit frère Angelo.

Ce dernier, avec son look étudié d'homme d'affaires de la Mafia, un peu flétri par une certaine exagération, une lourdeur de nouveau riche, Rocco, Luigi le cabossé, large d'épaules et taciturne, assis ensemble, ces trois-là sont bien des Italiens du Sud qui ont réussi en Amérique. C'est Little Italy, les immigrants...

Le cliché est marrant. Depuis quelque temps je me laisse pousser une moustache de flambeur méditerranéen, à l'italienne. Déjà respectable, elle accentue mon air latin, ce qui me va très bien.

Je suis superbe. Les épaules larges et dégagées, chemise ouverte, bronzé, élégant dans une veste légère, toujours dans les tons clairs, je suis au mieux de ma forme. J'ai vingt-trois ans, les cheveux longs, bouclés et noirs, une assurance à toute épreuve. Une glace accrochée au mur, à quelques mètres de moi, me permet de me regarder de temps en temps et de me trouver tout à fait à mon goût.

Je ne suis d'ailleurs pas le seul de cet avis. Pendant ma campagne de publicité, j'ai rencontré la plupart des gérantes des magasins de la galerie. Séduites lors de ma visite, elles sont venues au restaurant. Là, conquises, elles m'ont laissé continuer ma propagande entre leurs draps.

Les patronnes me sont acquises et je commence désormais à reluquer les vendeuses pendant mes visites de politesse. Toutes ces dames sont des clientes assidues. Seules ou accompagnées, elles sont ravies quand je viens moi-même les accueillir ou quand, parfois, pendant leur repas, je viens leur glisser une cochonnerie à l'oreille.

A en juger par le résultat, mes méthodes de promotion ont du bon. La rumeur s'est bien répandue, ameutant une clientèle aisée et tranquille. Soixante à soixante-dix couverts par jour, il n'y a jamais de bousculade mais l'équipe travaille dur.

Aucun problème n'est survenu avec eux. Concentrés, sans une minute pour penser à autre chose, les serveurs ont pris le pli. Le service se déroule dans cette agitation feutrée, sans allées et venues inutiles, qui caractérise la maison confortable.

Paolo, le serveur napolitain, s'occupe de nous et des tables les plus proches. Omniprésent, attentif, il se force à adopter pour nous des manières de maître d'hôtel distingué, un torchon sur l'avant-bras.

Attablé avec les propriétaires je profite pleinement du succès de mon restaurant et les soirées sont relaxes. Angelo s'avère un type intéressant. Le brouhaha des conversations et les rires féminins font une musique agréable à mon oreille. En cuisine, la Mamma soigne spécialement le menu de la table centrale et je dois bien reconnaître que ses pâtes fraîches sont une merveille. Elle baigne depuis si longtemps dans la sauce tomate que celle-ci n'a plus de secret pour elle. Au lieu de la saloperie vermillon courante, notre table a son vin réservé. Nous buvons un bordeaux cuvée 1968, exceptionnel ici, que j'ai moi-même découvert.

Trois nouveaux clients arrivent, un couple sort avec le sourire, l'argent rentre. C'est moi qui m'occupe de la caisse mais je n'abuse pas. Je prélève juste de quoi rembourser mes frais, mon confort et ma luxueuse chambre de l'hôtel Hyatt Regency, à deux pas d'ici. Rocco ne trouve rien à redire à mes ponctions, ce qui est normal après tout ce que j'ai fait pour lui.

Je m'occupe de tout. J'ai calculé que si on continue à grimper à ce rythme, la cuisine sera bientôt débordée. J'ai donc décidé de trouver un adjoint à ma reine des pâtes. J'ai passé une petite annonce et j'ai reçu, toute la journée, les postulants.

Tous ceux qui se sont présentés étaient canadiens et professionnels, c'est-à-dire loin de me convenir. Finalement, en fin d'après-midi, est arrivé un personnage plus sympathique. C'est un petit Italo-Argentin, du nom d'Alfredo, qui s'est pointé en triturant timidement un vieux chapeau défraîchi entre ses mains, mort de faim et complètement paumé.

Il m'a expliqué qu'il s'était fait débarquer d'un cargo pour une mésaventure, que l'hiver arrivait, et qu'il avait été cuisinier toute sa vie.

« J'ai fait la cuisine sur des cargos. Et puis sur des paquebots, dans des croisières de classe. J'ai fait des repas pour au moins mille couverts. »

Il est encore plus menteur que moi, mais il est marrant. Pour m'amuser je lui demande ses références.

« Mes quoi?

– Tes papiers de travail. »

Il se lance dans une longue explication sur le difficile itinéraire parcouru par ses certificats depuis qu'il a oublié tous ses bagages sur un des derniers bateaux l'ayant accueilli.

« Mais on va me les envoyer. Je les aurai d'ici un mois ou deux...

– Te fatigue pas. Qu'est-ce que tu sais faire cuire?

– Tout! »

C'est lâché avec tant d'aplomb que je serais presque tenté de le croire. Son assurance disparaît d'un coup quand je lui demande de me préparer quelque chose.

Il cherche des excuses mais j'insiste pour qu'il me mitonne sa spécialité et il se dirige vers la cuisine en traînant les pieds.

Je ne me fais pas d'illusion sur ses qualités mais,

à l'occasion, il pourra toujours faire la plonge. Il revient une demi-heure plus tard, couvert de taches, une assiette de quelque chose en sauce à la main.

« C'est quoi, ça?

– Ben, c'est du ragoût! Pourquoi?

– C'est ta spécialité? »

Si quelqu'un a confié la responsabilité de mille couverts à Alfredo, c'est que, au mieux, la qualité des croisières a baissé. Je rigole tellement qu'il n'arrive même plus à me placer son baratin. Il est tout surpris que je l'engage comme aide-cuisinier. Ce garçon est dans une mauvaise passe, démuni, il a droit à ce qu'on lui donne sa chance. Il devra travailler de huit heures du matin à minuit, accepter un salaire de trois cents dollars par mois et donner un coup de main au ménage et à la vaisselle.

Trop heureux d'avoir trouvé un toit pour l'hiver, il accepte tout. La Mamma l'a déjà pris en main. Il est préposé à l'épluchage des légumes, assis sur un petit tabouret, au chaud.

Je suis en train de faire le point, écoutant distraitement les conversations des Gucci, quand je m'aperçois qu'il se passe quelque chose d'anormal.

Un couple à une table engueule un de mes serveurs. C'est Mikos, un jeune Grec qui travaille bien. Je m'approche et je salue les clients.

« Madame, monsieur, j'espère que tout va bien...

– Pas du tout! C'est déplorable. Si vous êtes le patron je ne vous fais pas mes compliments. Regardez cette viande, elle est bien trop cuite! »

Mikos vient de la rapporter de la cuisine où, si

j'ai bien compris, ils l'avaient déjà fait renvoyer, la trouvant trop crue.

Ce sont les sales cons typiques, qui profitent de leur fric pour faire chier le monde. Le mari est un petit vieux, sec, aux lèvres pincées. Sa poufiasse est du siècle dernier, boudinée dans une robe vert bouteille du même âge. Radins, grincheux, ils sont du genre à économiser tout un mois pour se payer un restaurant.

La grosse se plaint ensuite, en me prenant à témoin, de sa salade verte, le légume le moins cher du menu. Elle n'est pas assez assaisonnée, prétend-elle.

Mikos les dévisage avec haine, les mâchoires serrées. J'adresse un beau sourire réjoui à la douairière, je lui gazouille qu'on va lui ramener sa petite salade toute assaisonnée dans la minute. J'emporte le bol dans la cuisine. Au passage, d'un signe du menton, j'invite toute l'équipe à me suivre.

Je coupe court aux insultes qui fusent déjà à l'encontre des deux emmerdeurs.

« Messieurs, je tiens à préciser un point important. Ici, le client est roi. »

Ils baissent la tête, s'attendant à une engueulade.

« Dans la salle, rien ne doit vous faire perdre le sourire. '' Oui, monsieur '', '' Mais bien sûr, madame '', voilà ce que je veux entendre. Quand vous avez un compte à régler, c'est ici, à l'abri des regards, qu'il faut le faire. Comme ceci... »

Je me racle la gorge et je balance un énorme mollard dans la salade pas assez assaisonnée.

Les serveurs sont surpris. Paolo ouvre des yeux ronds en contemplant le résultat. Leur étonnement redouble quand je tends le saladier à Mikos en l'engageant à en faire autant. Il me regarde, puis crache, rigole et envoie une pétarade de petits crachats dans le bol. Il doit bientôt s'arrêter, trop secoué de rire pour réunir assez de salive. Les autres s'y mettent et c'est une pluie de jets immondes, venus du fond des gosiers, qui s'abat maintenant. Déchaînés, les types poussent des jurons et crient des insultes destinées aux clients. Vingt jours de travail continu, de petites vexations et de fatigue explosent en quelques secondes.

Dans la salade, c'est à qui fera le plus beau, le plus gros et de la couleur la plus répugnante. C'est Alfredo qui remporte le concours, grâce à la teinte et à la dimension de son souvenir, un machin vraiment dégueulasse.

Je fais ajouter de l'assaisonnement, essuyer les rebords du plat et je retourne vers les clients, suivi du personnel au grand complet. Mikos porte cérémonieusement la salade.

« Monsieur, madame, veuillez excuser ces menus problèmes, notre personnel est nouveau et je me suis donc occupé moi-même de votre commande. J'espère que vous aimerez. »

Ils ont aimé. La vieille a tout mangé. Tout le restant de la soirée, j'ai eu l'équipe de serveurs la plus souriante de la terre. Cette petite farce les a défoulés. Ils se sont tous bien comportés depuis que j'ai pris ce restaurant. Personne n'a flanché et je me demande, après cet incident, si ne je vais pas chercher un moyen pour qu'ils disposent chacun d'un jour de congé.

LES jours passent, confirmant la réussite. Tous les soirs, après la fermeture, l'équipe se retrouve à la cuisine pour boire un verre, plaisanter et se raconter ses petits problèmes. Depuis l'épisode des crachats, ils sont soudés et enthousiastes. C'est une équipe de copains.

J'ai nommé Paolo, le Napolitain, chef d'équipe, en raison de la sympathie que j'ai pour lui. Rocco et lui, les deux nostalgiques, se parlent du lointain pays presque tous les soirs, échangeant des souvenirs de merveilleuses femmes brunes et de pizzas dorées.

Cela va bientôt faire un mois que La Strada est sur les rails et mon nouveau jouet commence à me lasser. Relever cette affaire a été une entreprise marrante et même intéressante. Ça m'a permis de me renflouer et de m'auréoler en quelques semaines d'une respectabilité de patron.

J'ai maintenant plus de temps libre et ai recommencé à fouiner. Je me présente comme un homme d'affaires venu repérer le terrain avant une éventuelle installation définitive à Toronto. Tous les serveurs des bars de Yorkville me connaissent et j'ai mes entrées dans plusieurs des meilleures discothèques. Ma réputation galope et je sens le respect que j'inspire autour de moi.

Angelo, en businessman opportuniste, m'a proposé une association. Il songe à multiplier les *trattorias* sur le Canada, couvrir Montréal, Vancouver, et peut-être exporter la formule aux Etats-Unis. Il est persuadé que la cuisine de Mamma est une excellente idée commerciale. Il a tout compris de la positivité américaine, tout en sachant rester malin et rapide comme un Latin. Il espère déjà transformer l'essai en empire à pognon et m'offre un pont d'or pour que je m'occupe de l'organisation sur le terrain.

Ça ne m'intéresse pas. J'écoute, sans refuser, car peu de gens admettent, lorsqu'ils proposent la fortune et une enviable position sociale, qu'on fasse le dégoûté. Comment lui faire comprendre que je n'ai pas une mentalité de commerçant avec pignon sur rue, et que je ne cherchais en arrivant ici qu'un moyen pour me remplir et disparaître au soleil? A présent que l'action est terminée, j'ai d'autres préoccupations. Rio? Les Caraïbes, Miami? Plus loin? Je fais le tour des Tropiques en écoutant distraitement les exagérations de Paolo.

Il est encore parti dans ses rêves de fortune. S'il avait de l'argent, il se paierait des Chevrolet, une de chaque couleur, et il se commanderait une décoration spéciale.

« Quelque chose de chic, avec des poignées dorées et des dollars en argent tout autour du pare-brise. »

Un Italo-Américain, c'est un type qui a essayé de fuir la médiocrité. On n'imagine pas à quel point l'espoir d'une vie cousue de dollars peut l'habiter. Là-bas, il ne suffit pas d'être malin et combinard. Ils sont trop nombreux dans ce cas et les chances de s'enrichir sont minces. Il leur reste l'exil, la chance de tomber sur un business et les paris sur le football. Paolo raconte souvent, avec force détails et moulinets des mains, comment il a failli devenir millionnaire plusieurs fois, au cours de chaudes soirées passées entre copains, autour d'un transistor.

Le *Totocalcio*, pari sportif, est une institution. Il est synonyme pour un Italien de fortune et de soirées entre hommes. C'est une sorte de loterie, tout à fait officielle. Il faut déterminer sur une grille les équipes gagnantes des matchs de football.

Le loto sportif est répandu dans tous les pays de la Méditerranée. Il m'est arrivé de m'en servir pour faire un peu d'argent rapide. Quelques milliers de lires, ce n'est pas trop cher payé pour une heure d'amusants calculs, plusieurs millions de gain et le petit frisson d'action qui accompagne les résultats. Pourquoi se priver de ces petites émotions qui donnent du sel à la vie ?

Le jeu. Voilà ce qu'il me faudrait pour enrayer l'ennui qui commence à poindre. Malheureusement, il n'y a pas de casino au Canada. Il faut aller aux « States » pour flamber. Les seuls paris légaux sont les courses de chevaux. Les bookmakers prennent bien sous le manteau des mises sur les matchs de base-ball et de football américain, mais c'est de gros jeu dont j'ai besoin. Quelque chose de fort.

J'ai découvert le jeu à dix-sept ans, sur le bateau qui m'emportait vers l'Argentine. Ce plaisir ne m'a jamais quitté. Mon premier casino fut celui de Mar del Plata, près de Buenos Aires. Depuis, j'ai joué dans toutes les maisons de ce continent, de l'Amérique du Sud au Nevada, sans oublier l'Orient.

Piriapolis en Uruguay, Macao, les Bahamas, Las Vegas, Reno sont les noms les plus prestigieux de ce tour du monde de la flambe. J'ai joué à chaque fois que l'occasion s'en est présentée, du Caesar Palace de Las Vegas aux arrière-boutiques crasseuses des *barrios* brésiliens, et je vais continuer.

Je joue toujours jusqu'à mon dernier dollar. J'ai parié sur des matchs de foot, des courses de chevaux, des combats de coqs. J'ai même misé ma chemise sur une course de bernard-l'ermite. De tous mes vices, le jeu est le plus fort.

J'ai remarqué que beaucoup de gens ont un hobby ou tiennent à quelque objet. Certains collectionnent les boîtes de camembert, d'autres s'investissent dans leur carrière, la majorité centre sa vie sur l'achat d'une maison de campagne, d'un bout de terrain ou d'une nouvelle bagnole.

Moi, non, je ne m'attache à rien de matériel. Je ne possède rien très longtemps et je jette aussi vite que j'acquiers. Je n'ai que deux plaisirs, l'action et le beau sexe. Ces deux centres d'intérêt ont un point commun : l'émotion ponctuelle qu'ils procurent et dont il ne reste ensuite que des souvenirs. Je suis un jouisseur, uniquement intéressé par le moment présent.

Le jeu offre simultanément tous ces avantages. Quand j'entre dans un casino, peu m'importe le coût de la soirée, c'est un plaisir qui n'a pas de prix. Je suis un *gambler*, un joueur invétéré.

« Hé! Paolo! Toi qui t'y connais, tu n'as jamais entendu parler de poker, par ici? »

Flatté par le soudain intérêt que je lui porte, il se redresse et prend des airs mystérieux.

« Ça se pourrait bien...

– Accouche! Tu connais des tables?

– Oui, mais ça n'est pas facile. Il faut connaître. Il faut aller dans les *booze-cans*. »

C'est la première fois que j'entends ce mot, mais je sens qu'il cache quelque chose de positif. Paolo remarque mon excitation et en rajoute. Il me jette un regard de commisération :

« Tu ne sais pas ce que c'est qu'un *booze-can* ? »

Savourant son vin et mon impatience, il finit par m'expliquer.

« Dans cet Etat, la nuit, règne la loi sèche. A partir d'une heure du matin, on ne peut plus acheter ou se faire servir de l'alcool. Tous les endroits autorisés ferment à cette heure-là. Mais il y a des petits malins qui ouvrent un club chez eux, comme s'ils organisaient des fêtes privées, où les clients peuvent boire toute la nuit. Les adresses se répandent par le bouche-à-oreille, jusqu'à ce que la police fasse une descente et ferme l'endroit. On y trouve des tables de jeu, et particulièrement de poker.

– Et tu en connais ? »

Cette fois, il se cambre en arrière, fier, l'air d'un conspirateur. Il aurait un cigare, il l'allumerait.

« Peut-être...

– Bon. Tu m'emmènes.

– *Ma*... »

S'il se met à faire des mystères, je l'y traîne de force.

Plus tard dans la soirée, Paolo et moi fermons le restaurant. Il connaît un booze-can à deux rues d'ici et il a accepté de m'y emmener. J'ai pris mille dollars dans la caisse et mon impatience n'a pas de limites. J'imagine déjà le cercle de jeux enfumé, les flots d'alcools prohibés et les mafiosi jetant sur les tables des paquets de grosses coupures. Il est encore un peu tôt. On traverse Avenue Road, espace froid et désert, et on va tuer le temps chez

Stavros, une baraque à hot dogs ouverte toute la nuit, où on boit d'habitude le dernier café.

Deux tables et cinq chaises en formica orange, une machine à café et un truc pour réchauffer les saucisses, c'est tout l'univers de Stavros, le maître des lieux. C'est un Grec de Salonique, usé, venu il y a dix ans faire rapidement fortune et qui ne se décide pas à rentrer au pays, comme la majorité des immigrants méditerranéens.

A notre arrivée, il sert deux tasses de café, dans lesquelles il verse discrètement une rasade d'ouzo. Sa licence ne le lui permet pas mais c'est tellement meilleur! Stavros me soigne car je lui laisse de bons pourboires. Je lui ai dit dans un moment d'inattention que j'avais du sang grec et, depuis, on est très copains.

Il vient s'asseoir avec nous et attaque sur ses deux sujets favoris, les femmes et le retour au pays. Ce type ne dort jamais et parle des heures.

Ce soir, je préfère ne pas m'éterniser.

On marche vite car le froid est très vif. Un vent cinglant fait tourbillonner les feuilles mortes qui recouvrent les trottoirs.

Le 87, Bedford Street est une grande bâtisse blanche, d'aspect cossu, plantée au milieu d'un jardin. On fait le tour pour arriver à une petite porte, derrière la maison.

Paolo me jette un regard complice avant de frapper.

Un type entrouvre la porte, me toise, inquisiteur, par-dessus l'épaule de Paolo.

« C'est Cizia, mon patron. Il est de toute confiance. »

L'homme nous laisse entrer. C'est un vieux beau au regard malicieux. Il s'appelle Haig. C'est le maître de maison. Il m'invite courtoisement à avoir du bon temps chez lui.

L'endroit n'a rien d'un bouge. Il n'y a ni comptoir ni serveurs en tenue. Plusieurs personnes passent de groupe en groupe, prennent les commandes, les préparent à la cuisine, servent et se font payer aussitôt. A part cette présence discrète, la soirée ressemble plus à une partie privée chic qu'à une nuit de clandé.

La pièce est noire de monde. Il y a tous les styles, mais l'ensemble reflète un milieu aisé, bien habillé, sans problème financier. Les hommes sont sûrs d'eux et, je le remarque avec plaisir, les femmes sont charmantes. J'ignorais même qu'on puisse en trouver d'aussi belles au Canada. Tout ce joli monde semble bien s'amuser.

Haig surgit de la foule et m'attrape par le coude.

« Paolo m'a dit que vous étiez le propriétaire de La Strada? Excusez-moi de vous avoir laissé seul, mais une si nombreuse assistance réclame beaucoup d'attention. »

Il a un léger accent d'Europe centrale. Arménien ou turc? Ou des Balkans? Peut-être les trois à la fois.

C'est un personnage intéressant. Il doit avoir une soixantaine d'années, plus petit que la moyenne, et un peu trop soigné. Ses cheveux blancs sont impeccablement tirés en arrière et gominés. Il porte une fine moustache bien taillée. Son costume trois-pièces blanc est parfait, avec cravate et pochette gonflante assortie. De grosses bagues, or et diamant, ornent chacun de ses doigts.

Volubile, théâtral, il me fait les honneurs de la maison et me traîne par le bras pour me présenter à plusieurs personnes que je m'empresse d'oublier, uniquement préoccupé par mon envie de jouer.

Après ce tour de bienvenue, Haig disparaît et je me retrouve seul, un verre à la main. Il n'y a pas trace de poker. Sans doute faut-il attendre que la nuit soit plus avancée...

Paolo m'a un peu exagéré l'illégalité de l'endroit. Les lumières, l'affluence de belles voitures garées dans le jardin, le secret à peine protégé. La police est sûrement au courant et laisse faire. Il ne se passe rien de méchant ici et je commence à me demander si je ne me suis pas trompé d'adresse.

« Content ? »

La voix est mélodieuse et féminine, aussi je me retourne, mon plus beau sourire déjà sur le visage.

C'est bien une femme, pour autant que je puisse en juger. Entre deux âges. Ça tombe un peu sous sa robe élégante, mais ses grands yeux sont d'un bleu magnifique et son sourire est agréable.

« *Yes*, c'est sympathique.

– Oh ! mais vous êtes français ! Waou ! J'adooore les *frenchies*. Vous êtes si...

– Permettez... Je suis italien, madame. »

Madame doit être en mal d'exotisme. Ses beaux yeux m'évaluent sans pudeur de haut en bas. Moi, je ne vois que sa bouche, érotique, aux lèvres charnues et luisantes.

J'apprends alors et en vrac qu'elle est journaliste, qu'elle habite New York, qu'elle a perdu son pucelage sur une gondole à Venise, que les meilleurs amants sont les Méditerranéens, que la tour de Pise va tomber, que ses deux premiers maris étaient latins et que son chien s'appelle Benito.

Elle a décidé de me lever.

Bloqué dans un coin de la pièce, je n'entrevois pas de sortie possible quand Paolo vient me chercher, le sourire aux lèvres.

« Cizia, il y a une table de jeu dans la pièce du fond. »

Aussitôt, je lui emboîte le pas, suivi de près par ma journaliste qui ne s'avoue pas vaincue. Nous

nous frayons un chemin à travers les consommateurs jusqu'à une porte entrebâillée.

« C'est là », me souffle Paolo.

Nous pénétrons dans une grande pièce silencieuse. A l'opposé, plusieurs types attablés jouent aux cartes. Paolo repousse la porte derrière nous, laissant le brouhaha à l'extérieur, et fait les présentations.

Ces gentlemen m'accepteront avec plaisir à leur partie dès qu'une place sera libérée. En attendant, je vais m'asseoir dans un canapé à l'écart. J'affiche un calme tranquille, mais je bous d'une joie intérieure. Je tiens difficilement en place et fume cigarette sur cigarette pour masquer mon excitation. Pour la première fois depuis mon arrivée à Toronto, je suis content, sans réserve aucune. J'ai enfin trouvé l'action!

Cette partie qui s'annonce est le meilleur plaisir que je puisse tirer de la vie. Rien au monde ne peut me détourner d'une table de poker. Le jeu est une passion qui vous prend et ne vous lâche jamais.

Je me considère et suis considéré comme un excellent joueur, et le tapis vert est à mes yeux synonyme de rentrée d'argent sûre et de plaisir. Habile ou chanceux, j'ai, au cours de mes voyages, souvent vécu de ce que je me refuse à voir comme un expédient.

Mon esprit est totalement captivé par ce tapis où s'abattent les cartes. Les gestes rapides et précis sont ceux de joueurs expérimentés. D'âges variés, mais tous plus vieux que moi, ils ont entre trente et cinquante ans.

La partie se déroule sans paroles inutiles, seulement entrecoupée par les phrases rituelles : « Je passe », « Je suis », autant d'expressions qui me vont droit au cœur.

J'aime cette ambiance feutrée, tendue mais sereine. C'est l'avantage des parties entre gens civilisés. Je connais certains pays au sang chaud où les jurons fusent, les cartes volent et où, bien souvent, la principale difficulté n'est pas de se remplir les poches, mais de pouvoir vivre assez vieux pour en profiter.

Ici les joueurs ne sont pas bavards. Le temps s'écoule doucement dans cette pièce isolée du reste de la fête. Quelques bribes nous en parviennent, à chacune des entrées ou sorties de Haig qui passe de temps à autre, accompagné d'une serveuse, pour vider des cendriers toujours pleins, renouveler les consommations et s'enquérir discrètement des besoins des joueurs.

Il est venu s'asseoir près de moi, mais il est trop agité et mondain pour être à l'aise dans le silence qui règne ici. Il retourne assez vite faire des ronds de jambe après m'avoir souhaité bonne chance.

Ma conquête involontaire trouve aussi le temps long. Elle fait des efforts de conversation mais je ne l'écoute pas et ne lui réponds pas plus. Sa main qui se pose sur le haut de ma cuisse me ramène soudain à la réalité. Fatiguée de son monologue, elle attaque franchement à présent! Je l'entends vaguement me dire que je suis beau et fort. On peut être joueur et néanmoins correct.

Je lui réponds qu'elle n'est pas mal. Par acquit de conscience, je jette un coup d'œil, pour un examen plus détaillé. Elle a dû être séduisante quelques années auparavant. La quarantaine affamée, elle a encore de beaux restes, des hanches généreuses et une poitrine solide. Elle devine mon intérêt et se tortille sous mon regard quand je suis sauvé par le gong.

Un joueur, l'air triste, se lève et me fait signe.

Après quelques échanges de politesse, le jeu reprend. En futur propriétaire, j'évalue le fric sur la table. Plusieurs milliers de dollars, assez d'argent pour me rendre heureux au moins une semaine. Je sais déjà comment le dépenser.

Mes partenaires jouent au *Seven Stud*, un jeu typiquement américain. Il suit les mêmes règles que le poker classique mais avec sept cartes par joueur, distribuées une à une. Les deux premières et la dernière sont « fermées », c'est-à-dire uniquement connues par le joueur. Les quatre autres sont « ouvertes », posées sur la table, visibles par tous.

Il est impossible d'expliquer le *Seven Stud* à un non-initié. L'essentiel est d'avoir bien à l'esprit que c'est un jeu où il est facile de laisser sa chemise, et plus. Il y a possibilité d'enchères et de surenchères dès la troisième carte, jusqu'à la septième.

Pendant mes premières mains, je joue prudemment, sans prendre de risques inutiles, afin d'évaluer mes adversaires. Les cartes sont neuves et glissent bien. Sur une commode voisine, une pile de paquets neufs attend qu'un joueur manifeste le désir de changer de jeu. Paolo m'apporte café sur café et m'allume mes cigarettes.

Je suis bien...

Un brelan de cinq servi dès ma troisième carte! Voilà un bon jeu, pour ne pas dire excellent. Depuis deux heures que je suis à la table c'est l'occasion que j'attendais pour ramasser un gros paquet à coup sûr. Je mise sans exagération mais, à ma grande surprise, c'est mon voisin qui surenchérit. Puis un autre, et la table s'enflamme. Il semble que chacun ait du jeu. Mon brelan risque d'être juste. Il en va de même pour les enchères des quatrième, cinquième et sixième cartes.

Il y a maintenant beaucoup d'argent sur le tapis. L'atmosphère est électrique. Des mains fébriles allument des cigarettes qui sont fumées jusqu'au filtre. Les nerfs sont tendus, personne ne parle, tout le monde se concentre sur son jeu. Cette fois le pot est important.

Mon voisin de gauche, un gros Américain à l'accent new-yorkais, s'éponge le front en soufflant bruyamment. Moi, je suis tranquille, rassuré. Avec ma sixième carte, je viens d'attraper un full. Un full de cinq par les dames ! Ça me met définitivement à l'abri et tandis que les billets s'amoncellent, je me réjouis secrètement. Il doit y avoir près de cinq mille dollars. C'est ce que j'appelle un beau coup !

Mais quand les cartes sont abattues, je déchante. Le brun à ma droite, un type d'une trentaine d'années, habillé avec recherche, dévoile un full aux rois, impossible à deviner, les trois rois étant ses cartes fermées.

De ses deux mains, il ramène le fric vers lui.

« Vous permettez ? dit-il avec un grand sourire devant nos mines déconfites. *That's nice* ! »

Chacun avait un bon jeu et c'est une déception générale. Le gros New-Yorkais n'a pu retenir un juron et jette ses cartes sur la table. Haig, qui venait d'entrer, un verre dans chaque main, s'enquiert poliment de ses pertes, le console en deux phrases sentencieuses sur les dangers du jeu et repart tout aussi rapidement. Quant à moi, il me reste environ trois cents dollars.

« Ça va ? »

C'est Paolo, inquiet, qui vient aux nouvelles.

« Pas de problèmes, juste un coup de malchance. »

Je me renverse sur mon fauteuil, fais craquer mes doigts et marche un peu pour me dégourdir les jambes, imité par mes partenaires. J'emploie les heures qui suivent à me refaire, lentement. La nuit est presque finie quand se présente heureusement une seconde opportunité : une couleur, servie dès la cinquième carte. C'est suffisant pour monter les enchères doucement. Mais, une fois de plus, la table s'affole. Je tiens la relance jusqu'au bout et quand les jeux sont abattus, tout mon fric est sur la table.

Et merde! Un blond à moustache, bon joueur, impassible derrière ses lunettes noires, gagne avec un full. Je suis complètement ratissé. Quatre autres joueurs dont le gros Américain ont, eux aussi, les poches vidées. Faute de participants, la partie s'arrête.

Je me lève, triste que ce soit déjà fini et furieux d'avoir perdu. Je ne le montre pas. Enfin, j'ai eu mon plein d'émotion et ça n'a pas de prix!

Excepté le gros, un mauvais perdant parti sans dire au revoir, nous restons à discuter un peu. J'apprends que cette table de jeu est ouverte deux ou trois soirs par semaine. Ça ne tombe pas dans l'oreille d'un sourd! Je sais d'ores et déjà que demain me retrouvera à la même place.

Paolo, désolé que son champion ait perdu, se confond en excuses. Je le rassure et l'envoie payer mes verres car je n'ai plus un dollar. Dans la grande salle, la fête est finie depuis longtemps. Aidé par ses serveuses, Haig s'évertue à prendre congé des derniers irréductibles qui gagnent la porte en chancelant.

La journaliste, que j'avais déjà oubliée, m'a attendu toute la nuit et s'est endormie sur son fauteuil. Je la contemple, pensif. Ce n'est pas un super canon mais une telle preuve d'amour mérite sa récompense. Je la réveille et nous rejoignons mon hôtel dans sa voiture.

Elle profite de l'ascenseur pour se coller à moi, quémander un baiser. Son haleine chargée d'alcool, légèrement fétide après une nuit de fête, me coupe mon peu d'envie. Une bretelle de sa robe a glissé. Des cernes commencent à transparaître sous le rimmel. Tout ça n'est plus de la première fraîcheur.

Honorer les dames est un devoir, mais ce matin j'ai la tête ailleurs. La partie que je viens de quitter était sérieuse et j'ai du mal à redescendre sur terre. Je repense à cette couleur qui m'est montée au dernier coup. Je revois défiler les cartes que j'ai touchées pendant la nuit.

Seule une exceptionnelle beauté pourrait me distraire de ces pensées.

Je m'écroule sur mon lit. La dame se déshabille à la hâte et me rejoint pour des bisous et des agaceries qui m'attaquent les nerfs. J'ai trouvé une action, flambé mille dollars, j'ai envie d'être seul et cette chose moite qui se colle à moi me fatigue.

Par charité, je fais appel à toute ma fierté latine. L'ancêtre, en bon petit soldat, s'active, courbée sur mon cas. Le regard perdu sur sa nuque en mouvement, l'esprit toujours au poker, je caresse d'un doigt distrait un vagin glouton et fatigué.

Ma distraction me joue des tours. Je ne fais pas attention et cette première partie de nos ébats est vite écourtée. Je lis la déception dans les yeux de ma compagne devant un finale aussi rapide, lorsqu'elle relève la tête, hoquetante.

Je la rassure et je m'échappe pour une douche. J'ai envie de m'enfuir, mais je m'exhorte devant la glace. Je n'ai pas le droit de faire ça. Il y va de mon honneur, et même de celui de l'Italie!

Dès que je sors de la salle de bain, je comprends d'un seul regard que c'est là chose impossible. Je saute dans mon pantalon, invente une excuse, annonce que je reviens tout de suite et l'abandonne seule dans ma chambre.

En bas, je laisse un message à la réception.

« Il y a une dame chez moi. Dites-lui que le

jeune homme ne reviendra plus. Pas la peine d'attendre. »

Dehors, il fait jour. Et il fait froid.

Il est déjà neuf heures du matin et La Strada requiert ma présence. J'y retrouve Paolo dont les yeux en couilles d'hirondelle trahissent cruellement le manque de sommeil. Je n'ai qu'une envie, c'est jouer au poker. Je me lance à fond dans le boulot pour passer le temps. L'après-midi, j'essaie de faire une sieste mais l'excitation me tient éveillé.

Le soir, je rafle la caisse. Il y a quinze cents dollars. Avec ce que j'ai pris hier, j'ai épuisé le cash de la semaine. Il n'y a guère plus car les Américains paient pratiquement tous par cartes de crédit.

A une heure et demie, je suis chez Haig, en compagnie de Paolo, épuisé, mais qui tient à me voir prendre ma revanche. Il y a autant de consommateurs que la veille. Haig, en costume noir, m'accueille avec un sourire. Il veut m'entraîner vers de nouvelles présentations mais seul le jeu m'intéresse et je file à l'anglaise.

Je suis le premier, il n'y a encore personne dans la pièce du fond. C'est une salle spacieuse, en demi-cercle. Quatre grandes fenêtres, presque des baies vitrées, occupent toute la façade arrondie. Pour l'instant, les rideaux sont tirés pour masquer la vue à d'éventuels curieux. Une grande table ronde et quelques chaises occupent le centre. Une commode d'époque, je ne sais laquelle, des chaises et des fauteuils rangés contre le mur complètent cet ameublement plutôt dépouillé.

Je m'assois à la table en attendant les candidats. Un à un, ils arrivent. Je reconnais trois joueurs dont les deux gagnants, auxquels j'espère bien reprendre mes mises de la veille.

Ce n'est qu'à deux heures et demie, alors que je commence à m'inquiéter, que la table se complète et que le jeu peut commencer. Dix dollars sont prélevés à chaque joueur, pour la location de la table à Haig et les frais de cartes.

La partie est une répétition de celle de la veille et très rapidement ça va mal pour moi. Je n'ai eu que deux bonnes mains et, chaque fois, je me suis fait battre par une combinaison supérieure à la mienne, tirée au dernier moment. La table s'est enflammée et, pour suivre, j'ai dû me dégarnir; mon pécule est sérieusement entamé. Je suis un bon joueur mais on ne peut rien contre la malchance.

A nouveau un bon jeu : un brelan de dix servi d'entrée. C'est l'occasion ou jamais de me refaire. C'est à moi de parler.

« Je passe. »

Je ne vais pas commencer par une enchère trop haute qui éveillerait la méfiance de mes adversaires. Mais c'est mon voisin de droite qui relance, puis l'autre, et toute la table s'affole encore une fois. Qu'est-ce que c'est que cette histoire ? C'est anormal. Il y a quelque chose qui ne va pas. J'ai trop d'expérience pour ne pas le sentir. Une lumière rouge s'est allumée dans ma tête. Quelque chose ne tourne pas rond, mais quoi ?

Quand vient mon tour d'égaliser le pot, d'instinct je n'accepte pas. Je refuse et, indiquant par là que je me retire, je jette mes cartes sur la table.

Personne ne fait de commentaires. Mais en un quart de seconde j'ai perçu une minuscule étincelle de surprise dans le regard du brun, un des gros gagnants de la veille et de ce soir. Imperceptible mais suffisante.

Salopard !

Il détourne les yeux mais c'est trop tard. Sa question confirme mes soupçons.

« Tu ne restes pas dans le jeu?

– Non. »

Je plante mon regard dans le sien. Et là, il sait que je sais. L'éclair de panique que je lis m'enlève mes derniers doutes. Salopard! Le jeu est truqué. Je ne sais pas comment il fait, ni qui est dans le coup, mais lui triche, et ça j'en suis sûr. Une énorme bouffée de haine me monte à la gorge. Vouloir me prendre mon pognon, à moi!

Je me contrôle et me lève lentement. Il faut que je reste lucide. Je vais dans les toilettes et m'asperge le visage et la nuque d'eau froide. Je me force à respirer à longs traits jusqu'à ce que mon calme revienne, puis je retourne à la table.

Dix minutes après, je suis lessivé. Je me force à sourire.

« La chance n'est pas avec moi ce soir. Bonne chance, gentlemen! »

Je me lève, m'étire et pose la main d'un geste naturel sur l'épaule du brun.

« *Partner*, à tout à l'heure. »

Ma voix est calme, mon sourire plein de sérénité, mais mes yeux lui indiquent mon état d'esprit.

« Oui, oui. D'accord. »

Je sens dans sa voix le soulagement que l'esclandre n'éclate pas à la table. Je laisse ma main un peu plus longtemps que nécessaire, puis vais m'asseoir dans le même fauteuil qu'hier.

J'ai une haine terrible à la pensée que quelqu'un a essayé de m'avoir. Quand je repense à la partie d'hier et à ma déception, j'ai envie de lui arracher la tête. Il ne s'en tirera pas comme ça. Je ne sais pas combien ils sont dans le coup mais je suis prêt. J'imagine toutes les possibilités et me prépare au combat.

« Qu'est-ce qu'on fait ? On s'en va ? »

Paolo s'est approché de mon fauteuil, un peu inquiet.

« Non, on reste. »

Il sent à mon ton qu'il y a quelque chose d'anormal.

« Qu'est-ce qui se passe ?

– Il y a des tricheurs. On va s'en occuper. Ne bouge pas jusqu'à ce que je te le dise. »

Le reste de la nuit, j'observe les joueurs. Je ne sais pas lesquels trichent ni quel truc ils utilisent, mais ce sont des professionnels. Il n'y a rien d'anormal dans le jeu. J'ai bien regardé les mains des joueurs pendant les parties et n'ai rien aperçu.

C'est une supposition, une intuition qui s'est vérifiée quand le type brun a paniqué. S'il n'y avait pas eu cet éclair dans ses yeux, j'aurais tout mis sur le compte de la malchance.

Mais lui, c'est un tricheur, c'est sûr. Soigné, les cheveux mi-longs impeccablement coiffés, bien habillé, il n'a rien d'un travailleur. S'il a un partenaire, je pencherais pour le blond qui a un physique de truand avec ses moustaches. Et pourquoi des lunettes noires en pleine nuit dans une pièce enfumée, si ce n'est pour cacher son regard ? J'en ai donc identifié un second. Au cours de la soirée, chaque fois qu'il y a un gros coup, c'est le brun qui ramasse ou l'autre gagnant de la veille, le blond à lunettes noires. Le pot monte cinq fois dans la soirée et, invariablement, l'un des deux l'emporte. Les autres sont des pigeons.

Les faits sont là. La haine m'envahit. Comment quelqu'un a-t-il osé me monter une arnaque à moi, et me prendre pour un pigeon ?

Je suis un opportuniste. Je me déplace dans le monde en profitant de tout ce qui passe et me considère comme le meilleur dans ma partie. Jamais personne ne m'a eu, et la simple pensée que quelqu'un s'y essaie me rend fou de rage.

Et s'ils étaient tous dans le coup? Quand la partie se termine je suis remonté à fond et prêt à tout! A la bagarre, à leur arracher les oreilles, à les couper en morceaux, je ne sais pas, mais ils ne s'en sortiront pas comme ça...

Je suis déjà à la porte quand le brun, mêlé au groupe, s'apprête à sortir de la pièce. Je mets mon bras autour de ses épaules, un sourire aux lèvres, d'un mouvement qui pourrait paraître amical aux yeux des autres.

« Un instant, *partner*. J'ai quelque chose à te demander. »

Il pâlit, tente de se dégager, mais ma prise est bonne. Il a trop peur d'attirer l'attention. Le blond se rapproche discrètement, confirmant mon intuition. Il sent le problème et intervient, avant l'irréparable.

« Pas de scandale », me dit-il entre ses dents, m'indiquant du regard les autres joueurs qui se dirigent vers la grande salle.

Ils ne veulent pas d'esclandre.

J'attends un instant, que le dernier soit suffisamment éloigné, avant de continuer.

« Combien as-tu perdu?

– Quinze cents dollars, dis-je en tendant la main.

– Autant? Tu en es sûr?

– Quinze cents dollars, ami. »

Il sort une liasse de billets et, vérifiant que personne ne regarde, me compte quinze billets de cent dollars. Je les empoche rapidement et attrape le paquet avant qu'il ne range l'argent.

« Et hier, mille. »

Il sursaute.

« Mais hier, c'était hier!

– Mille dollars, fils de pute! »

J'ai haussé le ton et je n'ai pas lâché son poignet, malgré ses efforts discrets pour se dégager. Nous avons tous le sourire et parlons à voix basse, mais la tension qui règne risque d'être perçue par d'autres.

« O.K., on va s'arranger. Pas de scandale, s'il te plaît. »

Il me recompte mille dollars et s'apprête à partir. Je maintiens ma prise.

« Attendez, maintenant, je veux mon fric.

– Quoi? Comment ça, ton fric? Tu l'as, qu'est-ce que tu veux de plus?

– Ma part, tricheur. »

Je lui tords le bras d'un geste brusque.

« Hier soir et ce soir, vous m'avez empêché de travailler. Il faut me payer ce manque à gagner. Vous avez dû ramasser six mille dollars, à trois ça fait deux mille dollars. J'attends ma part. »

Ils n'aiment pas du tout, mais alors vraiment pas du tout. En payant une première fois, ils ont montré leur faiblesse. Je sais qu'ils vont continuer à payer. Ce ne sont pas des violents, loin de là. Le brun surtout crève de trouille. Ils ne font pas le poids et j'ai l'intention d'en profiter jusqu'au bout.

« Sinon je vais être obligé de dire partout que vous êtes des enculés de voleurs et je prendrai quand même votre fric. Et je me ferai un plaisir de shooter dans vos petites gueules de salopards. »

Au fur et à mesure que je parle, la haine revient. Alors ils paient. Le brun sort une liasse et en tire deux mille dollars qu'il me donne, la larme à l'œil. Je les remercie avec un grand sourire.

Ils n'ont qu'une hâte, partir et ne plus voir ma gueule, mais je les retiens encore une fois.

« Un instant ! Paolo, donne une carte de La Strada à ces messieurs. »

Ils regardent, surpris, le petit bristol que leur tend mon garde du corps.

« C'est mon restaurant. Je vous y attends demain pour le lunch. Ne m'obligez pas à venir vous chercher. Bonne nuit, messieurs ! »

Quand je m'éloigne, suivi de près par Paolo qui n'a toujours pas dit un mot, c'est le silence derrière moi.

Ce n'est pas encore cette nuit que je dormirai. Je suis trop excité pour me coucher. Assis dans un fauteuil, dans la chambre obscure, face à la fenêtre, je passe de longues heures à réfléchir et à jubiler.

L'action est là. Mon culot et mon flair m'ont fait débusquer un monde que je n'aurais jamais pensé découvrir dans cette bonne vieille ville de Toronto. Des tricheurs professionnels ! Quel fantastique moyen de se remplir avec classe !

Ces types sont valables. Ils m'ont dépouillé en douceur, sans que je décèle quoi que ce soit. Je ne suis pas un enfant de chœur et je ne m'assois pas à une table de poker sans prendre certaines précautions. Leur technique est au point puisque je n'ai rien vu.

Ils sont bons dans leur domaine mais ils ont cédé facilement à mes menaces. Il a suffi de hausser le ton pour les impressionner. La violence leur fait peur et c'est un atout de plus dans ma manche.

Comme ils ont eu tort de me payer dès le premier instant ! Avec moi, désormais, ils n'ont pas fini de casquer. C'est du gibier facile. Je ne peux pas être au courant de transactions illicites sans prélever ma juste part.

J'arpente la chambre, fumant cigarette sur cigarette. De temps en temps, je me plante devant la fenêtre et je contemple rêveusement les buildings endormis et les lumières des avenues désertes.

Les possibilités de ce business sont immenses. Je monte des plans et ce que j'entrevois est grandiose. Mes deux tricheurs ne savent pas s'amuser. Avec une telle situation entre les mains, ils ne font pas le quart de ce qu'ils pourraient. C'est extraordinaire à quel point tout est en place et semble n'attendre qu'un coup de pouce.

Mais leur présence est une nécessité. Je suis joueur, à l'occasion tricheur, mais je ne suis pas un manipulateur de cartes. Eux sont des prestidigitateurs. Des types comme eux ne laissent pas une seule chance aux pigeons. Ils sont redoutablement efficaces.

Je dois m'assurer leur collaboration de leur plein gré. Leur shooter dedans ne servirait à rien et risquerait de leur abîmer les mains. Il faut que je puisse compter sur leur loyauté, le temps nécessaire. Sans compter qu'ils seront encore meilleurs, techniquement parlant, si on ne les force pas.

Il va falloir leur bouffer la tête avec subtilité. Je dois les effrayer sans les paniquer, et leur faire entrevoir les avantages qu'ils auront à collaborer avec moi. Là encore, tout est déjà en place.

Le personnage que je vais leur jouer est tout trouvé : le mafioso. Ça ne peut pas mieux tomber. Mes deux collaborateurs peuvent tenter de me doubler ou de me tirer dans le dos s'ils me croient un homme seul. Ils n'en auront même pas l'idée s'ils pensent que je suis membre d'une organisation du genre *Cosa Nostra,* vraisemblablement envoyé tâter le terrain à Toronto par la Mafia.

Je vais bâtir tout mon scénario là-dessus.

Pour un Anglo-Saxon, Italo-Américain veut dire Mafia. Rital, patron d'une *trattoria* et entouré de spaghettis, je suis déjà dans leur esprit un personnage louche. Ma moustache vient à point parfaire cette image. Question comédie, je ferais croire à n'importe qui que je suis le petit cousin de Lucky Luciano, que ma mère fait des pâtes et qu'elle est née dans le village d'Al Capone. Le rôle m'amuse et je suis capable d'y faire des merveilles.

Il y a peu de temps, j'ai lu un livre, un bouquin à gros succès, où on parle justement des mafiosi, du racket et de la guerre des gangs.

Il ne me reste qu'à les persuader. Là, pas de problème. Ne vous inquiétez pas, j'ai un énorme avantage sur eux. L'Argentine a été une étape importante de ma vie. J'y ai été initié à l'art de l'escroquerie. J'ai bénéficié des leçons des maîtres du genre, les meilleurs escrocs du continent, pour qui les mécanismes du cerveau humain n'ont pas de secret.

J'ai souvent vérifié une chose : on pense volontiers qu'il y a une part d'exagération ou de mensonge dans un discours; mais le commun des mortels ne soupçonne jamais que tout, autour de lui, puisse être falsifié du début à la fin, qu'il se balade dans un théâtre où tout est faux.

Et plus la comédie est grosse, mieux ça marche. En bon caméléon, je suis sûr de tenir parfaitement mon rôle. J'ai déjà planté le décor et, de toute façon, avec mes tricheurs, je joue sur du velours. Les Anglo-Saxons sont faciles à embrouiller. Pour eux, tout est clair, réaliste, positif.

Le *set-up*, la préparation entière d'une situation, est une idée qui ne les effleure pas. Les Italiens, rois de la comédie, s'en sont donné à cœur joie avec ces lourdauds, et pendant des années.

Assis dans un fauteuil, face à la fenêtre, je regarde l'aube se lever. Des lumières s'allument dans les buildings. Les avenues sont toujours désertes. Le lac au loin. Toute la ville s'étend devant moi.

Toronto. Une cité américaine prospère et tranquille.

Je me suis installé dans une des alcôves de La Strada. C'est une niche, assez vaste, où on peut bouffer tranquille. Le rideau est à demi tiré, ne masquant qu'une partie de la table, couverte de paperasses. Ce sont des papiers de propriétaire, des livres de comptes et des factures en désordre. Paolo a disposé, sur un plateau en argent, une petite cafetière du même métal trouvée dans la vaisselle et une tasse. Attablé, je sirote mon expresso.

Paolo est debout, en smoking noir, légèrement trop serré, l'air farouche.

Survenant à point pour servir ma comédie, Angelo Gucci, Luigi et trois de leurs copains sont venus déjeuner. Ils sont les bienvenus. Ils mangent bruyamment, parlent fort et en italien : ils sont parfaits! Avec leur allure, on les croirait sortis d'une série télévisée sur la Mafia.

Paolo fonce vers la porte dès qu'il aperçoit mes invités et les conduit jusqu'à mon bureau. Je lève mes yeux d'une facture de boucherie et les dévisage sans rien dire.

Le brun est gêné. Il se dandine d'un pied sur l'autre.

« C'est bien d'être venu. Tout va être facile maintenant. Quel est ton nom?

– Nivel, me répond le blond aux lunettes noires.

– Nivel, *bene, bene*. Et toi?

– Louie D'Amour.

– C'est bien, il faut se connaître, c'est important. Moi, c'est Cizia. Allez, asseyez-vous, tranquille. »

Je leur mets à chacun une grande claque sur
l'épaule en leur montrant la banquette en face de
moi. Paolo, imperturbable, a repris sa faction,
devant l'alcôve, bras croisés, le regard tourné vers
la salle.

« Qu'est-ce que vous buvez? Champagne? »

Soit ils n'aiment pas ça, soit ils estiment ne pas
être arrivés à un degré suffisant d'amitié avec moi,
en tout cas, ils déclinent et prennent chacun une
bière.

« Ah! vous autres, les Américains, vous ne
connaissez rien au plaisir! dis-je avec un grand
geste méprisant et exagéré. Mais *basta*! On va
manger. »

Comme ils paraissent surpris et s'apprêtent à
répondre, je les arrête :

« On mange, on parle affaires après. Dans mon
pays, on parle des affaires une fois qu'on a bien
mangé. »

Plus rital que moi, tu meurs!

Je claque des doigts vers Paolo, qui fait un signe
au serveur.

« On va manger la *pasta*. C'est la Mamma qui
l'a faite. Vous allez voir ce que c'est que la bonne
nourriture.

– Tu es d'où, Cizia? me demande enfin Louie
D'Amour, étourdi par mon flot de paroles.

– La maman est italienne, le papa est corse et
moi je suis de Marseille. Tu connais Marseille?

– Non, avoue-t-il.

70

– Il ne connaît pas Marseille, le jeune! Vous ne connaissez rien, vous, les Américains! »

Et je me replonge dans mes pâtes, qui sont excellentes. La Mamma s'est surpassée. Je mangerais volontiers bruyamment, pour parfaire l'image, mais seul un véritable Italien peut manger salement avec classe.

« Cizia, New York au téléphone.

– *Mi scusi, un momento.* »

Ça, c'est Paolo, fidèle à son rôle, impeccable de sérieux. Lorsque je reviens à ma table, après avoir félicité la Mamma à la cuisine, la conversation s'arrête net.

Le repas se poursuit en silence, entrecoupé de réflexions banales de ma part. Louie D'Amour et Nivel sont muets et mangent du bout des lèvres. En bruit de fond, les exclamations venant de la table d'Angelo attirent les regards inquiets des deux tricheurs.

En revenant du téléphone, j'ai mis une petite tape sur l'épaule d'Angelo qui, bien qu'étonné par ma familiarité soudaine, s'est prêté au jeu sans le savoir.

« Cizia, Miami au téléphone. »

Cette fois, j'en profite pour pisser un coup. Quand je retourne à la table, le repas est fini et Louie et Nivel montrent des signes d'impatience. Je pose ma tasse de café et je me penche vers eux.

« Bon, maintenant, on va parler affaires. Il est temps. Mais tranquillement, sans s'énerver. »

En disant cette dernière phrase, j'ai haussé le ton et les fixe tour à tour. Je sens qu'ils sont déjà perdus. Ils marchent à fond dans la comédie.

« Cizia, Napoli au téléphone. »

Là, Paolo exagère. Il faut que je le stoppe avant

qu'il ne m'annonce une communication avec Dieu en personne !

Je prends un ton irrité :

« Plus de téléphone, Paolo. Je parle affaires. Tu dis que je suis occupé et que je rappelle dans une heure.

– *Si, Don Cizia !* »

Et il s'éloigne, très digne dans son smoking. Il n'est pas italien pour rien et a le sens de la comédie un peu trop poussé. Je me tourne vers mes interlocuteurs.

« Hier, ce que vous avez fait, ce n'est pas bien ! Dans mon pays... »

Du doigt je fais le geste de trancher une gorge. Louie D'Amour sursaute et je le calme d'un mouvement de la main.

« Vous ne me connaissiez pas, je vous excuse. Je dois vous expliquer. Habituellement, je vis à New York, il y a beaucoup de choses à faire là-bas, mais je suis ici en vacances. »

Je sais que, dans leurs têtes, vacances veut dire problèmes ou exil involontaire. Dans ce milieu, on ne parle jamais de se mettre à l'abri.

« Je suis venu voir mes amis, les frères Gucci. »

J'indique d'un geste large la table des Italiens.

« Mais je n'aime pas rester inactif et, même en vacances, il y a toujours quelque chose à faire. Pour l'instant, je prospecte en attendant de faire venir la famille. On m'avait signalé le club de Haig (encore un gros mensonge). Je suis donc venu vérifier. Et je m'aperçois que vous êtes en train de me prendre de l'argent ! »

Louie D'Amour sursaute une nouvelle fois et c'est Nivel, le blond, qui contre-attaque :

« Mais enfin, on est là depuis longtemps, on se l'est préparé l'endroit, et...

– Tss, tss! On ne s'énerve pas, ami. On parle en copains. Tranquille, *stai calmo*. »

S'il continue sur ce ton, il va prendre une claque. Paolo s'est légèrement retourné et le fixe d'un air méchant. Louie D'Amour se tasse sur son siège.

« Entendons-nous. Je ne vous chasse pas de chez moi, je ne vous reproche rien, vous ne saviez pas, mais maintenant il faut partager! Alors, ou on arrive à un accord et je prends ma part, ou je vous remplace! »

Je me demande bien par qui, d'ailleurs! Mais je sais qu'il n'y a pas de problème. Ce sont des marginaux mais pas des violents. Louie D'Amour est le plus facile des deux. L'autre, Nivel, est plus dur mais ne devrait pas faire d'embrouilles. Si la place est aussi bonne que je l'espère, ils feront tout pour arriver à un accord.

« Mais pour l'instant, on ne discute pas. Je parle, je vous explique mon point de vue, c'est tout. Vous avez toute la journée pour réfléchir. Je ne veux la réponse que ce soir. »

En face de moi, Nivel se pose des questions.

« Mais qu'est-ce que tu veux, en fait? Combien?

– Moi et mes amis ne sommes pas gourmands. Votre affaire est petite. Je ne m'y intéresse qu'en vue de projets futurs. Part égale à trois, *my friend*.

– C'est du racket! »

C'est D'Amour. Il a l'air chatouilleux côté pognon. Ça lui donne du courage.

« Pense plutôt à ce que vous avez à perdre si on n'arrive pas à un accord. Ta profession comporte d'énormes risques, mon pote. Nous sommes une excellente assurance. »

J'ai durci le ton et mon sourire n'est plus chaleureux du tout. Louie D'Amour secoue la tête et n'insiste pas. Je me radoucis.

« Rassurez-vous. Je vous répète que vous ne regretterez pas notre association. Réfléchissez bien, c'est une proposition honnête ! »

Ils ne semblent pas convaincus, crispés, et je sens Nivel indécis sur la conduite à tenir. Seule la présence de ceux qu'il croit être mes hommes de main l'empêche d'exprimer le fond de sa pensée.

Notre au revoir n'est pas des plus cordial. Je ne peux pas leur en vouloir.

« Alors à ce soir », leur dis-je en leur donnant une dernière tape sur l'épaule.

Et Paolo les escorte jusqu'à la porte.

Je ne sais pas s'ils ont mordu à l'hameçon. Ce sont des tricheurs, des types habitués à maîtriser leurs nerfs et à dissimuler leurs sentiments. Mais une chose est sûre, ce soir, j'y serai et je prendrai ma part, même si pour cela je dois les casser en morceaux...

En entrant dans le booze-can de Haig, je suis prêt à toute éventualité. En prévision d'une traîtrise possible de leur part, j'ai sur moi tout un arsenal d'armes blanches. La cuisine de La Strada nous a fourni de quoi couper, broyer, hacher menu le premier qui lèvera le petit doigt.

J'ai glissé dans la poche intérieure de ma veste un grand couteau à découper qui, bien qu'habitué aux besognes sanglantes, a dû connaître des moments plus sereins.

Paolo, promu garde du corps, n'a pas lésiné pour assurer ma protection. Dans une mallette, dégottée pour la circonstance, il a fourré pêle-mêle deux hachoirs, un tournevis, une demi-douzaine d'objets tranchants et un marteau. Il a aussi, par précaution, la chaîne de la porte de La Strada, agrémentée d'un lourd cadenas, enroulée autour de la taille, et un pic à glace affûté passé dans sa ceinture de pantalon. A voir sa démarche claudicante, je le soupçonne de s'être mis un ou deux tire-bouchons dans les chaussures pour faire bonne mesure.

Je ne pense pas qu'ils m'aient tendu un piège. Ils vont même sûrement opter pour la prudence.

Dans la grande salle, c'est la même ambiance de cocktail semi-mondain. Quand j'apparais, Nivel, d'un simple « O.K. », prononcé du bout des lèvres, me confirme que j'ai gagné.

Ce soir-là, je ne joue pas. Je me suis assis à l'écart. Paolo à mes côtés, toujours silencieux, me ravitaille en boissons et cigarettes. Devant l'absence de danger immédiat, il a rangé sa quincaillerie dans sa mallette, qu'il garde néanmoins près de lui.

J'observe la table. Je ne peux pas demander à Nivel et D'Amour de m'expliquer leurs trucs, puisque je suis censé être moi-même un tricheur. Je compte le fric qui est joué sur la table et calcule de réjouissantes additions.

Pour la première fois, je remarque que mes deux nouveaux associés sont assis côte à côte, naturellement. Si je ne les avais pas percés à jour, je n'aurais jamais su qu'ils étaient copains.

Jusqu'ici, ils avaient perdu, de petites sommes, et comme prévu la table s'affole et le pot devient plus important. C'est Louie D'Amour qui gagne. Je ne sais pas comment ils ont fait. A aucun moment, je ne les ai quittés des yeux. Si ce sont des manipulateurs, ils ont atteint un haut degré de perfection.

Deux heures plus tard, lors d'un coup similaire, c'est Nivel qui empoche les mises. La partie s'est arrêtée, faute de participants. Tout le monde est lessivé.

Quand la nuit est finie, Paolo va chercher ma part et me l'apporte. J'ai bien en mémoire l'argent qui a été joué sur la table et je sais à l'avance que neuf cents dollars me reviennent.

Le lendemain et le surlendemain, même scénario. Je reste assis dans un coin, à observer. Paolo, toujours sans un mot, va chercher la part que j'ai évaluée à l'avance. Je ne m'assois à la table que lorsque j'ai enfin compris, plusieurs jours plus tard, comment ils s'y prennent pour tricher.

Une partie de cartes qui dure toute la nuit ne se joue jamais avec un seul jeu. Au bout de quelque temps, lorsqu'un joueur estime que les cartes ne sont plus assez glissantes ou qu'elles sont abîmées par les manipulations, il réclame un jeu neuf.

C'est pourquoi il y a en permanence chez Haig une dizaine de paquets encore enveloppés de cellophane et scellés. Avant que la partie ne commence, chacun prend un paquet de cartes et en retire les jokers avant de le battre consciencieusement. C'est long, et c'est pourquoi, pour ne pas perdre de temps lors d'un changement de jeu, celui-ci est battu auparavant.

C'est à ce moment-là que Louie D'Amour ou Nivel escamote le paquet qu'il est censé mélanger pour le remplacer par un jeu préparé à l'avance. Ils en ont un dans chaque poche, chacun prévu en fonction du nombre des joueurs.

Ces jeux sont arrangés de façon à donner de bonnes mains. Lorsque, en cours de partie, l'un des deux manifeste le désir de changer de jeu, il s'arrange pour que le paquet préparé soit le prochain à venir. Il le prend et le mélange avec une telle dextérité qu'il le remet dans le même ordre. Puis il le donne au partenaire qui fait une coupe et ramène encore une fois les cartes dans la position précédente.

C'est du grand art. Sans être au courant, il est impossible de deviner quoi que ce soit.

J'AI ramassé mille six cents dollars avant-hier, deux mille dollars hier, et ce soir, je vais toucher encore plus.

Quel merveilleux pays que le Canada! De vastes perspectives s'ouvrent devant moi et j'ai remis à plus tard mon départ vers le soleil. J'ai trop à faire ici.

Ce n'est pas si désagréable, l'hiver. Il suffit de s'équiper. Le froid s'annonce rigoureux. Je me promène dans le monde avec un jean et une paire de bottes pour tous bagages mais, quand vient le moment d'une halte, j'aime m'entourer de luxe. Je me construis un décor confortable, choisis ce qu'il y a de meilleur, puis, au moment du départ, je laisse tout derrière moi.

L'aventure a commencé. Il n'est que temps de m'installer d'une manière décente.

D'abord, je m'offre une garde-robe complète. Pour les longues nuits glaciales, je me choisis plusieurs smokings et des complets légers et seyants à profusion. Je prends les chemises les plus chères, toujours dans les tons clairs, qui font ressortir mon hâle de beau voyageur, et je les achète par dix. Côté chaussures, je m'en donne à cœur joie et j'ai réuni en moins d'une semaine une véritable collection, exagérée, comme à mon habitude.

Les emplettes, dans les boutiques de la galerie, sont un petit plaisir, simple et sans prétention. Je claque l'argent comme un gamin, entretenant au passage ma réputation, et j'en profite pour dire bonjour aux dames. Je les emmène ensuite dans ma chambre, au Hyatt Regency.

La respectable propriétaire du magasin d'articles de cuir a tenu à ce que je conserve mes bottes. La gérante de la boutique de lingerie fine, que j'avais croisée maintes fois dans la galerie, a fini par céder, comme les autres, alors que je commençais à la croire frigide. Mais elle n'avait résisté jusqu'à présent à mon charme dévastateur que pour se donner plus de valeur à mes yeux. Uniquement vêtue d'un manteau de fourrure et des dessous les plus excitants de sa collection personnelle, cette authentique blonde m'a forcé à déroger à la règle que je m'étais fixée de n'honorer toutes ces dames qu'une seule fois, dans un but de modération et pour économiser mon souffle. Pour elle, et la diversité de sa lingerie, j'ai craqué trois fois.

Démocrate à mes heures, j'ai beaucoup apprécié le charmant intermède que m'a procuré la vendeuse de croissants, une petite brune coquine et délurée qui avait prétexté pour me rejoindre un rendez-vous chez le dentiste. Excuse amusante à en juger par la qualité de la morsure qu'elle m'a laissée sur l'épaule.

Ces petites siestes en douce compagnie sont moins que reposantes, mais je suis dans une forme éblouissante. Paolo, de son côté, faiblit de plus en plus. Lui aussi vit en continu. Il m'accompagne la nuit au club et assure pendant la journée son service à La Strada. Au moins peut-il, ce veinard, dormir un peu l'après-midi dans les vestiaires du restaurant.

La semaine suivante, je m'emploie à trouver l'appartement idéal. J'en ai assez du cadre impersonnel de l'hôtel, malgré l'étalage de luxe. J'ai envie d'espace et je sais exactement l'endroit qu'il me faut.

Le plus commode serait d'établir mon quartier général sur le théâtre même de mes exploits. La maison de Haig est suffisamment grande pour me permettre de m'y installer. Et puis le club est une véritable mine et je n'aime pas beaucoup m'en éloigner.

Mais il faut que la proposition vienne de Haig lui-même. Pour le décider, je me lance dans un petit travail en douceur, afin qu'il apprenne à ne plus pouvoir se passer de moi.

Je me rapproche de lui. Je viens en avance au club, le soir, afin de le trouver seul et de boire un drink avec lui. On discute, on échange nos points de vue sur le monde et je tombe souvent d'accord avec lui. Il n'est pas difficile d'approche. Il a besoin d'être aimé et s'ouvre facilement à qui lui témoigne de l'amitié.

Nous nous découvrons des passions communes, jusqu'ici insoupçonnées chez moi, comme celle du sport. J'achète une raquette, un short et une chemisette blanche, une serviette pour mettre autour du cou et, l'après-midi, nous allons tous les deux au tennis. Haig se révèle un excellent professeur. L'exercice me fait du bien.

Nous avons une autre passion à partager, bien réelle celle-là, pour les femmes. On ne les aime pas de la même manière, mais je ne peux pas lui exposer mon point de vue sur la gent féminine sans lui retirer toutes ses illusions. Haig est un vieil amoureux romantique, pour qui les femelles sont encore le sexe faible. Fait surprenant, il a du succès et il lui arrive de conquérir de très belles filles. Il connaît toutes les habituées du club, qui l'apprécient. C'est le vieux galant type, serviable, toujours présent, spirituel et peu dangereux, que les femmes aiment avoir pour confident.

A soixante ans, il fait encore tout pour les séduire. Beaucoup de sport, un régime spécial à base de vitamines et d'aphrodisiaques, il est préoccupé par sa virilité. Sa coquetterie n'a pas de bornes. Il passe de longues heures, en début de soirée, à se pomponner et se regarder dans la salle de bain. Il a toute une collection de costumes coupés sur le même modèle : trois-pièces, de la même couleur, chemise, cravate et pochette assortis, avec une fleur à la boutonnière. Les six bagues qu'il porte sont prévues pour s'harmoniser avec la teinte de ses vêtements.

La sympathie qu'il dégage fait oublier sa petite taille, son âge et l'exagération de sa mise.

J'aime bien ce vieux et c'est sans méchanceté que je lui mange la tête. J'apprécie sa façon de concevoir la vie. Arménien d'origine, marié à une Arménienne, fleuron de la communauté, il a tout laissé tomber. Cet amoureux des plaisirs et de la rigolade est resté sage jusqu'à l'âge de quarante ans. A ce moment, lassé de sa famille et de ses congénères, il a quitté son travail, laissé tout son argent à sa femme et à ses deux enfants, qui ne le comprenaient pas, et fait depuis la fête.

C'est un type gentil, économe mais bon cœur, du genre à donner tout à celui qui sait l'écouter.

Il est à point. En quelques jours, il a rajeuni à mon contact. Il aime se montrer en ma compagnie et s'est rendu compte de ma positivité et du fric que je représente car, lors de nos sorties, je dépense sans compter.

Arrivé à ce stade de nos relations, je lui ai adroitement glissé que je cherchais à m'installer définitivement en ville, que je voulais un appartement et que mes goûts précis rendaient ma démarche difficile.

« J'aime les maisons avec du cachet. Je déteste les endroits impersonnels. Et puis il faudrait que ce soit tout près du club... »

Comme chez toi, quoi!

« ... et c'est dur à trouver. Aide-moi à chercher, toi qui connais bien la ville. Je peux payer très cher s'il le faut. »

Il m'a promis d'essayer, pensif. Je devine que l'idée prend naissance dans son esprit. Afin qu'elle mûrisse, je l'emmène avec moi dans une course au logement dont il sort exténué. Ni la plus grande affaire immobilière de Toronto, l'agence Royal Lepage, ni les annonces du *Toronto Star* ne me procurent l'appartement espéré. L'un n'est pas assez lumineux, l'autre est trop éclairé, le voisin a une sale tête et, de toute façon, c'est vraiment trop loin du club.

Après quatre jours de rallye immobilier, Haig, qui n'a plus ses jambes de vingt ans, se fatigue et est de plus en plus soucieux de me trouver l'endroit idéal. Ça avance.

A l'issue d'une partie de tennis, alors que je manifeste l'intention d'aller me changer à l'hôtel, il me retient.

« Cizia, j'ai pensé à quelque chose pour ton appartement. »

Il était temps.

« Tu es comme moi, tu aimes l'animation et avoir du monde autour de toi.

— C'est vrai.

— Alors voilà mon idée : pourquoi ne viendrais-tu pas habiter chez moi? Le deuxième étage est libre, je peux t'en louer une partie. Qu'est-ce que tu en dis? »

Je dis que je suis ravi, que je n'y avais pas pensé et que j'espère que ça ne va pas le déranger.

« C'est un plaisir, Cizia. Je te le fais à mille dollars par mois, un prix d'ami. »

Les remords qui me travaillaient avec ce vieux renard s'évanouissent. C'est au moins le double de ce que ça vaut! Mais je ne peux pas lui en vouloir. Toute la semaine, je l'ai arrosé de dollars, suivant le vieux principe qu'on respecte toujours une personne qui a du pognon. C'est cher payé, mais j'ai ce que je voulais et je suis sûr dorénavant que Haig ne peut rien me refuser.

Le lendemain, je déménage et m'aperçois que, décidément, j'exagère. Je n'avais pas compté les costumes, empilés au fil des achats dans les placards. J'ai réquisitionné les serveurs de La Strada. Ils parcourent à pied les cinq cents mètres qui séparent le Regency de mon club, des cintres plein les bras. Au deuxième voyage, les rares passants regardent avec curiosité cette colonne de serveurs en tenue qui viennent de dévaliser un pressing. Quand ils m'apportent mes six cartons de bottes, mon antichambre est déjà bien encombrée.

Je possède maintenant une grande chambre, un salon immense, et une salle de bain luxueuse. C'est bien meublé, mais pas tout à fait à mon goût. Mon premier soin est donc de m'occuper de la décoration.

J'entasse toutes les vieilleries d'époque, chaises Louis Chose et commodes Charles De-Mes-Deux dans un vestibule, au fond du couloir, où elles pourront prendre la poussière sans me déranger.

J'ai hâte d'être chez moi. Je garde les serveurs pour tout astiquer et j'envoie ce somnambule de Paolo dans une boutique du centre-ville acheter du mobilier design et commander de la moquette.

Je paie cash et, le soir, le deuxième étage de la maison de Haig a changé d'aspect. L'antichambre est déjà plus chaleureuse, avec son tapis persan rose. Dans le salon, une grande table basse en verre fumé est entourée d'un large canapé en cuir fauve et de fauteuils, en cuir également. Le bar, aux formes modernes, est rempli d'alcool et de champagne dans le compartiment réfrigéré. Paolo, paysan au goût sûr, a choisi la quantité qui, pour lui, rime avec qualité. Il a pris une lampe de chaque modèle et en a disposé partout. Une télé gigantesque trône face au bar.

La chambre est particulièrement réussie. J'ai fait poser des miroirs sur trois murs, encadrant un *water-bed* de deux mètres cinquante de large. Des rampes de spots de couleurs différentes, avec réglage d'intensité, sont accrochées à chaque mur. J'ai fait poser sur le sol une épaisse moquette blanche qui m'a coûté terriblement cher. Le devis prévoyait deux jours pour l'installation. Avec ce que j'ai lâché pour l'avoir l'après-midi même, j'aurais pu tapisser de moquette une maison entière, murs, plafonds et fenêtres compris. Deux fourrures au pied du lit donnent une dernière touche de sobriété et de classe.

Haig m'a affirmé qu'il trouvait ça splendide, mais j'ai bien vu qu'il était surpris, et vaguement inquiet.

CETTE nuit, les pigeons ont été compréhensifs et ont su perdre rapidement.

On partage habituellement les gains chez Stavros, sur Road Avenue, ou dans un autre *coffee-shop* ouvert la nuit, chez Fran's, sur Saint-Clair Avenue. Mais ce soir, je suis content et, en guise de crémaillère, j'invite exceptionnellement Nivel et Louie D'Amour à venir régler les comptes chez moi, à quelques marches de notre lieu de travail. Ils sont stupéfaits par ma rapidité d'installation. Nivel fait la gueule, mais D'Amour est impressionné.

« Bon Dieu de merde, c'est beau! »

Sa part encaissée, Nivel prend congé du bout des lèvres. Louie D'Amour s'attarde et semble ne pas avoir envie de partir. C'est la première fois qu'il fait mine de se rapprocher de moi et je ne peux que m'en féliciter. Il aime l'argent et ma décoration l'impressionne. Il est séduit par ma positivité et commence à me voir d'un autre œil.

A la deuxième bouteille de champagne, il s'enhardit et commence à me poser des questions.

« Qu'est-ce que tu fais avec les Gucci? Tu n'es pas de leur famille. Qu'est-ce que tu fais à La Strada?

– Ça, mon vieux, c'est trop long à t'expliquer.

C'est plus qu'une simple histoire de famille... Tu sais, chez les Italiens, il y a des liens plus forts que ceux du sang... »

Fidèle à mon personnage, je laisse planer un doute sur toutes mes réponses. Je m'arrange pour créer le mystère, je parle avec les mains et lui laisse entendre, sans jamais prononcer le mot, que la Mafia aurait peut-être l'intention de s'installer à Toronto.

Un peu ivre, il reçoit mes messages cinq sur cinq. Par chance, il lui est arrivé une histoire avec Luigi, le truand de la famille Gucci, le boxeur, qu'il prend pour un gangster de classe.

« Il est dur. Très, très dur. Il m'a baisé et je n'ai rien pu faire. Ils doivent se tenir les coudes dans leur famille... Et Paolo, qui c'est ?

– Camarade, il y a des choses que tu n'as pas le droit de savoir. Contente-toi de ce que je peux te dire et t'apporter. Comme ça, on restera copains. »

Au petit matin, D'Amour, que le champagne a engourdi, exprime le désir d'allumer un feu dans ma cheminée. Haig m'a laissé quelques bûches mais je n'arrive pas à les faire prendre. A bout de patience, je vais chercher une des vieilles chaises dans le vestibule. Je la ramène dans le salon et, en deux coups de botte, je la transforme en un fagot de bois bien sec qui s'allume dès le premier essai. D'Amour m'a regardé faire, surpris, avant d'être pris d'un fou rire sans retenue. Lorsqu'il me quitte, il en pleure encore, secoué de temps en temps par une quinte.

On ne me prend pas encore pour le dirigeant du club, mais les noctambules ne me considèrent déjà plus, après une quinzaine de jours d'activité, comme un banal client. Ma présence est constante. En début de soirée, je salue et je discute avec les habitués.

Il y a une grande majorité d'artistes fêtards, personnalités du show-business local. On trouve de petits producteurs, des comédiens, des musiciens. Je reconnais parfois des têtes aperçues sur le petit écran, journalistes ou chanteurs débutants.

Mêlés à cette clientèle gentille et un peu excentrique, je reçois aussi des petits braqueurs, des dealers, des bookmakers, des gigolos d'occasion et des personnages peu clairs, mi-businessmen mi-truands. C'est le mélange habituel de la vie nocturne. Les bandits se font des relations et trouvent à exercer leurs commerces. Les artistes viennent s'encanailler.

Ces deux mondes ont un point en commun, on y aime les jolies femmes et celles-ci sont nombreuses chez Haig. Les plus séduisants lots de la ville se donnent rendez-vous ici. Modèles, petites actrices, call-girls, toutes délicieuses, prêtes au plaisir et vénales.

Je découvre là un nouvel avantage de ma position : j'ai la cote auprès de ces dames. Indépendamment de mon physique, un atout qui compte peu dans ce milieu, je commence à être connu pour ma richesse et mes succès, deux choses qui attirent beaucoup les femmes.

Le mystère de mon apparition, mon omniprésence dans le club, dont certains pensent déjà que je suis le réel propriétaire, ne gâchent en rien l'intérêt que je suscite.

J'ai bien sûr rapidement inauguré ma garçonnière. L'élue de cette nuit-là était une jeune chanteuse de music-hall dont la carrière s'annonce prometteuse si elle se débrouille sur scène comme au lit. Elle m'a avoué avoir été séduite par ma prestance dès le premier jour de mon arrivée. Tout à mes affaires, je n'avais rien remarqué de ses efforts pour capter mon attention. Pas plus que je n'avais remarqué les autres.

Le bouche-à-oreille fonctionne rapidement chez les bonnes femmes. Ma réputation s'établit et je ne m'ennuie pas. On me sourit beaucoup, on me couvre d'attentions et on me soigne bien, au deuxième étage.

Il m'arrive même de remarquer à La Strada, au lunch, de frais minois aperçus la veille au club. Elles viennent pour moi. Sans faiblir, je récompense cette opiniâtreté et les ajoute à la liste.

J'ai relégué le restaurant au deuxième plan de mes préoccupations, mais j'y déjeune ou j'y passe au moins une fois par jour. Paolo commence à prendre l'habitude de ne pas dormir et s'acquitte très bien de ses fonctions de chef d'équipe. Il a pour consigne de me téléphoner au moindre problème et il ne s'en prive pas car je lui ai interdit pour le moment toute initiative.

Mais c'est encore le business qui marche le mieux.

Alors que les parties se déroulaient discrètement, presque clandestinement, j'ai fait courir le bruit dans la clientèle du club de l'existence d'une table de poker dans la pièce du fond. Les amateurs sont de plus en plus nombreux à venir se faire plumer. De trois parties par semaine, on est passé à une partie quotidienne et on se remplit les poches de façon éhontée.

Rien n'est parfait, pourtant. Si mes deux partenaires partagent scrupuleusement la recette avec moi au petit matin, ils le font avec un manque d'enthousiasme qui me chagrine. Depuis que j'ai compris leurs trucs, je m'attable de nouveau pour le plaisir. Je leur donne un petit coup de main grâce à un code précis de mots ou de petites phrases anodines, mais mon assistance technique s'arrête là.

D'Amour a essayé de m'initier à quelques manipulations. Je me suis entraîné deux jours à La Strada, coupant et mélangeant inlassablement les jeux de cartes. Mes mains n'ont rien de celles d'un artiste et je me suis vite rendu compte, comme je le prévoyais, que ce n'est pas une solution. Même à raison de quinze heures par jour, il me faudrait des mois pour arriver à leur niveau, ou tout au moins avoir la même efficacité.

On n'a pas la même intelligence. Eux, ce sont des manuels. Ils ont besoin d'une tête. C'est ce que je recherche : avoir la mainmise sur une équipe de tricheurs. M'emmêler les doigts n'augmente en rien le capital. Ce n'est pas de cette façon que je leur mettrai définitivement la main sur la tête.

Nivel m'a dit, avec une certaine aigreur, que si nous faisions des chiffres exceptionnels en ce moment – ça arrive parfois –, ce n'était qu'une flambée qui allait s'épuiser. D'une part Nivel fait chier et je vais m'en débarrasser. D'autre part, c'est leur point faible et c'est là que je dois intervenir.

Si on risque de manquer de clients au nettoyage, c'est qu'il faut faire un peu de promotion. A moi d'aller chercher les futurs pigeons. J'ai déjà une idée sur le premier de la liste.

Ron Edwards est le type même du commerçant, jovial et hypocrite. Il est installé dans la galerie et, depuis que je m'habille chez lui, j'ai dû lui laisser environ quatre mille dollars qu'il est grand temps de lui reprendre.

Ron ne fait pas dans la demi-mesure. Il suffit

d'acheter chez lui pour avoir droit à son amitié. A chaque passage, je suis accueilli par de grands « *Hello Cizia* » et « *My dear friend Cizia* », des effusions dignes d'un ami d'enfance. Ses salutations sont en général suivies d'une proposition mirobolante, à un prix d'ami toujours, gardée spécialement pour moi.

Ça va du costume rose en soie de Chine à la paire de mocassins en rarissime peau de machin d'éléphant.

« Cizia ! *My friend Cizia !* Quel plaisir ! Ça fait longtemps ! »

C'est vrai. Je ne lui ai rien acheté depuis hier.

« Tu as de la chance. Je viens de recevoir des choses fantastiques ! »

Il est gros, suant, une sorte de verrue graisseuse déforme le bout de son menton. Judith, la vendeuse, arbore en permanence le même sourire commercial que son patron. J'aurais bien aimé faire une sieste avec elle, pour voir si je pouvais lui ôter cette expression du visage, mais la seule pensée de passer après le gros m'a toujours retenu. Ron veut absolument qu'elle me montre des chemises à jabot de couleurs vives, mais je stoppe le mouvement tout de suite.

« Laisse. Donne-moi deux chemises blanches. Deux ! Pas deux douzaines. Excuse-moi, mais je suis pressé. »

L'épaisse liasse de billets verts, jaillie de ma poche, fait loucher Ron. Il en soupire.

« Bon Dieu, Cizia, c'est un restaurant que tu as, ou une foutue mine d'or ? »

Sous son nez, je fais glisser les billets en éventail, afin qu'il en apprécie bien le montant.

« Mon filon, vieux, c'est le poker. J'ai trouvé une table dans un booze-can. Je me remplis au maximum. »

Quand il en a plein les yeux et des chiffres plein la tête, il se lance.

« Tu crois que moi aussi je pourrais me... Je veux dire venir jouer un soir, histoire de ramasser un peu. Tu peux me brancher?

– Sais pas. C'est privé, tu sais.

– Cizia! *My dear friend!* »

Je l'arrête aussitôt, avant qu'il ne me rappelle nos souvenirs d'enfance et je fais semblant de réfléchir. Finalement, après le suspense, je cède.

« O.K. Je peux te présenter, mais c'est bien parce que tu es un ami. »

Le soir même, le gros Ron s'assoit à notre table. Je l'ai prévenu qu'on jouait gros et lui ai conseillé de prendre beaucoup de cash. Il semble heureux comme un gosse. Il ne l'est pas autant que moi. Plumer un pigeon m'enchante toujours, et cette fois-ci plus encore que d'habitude.

Il m'envoie des clins d'œil complices. Pendant les premières mains, sans conséquence, je le mets en confiance en lui répondant par des petits sourires et des hochements de tête. Quand le jeu préparé à l'avance est distribué, je l'observe prendre connaissance de ses cartes. Je sais exactement ce qu'il a. A la vue de son brelan, il ne peut retenir un tressaillement de joie. Moi aussi.

Inconsciemment il s'est redressé sur son siège. Je savoure ses mimiques de joie mal contenue, ses petits mouvements involontaires, tous les tics d'une personne enthousiaste qui ne se sent pas observée.

Vas-y mon gros, profite bien de la soirée!

Excité comme une puce, il a tout de suite fait monter les enchères et poussé rapidement tout son pognon sur le tapis. Quand il reçoit sa septième carte, je devine chez lui une intense jubilation intérieure. Mentalement, il compte le fric misé, plusieurs semaines de dur labeur. Il a de plus en plus de mal à se contenir. Les enchères sont à peine terminées qu'il abat son jeu, triomphant.

« Full de dames par les valets! »

Sans plus attendre, il se penche en avant avec un rire gras pour ramasser le pot quand D'Amour le stoppe d'un mot.

« Un instant! »

Louie retourne ses cartes une à une devant Ron qui n'a pas encore bien réalisé. Full de rois par les as!

Le gros se dégonfle d'un seul coup. Il retire lentement, et à contrecœur, ses mains déjà posées sur le fric. L'air minable, il regarde son argent et ses rêves s'entasser devant D'Amour et j'ai du mal à cacher mon sourire.

« Cizia, il faut que je me refasse. Prête-moi deux mille dollars.

– Tu es sûr de ce que tu fais? C'est une somme importante que tu me demandes.

– Tu les auras demain, on est voisins et amis, n'est-ce pas Cizia? Fais-moi confiance. O.K.?

– D'accord, j'ai ta parole. »

Et le même jeu recommence. Il est plus crispé mais ne peut dissimuler sa joie quand il a sa seconde bonne main. Ni moi la mienne quand il se fait lessiver.

Suant à grosses gouttes, il me redemande trois mille dollars.

« Cizia, demain au plus tard. Tu as ma parole. La chance va tourner. J'ai eu du jeu, tu le sais. Je te rembourse avec mes premiers gains. Je ne peux pas m'arrêter là. Je te fais un chèque si tu veux.

– Non, je te fais confiance. Mais c'est la dernière fois. »

Il peut toujours essayer. Même Nivel, qui sait pourtant se maîtriser parfaitement, ne peut retenir un léger sourire quand il distribue le jeu truqué. Ron n'est plus jovial du tout.

Il est difficile de s'arrêter quand on perd. C'est pour cela que certains perdent tout. Là, Ron est bien enfoncé. Il transpire et s'éponge nerveusement avec sa pochette. Chacun de ses espoirs est réduit à néant. Il joue de grosses sommes à chaque bonne main, certain que cette fois sera la bonne.

Sur le dernier coup que doit remporter Nivel, j'ai mis tout mon cash et quand il gagne, mon pigeon et moi sommes lessivés. Je m'efforce de prendre l'air attristé. Ron est livide, presque suffocant.

« Cizia.

– Non, mon vieux. Tu me dois cinq mille dollars, c'est assez. De toute façon, je n'ai plus de liquide. A cause de toi, je ne peux même plus me refaire. »

Et je m'offre en plus le luxe de l'engueuler. Gros porc, va en vendre des chemises, maintenant !

Deux heures plus tard, nous sommes chez Fran's pour le partage.

Situé sur Saint-Clair Avenue, entre Younge Street et Avenue Road, Fran's est l'un des rares restaurants ouverts jour et nuit. C'est le rendez-vous des paumés de la nuit et de ceux qui n'ont nulle part où aller. De temps en temps, on y rencontre des fêtards en smoking, venus manger un dernier hamburger insipide ou boire un café après une partie.

Derrière la cafétéria éclairée *a giorno* par des néons blafards et meublée des habituelles tables en formica, il y a un restaurant retiré, plus luxueux, normalement fermé à cette heure.

J'ai convaincu une serveuse, Annie, une vieille Canadienne outrageusement maquillée, toujours vêtue d'une blouse bordeaux fatiguée et d'une coiffe de la même couleur passée, de m'en laisser l'accès. Nous nous installons souvent à l'aube autour d'une table, dans le fond, à l'abri des regards indiscrets.

La vieille Annie a bien tiqué les premières fois devant les liasses de billets, mais mes pourboires généreux et mon sourire charmeur ont vaincu sa méfiance. Depuis, à ma grande frayeur, elle me contemple avec un intérêt langoureux et ses œillades me font froid dans le dos.

« Peut-être que l'angoisse va le faire maigrir? »

Heureux du résultat de mon premier pigeon, j'en rajoute. Nivel tente de gâcher ma joie.

« Il n'a lâché que quinze cents dollars. C'est pas énorme.

– Quinze cents? Tu oublies les cinq mille que je lui ai prêtés. »

Il a une moue dédaigneuse.

Continue de m'énerver, toi, et ton compte sera bon!

« *Eh, testa di cazzo!* Quand je prête de l'argent, on me le rend, compris? »

Ces cons-là pensent, parce que les dettes de jeu sont illégales au Canada, qu'il y aura des difficultés à récupérer les billets. Ce serait bien la première fois qu'on ne me rendrait pas quelque chose qu'on me doit.

En début d'après-midi, je suis chez Ron.

« Cizia! Comment vas-tu? Quelle nuit, hein! Tu viens faire du shopping?

– Allons Ron, tu sais très bien pourquoi je suis ici. Tu as mon argent?

– Ah! oui, notre petite dette. Pas de problème, on s'arrange toujours entre commerçants. Je vais te payer en habits. »

94

Et, grand seigneur, il me montre son étalage.

« Sers-toi... »

Il me prend pour un con ou quoi?

« Merde, Ron, tu déconnes! Tu me prends pour un camelot. Quand j'achète un costume, je ne te paie pas en spaghettis! Un peu de sérieux! Je n'aime déjà pas cette situation que je trouve mesquine. Ce n'est pas mon style de réclamer de l'argent. Ne me rends pas la tâche plus pénible encore. J'ai été nettoyé aussi comme tu as vu et je suis à sec de cash. Il *faut* me rembourser.

– O.K. Ne te fâche pas, on va s'arranger. Il y a toujours un moyen.

– Comment ça, " s'arranger "? Ça suffit, Ron. Quand tu m'as demandé un crédit, je te l'ai accordé, tu m'as dit que tu me rembourserais le lendemain, non?

– Oui, mais...

– Alors tu paies, bordel de merde! A cause de toi, je n'ai plus un rond. Je ne te demanderais pas ça si je n'avais pas été nettoyé. Mais j'ai des employés à payer et si tu ne veux pas que nos relations de bon voisinage s'enveniment, il faut me rendre mon argent, et tout de suite! »

Je ne joue plus. Il a senti la menace dans ma voix. Geignard, il essaie encore de s'en tirer, mais une heure plus tard je suis avec lui à la banque. Une fois l'argent en main, je soigne mon image.

« Excuse-moi d'avoir été dur avec toi, mais il faut me comprendre. J'ai un business à faire tourner. Des gens dépendent de moi, tu comprends? »

Il comprend, mais ça lui fait mal quand même. Pour lui remonter le moral, je le raccompagne à son magasin et lui achète une cravate, une seule, la moins chère possible.

Mes deux partenaires ont été impressionnés par le retour immédiat des cinq mille dollars.

Nivel fait encore plus la tête, mais D'Amour m'est de plus en plus acquis. Il multiplie les gestes de sympathie, reste avec moi après le partage, et nous passons quelques moments relax.

Cet après-midi, un bruit invraisemblable dans les escaliers me tire du sommeil. La petite brune, conquête du jour, épuisée, n'a même pas bougé. Je vais voir ce qui se passe.

Sur les marches, D'Amour, des paquets plein les mains, me salue d'un grand sourire. Derrière, sa petite amie me gratifie d'un petit hochement de tête. A ses pieds, ses deux infâmes petits chiens jappent sur le mode aigu.

En bas, Haig se débat avec deux malles trop lourdes pour lui. D'Amour rigole devant mon air surpris.

« J'ai loué l'autre moitié de l'étage. On ne va plus se quitter, *partner*! »

Et c'est comme ça que D'Amour ne m'a plus quitté.

Il m'avait déjà présenté sa fiancée Diana, mais je n'avais jamais eu l'occasion de l'observer. Tous deux forment un couple bizarre.

Diana est une ancienne tenancière de bordel. Mince, pas trop désagréable de corps, elle a une courte chevelure blondasse tirant sur le carotte. Sa peau, qu'elle cache sous une épaisse couche de fond de teint, a un grain rugueux désagréable. Elle fait poufiasse sortie du trottoir et je me suis toujours demandé ce que D'Amour faisait avec elle. Son âge demeure indéfini. Louie prétend qu'elle a vingt-sept ans, je lui en donne dix de plus. On la devine dure, méchante par plaisir, ne reculant devant rien pour arriver à ses fins. La relation qu'elle entretient avec Louie D'Amour me semble plus maternelle qu'autre chose. Elle le dorlote et lui donne des conseils qu'il s'empresse de suivre. J'ai appris plus tard qu'ils avaient fait ensemble de petites arnaques à l'assurance.

Le seul inconvénient de ce voisinage, c'est les chiens, leurs deux enfants, comme ils appellent ces deux petits *english poodels*, sorte de croisement ridicule de caniche et de pékinois. Ils ressemblent à une paire de pantoufles poilues qui jappent dès qu'on s'approche. Ils les traitent royalement et les bichonnent comme leurs propres gamins.

Une fois par semaine, un chauffeur en livrée vient les chercher en limousine pour les emmener dans un centre de toilettage pour chiens de luxe. Ils sont peignés, bouclés, manucurés et ont droit à un restaurant « spécial canin » dont le menu a été, la veille, l'objet d'un choix mûrement réfléchi.

Lorsque la femelle, le chien au collier rose, est en chaleur, ils lui mettent une petite culotte spéciale pour qu'une grossesse précoce n'abîme pas son joli petit corps. Je me demande parfois si le mâle a droit au bordel !

Je les déteste et ne manque pas de leur balancer un coup de pied chaque fois que j'en ai l'occasion. Le bruit des clochettes accrochées sur leurs colliers rose et bleu m'horripile.

Louie D'Amour a été moins prodigue que moi en décoration. Il s'est contenté de nettoyer et de mettre quelques meubles personnels, notamment une très belle table de toilette, avec un grand miroir, qu'il appelle son *teacher*. Chaque après-midi, vêtu d'un peignoir de boxeur, auquel il ne manque que ses initiales dans le dos, il s'entraîne pendant deux heures devant la glace à manipuler les cartes. Je l'ai observé plusieurs fois et suis toujours étonné. Même en connaissant ses combines, je n'arrive pas à voir le mouvement de ses doigts. Il est très fier de sa technique et ne manque jamais de me placer une longue tirade sur ses mains.

« Elles valent de l'or! De l'or! »

CES derniers temps, j'ai négligé mon restaurant. Il faut dire que la machine est maintenant rodée et ne requiert plus ma présence constante. Je vais y faire un tour pour le déjeuner et, encore une fois, j'ai le plaisir de constater que la salle est pleine.

Je passe dire bonjour à la Mamma et j'en profite pour lui faire un petit cadeau, un flacon de parfum français qui la fait rougir et s'exclamer à mi-voix, en italien, en prenant la Madone à témoin de l'excellence de son sort.

Pour Alfredo, assis dans son coin, devant une montagne de carottes à éplucher, j'ai apporté un livre de cuisine. J'ai choisi un ouvrage pour débutants, afin de ne pas déboussoler mon aide-cuistot par des notions trop complexes. Il est temps qu'il s'y mette s'il veut faire carrière dans la restauration. Il semble heureux de mon attention.

Rocco est en pleine forme, gai et détendu. On mange en tête-à-tête, ce qui me permet de vérifier une fois de plus que la Mamma était bien la personne qu'il fallait. Ses raviolis sont une merveille.

Pendant que nous dégustons ses petits plats, je donne mes instructions à Rocco pour la conduite de sa *trattoria*. Il est possible maintenant de fermer La Strada un jour par semaine, afin que l'équipe puisse se reposer un peu. On tombe d'accord pour fermer le dimanche et la soirée du samedi. Rocco me promet de s'en occuper.

« Si tu as un problème, je suis au club. Tu n'as qu'à m'appeler. »

Cet après-midi, comme depuis quelques jours, pas de sieste amoureuse. D'Amour me fait visiter la ville dans sa voiture et me fait connaître les bons endroits. Je reste encore sur la défensive mais commence à me faire au personnage. Il m'amuse par ses exagérations verbales. Il n'est pas radin, mais il n'est pas flambeur non plus. Il aime le luxe, et surtout le tape-à-l'œil, mais il ne sait pas se faire plaisir. Il comprend mal mon gaspillage. Fait significatif, et typiquement américain, à chaque fois qu'il achète un objet, il ne peut pas s'empêcher d'en donner le prix.

Depuis qu'il sort avec moi, j'essaie de lui inculquer le b-a-ba de la classe. Les repas à cent dollars, les pourboires de roi, le plaisir de prendre une addition et d'être généreux sans trop calculer. Ce n'est pas tout d'être riche, il faut savoir dépenser. C'est si bon d'arriver dans un établissement où tout le personnel vous accueille avec de grands sourires et se met aux petits soins pour vous. Il fait quelques progrès mais s'il lui arrive en ma présence de payer l'addition sans l'éplucher, il reste tricheur dans l'âme. Pour lui, un dollar reste un dollar.

Me voyant toujours gentil et poli avec Haig, il fait de même, bien qu'il ne l'aime pas trop, pensant que cela fait partie d'un jeu calculé. Mais mon amabilité est naturelle. Malgré son sans-gêne et bien qu'il soit trop souvent dans mes pattes, toujours inquiet pour sa maison, j'aime bien ce petit bonhomme.

C'est l'été indien, mais il fait froid à Toronto et j'utilise souvent la cheminée. Haig m'a fait monter une provision de bois. Mais, insuffisamment sec, il s'enflamme difficilement. Alors je fais brûler régulièrement des pièces du mobilier. Plus par blague que par nécessité, en fait. Ça amuse beaucoup Louie D'Amour. Le vandalisme ne fait pas partie du mode de vie américain. A chaque fois, il est plié en deux de rire, les larmes aux yeux.

Ce n'est pas que je n'aime pas le mobilier de style; au contraire, je le respecte. Pour un type comme moi, pas manuel du tout, c'est un auxiliaire précieux pour allumer un feu. Aucun bois ne brûle aussi bien qu'un morceau qui a séché quelques centaines d'années. J'ai gardé de mon enfance un côté vandale qui n'a pas évolué. J'ai toujours aimé amuser mes petits camarades et le fou rire de Louie, quand il me surprend à sauter à pieds joints sur une table d'époque, me pousse à en rajouter.

Jusqu'ici Haig s'est seulement posé des questions sur la disparition de certains meubles, doutant de sa propre mémoire. Il ne peut deviner l'énormité de la vérité. Mais brûler un tableau – c'est très joli quand ça brûle, avec de grandes flammes bleues – c'était peut-être excessif. C'est grand un tableau, cela prend de la place et sa disparition laisse un vide que Haig n'a pu manquer de remarquer.

Préoccupé, il est venu nous parler et j'en ai profité pour résoudre le problème de la sauvegarde de mon intimité. En bas, le soir, l'ambiance est à la fête et les gens se promènent un peu partout. Il m'est arrivé de trouver des couples au premier étage.

« Il y a trop de va-et-vient, Haig. Tu ne connais

pas tout le monde, certains peuvent être malhonnêtes.

– Tu ne penses pas qu'il puisse y avoir des voleurs?

– Qui veux-tu que ce soit?

– Mais on ne peut pas voler un tableau de cette taille comme ça!

– Les gens sont capables de tout, dit Louie imperturbable. Quand le vice les tient, rien ne les arrête. Méfie-toi. »

A la suite de cette discussion, Haig a fait poser une petite chaîne dorée dans l'escalier avec un panneau « Privé ». J'en ai profité pour lui interdire également l'accès de l'étage, prétextant qu'il se devait de donner le bon exemple. Je reste seul maître du deuxième étage avec D'Amour et Diana.

Beaucoup de gens pensent que je suis le réel propriétaire des lieux. Souvent, avant ou après une partie ou quand je ne joue pas, je descends en pantalon et peignoir de soie, très maître de maison, prendre un verre et discuter avec les habitués, avant de remonter, rarement seul.

Cela ne plaît pas à tout le monde et, comme partout, il y a des jaloux.

Ce soir-là, Nivel est sérieux comme un flic qui verbalise lorsque, après le partage chez Stavros, le vendeur de hot dogs d'Avenue Road, il pointe soudain le doigt vers moi.

« Ne recommence pas! »

Je me dresse, stupéfait, déjà hargneux.

« Quoi? Ça veut dire quoi, connard?

– La brune, celle que tu t'es faite quand tu as arrêté de jouer ce soir, elle sort avec moi.

– Eh, tu me parles sur un autre ton! Comment veux-tu que je devine que c'est ta copine? C'est pas marqué dessus! T'es con ou tu cherches un prétexte? Si c'est ça, dis-le! »

Au fur et à mesure que je parle, la colère me prend. D'accord, j'étais vaguement au courant, mais elle m'a fait de l'œil, et puis il jouait. Par principe, je ne touche pas aux femmes de mes associés, mais ce con, je ne le considère pas comme un associé. De toute façon, il n'a pas à me parler sur un ton pareil.

J'allais lui écraser son verre sur la gueule, quand D'Amour et Stavros m'arrêtent.

« Laisse tomber, Cizia. Vous n'allez pas vous engueuler pour des bêtises pareilles. Nivel, tu déconnes, aussi! Comment veux-tu que Cizia sache que tu tenais à cette nana? »

Stavros me tape sur l'épaule de sa pogne graisseuse.

« Tranquille, Cizia. Tiens, ça te fera du bien. »

Et il me sert une grande rasade d'ouzo. Le partage se termine en silence et Nivel disparaît rapidement.

« T'occupe pas. Il se prend pour un tombeur. Il a les glandes de voir tes succès et faut bien que ça sorte. C'est vrai qu'il craint pour ses copines. Merde, depuis que tu es là, il a salement perdu la cote!

– S'il s'avise de recommencer, il y a droit!

– Lui abîme pas les mains, on a besoin de lui.

– Dis, t'as l'air d'y tenir. »

Louie D'Amour a un petit sourire d'excuse.

« C'est pas ça. Je suis avec lui pour le boulot. Mais je ne l'aime pas trop. Il se prend trop au sérieux. C'est un con, ce mec! » conclut-il.

Ce que j'aime avec D'Amour, c'est sa rapidité à retourner sa veste. Ça, c'est un copain de confiance!

« Tu sais, Louie, si je l'ai baisée, cette petite, c'est parce qu'elle était en manque.

– Non? Vrai?

– Ouais, elle me l'a dit. Et elle m'a raconté que Nivel n'est pas bien monté.

– Sans blague? »

Je lui montre une boîte d'allumettes.

« Pas plus grand que ça, je t'assure. »

C'est de la pure calomnie. Nivel l'a mérité et je sais que D'Amour ne tiendra pas sa langue. Surtout, je ne veux pas que Louie pense que je chasse les femmes des autres et que j'ai fait exprès de sauter celle de Nivel. C'est une manière vile et facile d'attaquer un homme que de s'en prendre à sa femme. S'il y a un chapitre sur lequel les hommes sont idiots et sans défense, c'est bien celui-là. Faire cocu un ennemi n'a rien de noble. C'est une arme que je n'utilise pas.

Et pourtant...

Un soir, quelque temps après, comme je me prépare à descendre pour commencer la nuit, Louie D'Amour frappe à ma porte.

« Cizia, il y a deux de mes copains en bas qui veulent jouer.

– Bien sûr! Où est le problème?

– Ce sont deux tricheurs aussi, des bons. »

Intéressant. Nous descendons dans la salle où il m'indique deux types.

« C'est Chuck et, là, Bananas. »

Ils n'ont rien de particulier. Bananas est petit, brun et bien enveloppé, la quarantaine. Chuck est plus jeune, taille moyenne, vêtu d'un jean et d'une veste en cuir.

Ils tombent à pic. Depuis quelques jours, j'ai un projet en tête que je n'arrive pas à mener à bien.

« C'est parfait! Dis-leur de s'installer. Arrangez-vous pour qu'ils gagnent. Il est bon que ce ne soit pas toujours les mêmes. On se voit chez Fran's pour le partage. »

Il me regarde avec des yeux ronds.

« Tu ne veux pas les voir d'abord? Leur dire qui tu es?

— Mais non, t'inquiète pas. Ils doivent le savoir, on réglera ça ce soir.

— Et toi, tu ne joues pas?

— Non, pas ce soir, j'ai autre chose à faire. Tout se passera bien je te dis. »

Et puis je m'en fous! Ce soir, je n'ai vraiment pas la tête au jeu. Depuis deux jours, j'ai envie de Sabina, une grande Hollandaise, bien sous tous les rapports, qui ne demande qu'à faire un tour dans mon lit.

Travaillant la journée, mariée, nos horaires ne coïncident pas et elle ne peut s'éterniser le soir au club. Ce n'est qu'une fille comme beaucoup d'autres, mais son mari est inspecteur des narcotiques. Et enculer la loi est toujours un plaisir.

Sabina est restée jusqu'à l'aube. Faisons-lui confiance pour le mensonge qu'elle servira à son cocu de mari.

J'arrive le premier chez Fran's, selon mon habitude. Je réfléchis à cette nouvelle opportunité. Depuis quelque temps, déjà, le fait que les gagnants soient toujours les mêmes me gênait. L'arrivée providentielle de ces deux-là va me permettre de résoudre ce problème.

Annie, la vieille serveuse, m'apporte mon expresso en roulant des hanches. A son âge, elle ne devrait pas; elle risque de se déboîter quelque chose. Elle me lance un clin d'œil complice. J'ai hâte que mes partenaires arrivent, avant qu'elle ne s'assoie à ma table.

Paolo est retourné ronfler dans la voiture, ce

n'est pas lui qui me sortira de ce piège. Tu parles d'un garde du corps!

Nivel arrive le premier suivi de Chuck, puis D'Amour et de Bananas. Lorsque tout le monde a commandé, je m'adresse aux deux nouveaux.

« Alors, vous êtes contents d'être chez moi? Vous aimez mon club?

– On connaissait déjà. On savait que c'était devenu un bon endroit, qu'il y avait eu des changements. »

Bananas m'a répondu d'une voix douce. Un bon point pour lui. Il est marrant ce petit bonhomme. Il n'a rien d'un tricheur et fait plutôt bon père de famille, tranquille. Le personnage de Chuck, bien que sympathique aussi, est plus repérable.

Je remarque avec amusement que, tous les cinq, nous portons la moustache; D'Amour s'est laissé pousser trois poils depuis quelques jours.

Chacun sort l'argent de ses poches en annonçant sa mise de départ. C'est plus un rite qu'une précaution. Dans ce monde de tricheurs où tous s'arnaquent à la première occasion, chacun sait exactement combien l'autre a sorti et combien il a gagné, au dollar près. Habitués à mémoriser les cartes et à avoir les yeux partout, nous n'avons aucun problème à nous rappeler les sommes qui sont passées sur le tapis.

J'ai pour habitude de ramasser le tout lorsque chacun a repris sa mise. Ensuite je répartis en trois parts et je donne l'argent d'un geste paternel. J'accompagne toujours de commentaires tels que « C'est bon, hein? » ou « On se remplit les gars. »

La recette de la soirée s'élève à quatre mille cinq cents dollars. Je prélève ma part, trente-trois pour cent, puis sépare le reste en quatre. Louie D'Amour et Nivel regardent sans comprendre.

« Voilà, dis-je, une fois l'opération terminée.

Trente-trois pour cent pour moi, le reste pour vous. »

Nivel a un sursaut indigné.

« Qu'est-ce que c'est que cette connerie?

– Comment ça une connerie?

– T'avais dit parts égales!

– Là, tu exagères, me dit Louie D'Amour, que l'avidité rend courageux.

– Comment ça j'exagère! dis-je en haussant le ton. Vous êtes chez moi, vous jouez chez moi, et vous prenez du pognon chez moi. Faudrait pas l'oublier. Je suis déjà bien sympa de vous laisser quelque chose. Vous n'avez jamais gagné autant. Ma part, c'est trente-trois pour cent, le reste pour les travailleurs, un point c'est tout! »

Chuck et Bananas n'ont pas dit un mot, mais les deux autres n'apprécient pas. Effrayé par ma colère, D'Amour tire la gueule. Nivel ramasse son pognon sans un mot et se casse sans même dire au revoir.

Mes nouvelles règles ont jeté un froid. On se quitte rapidement.

« On se voit demain? demande Bananas.

– Oui. Tu en seras, Chuck?

– Affirmatif.

– O.K. A demain, *partners*. »

Je réveille Paolo qui me conduit à la maison.

Il fait chier, ce Nivel. Il se prend très au sérieux, derrière ses lunettes noires. La quarantaine, il considère avoir trop d'expérience pour frayer avec des jeunots comme nous. Ancien trafiquant de tout et surtout de n'importe quoi, c'est un Australien d'origine, installé depuis dix ans au Canada.

Le soir suivant, sa seule vue me dérange. Il a amené Cindy, une de ses amies, une jolie blonde,

107

ma foi, qui laisse fuser à tout propos un rire agréable. Croupière de casino aux Bahamas, elle est en vacances à Toronto. Ce n'est pas la première fois qu'elle vient au club.

Nivel, pour bien marquer sa propriété, la garde toujours à ses côtés et ne la renvoie qu'au moment de jouer. Ce soir, il en rajoute. Il l'attrape par la taille à tout moment, en me fixant d'un air supérieur.

Qu'est-ce qu'il s'imagine? Elle ne m'intéresse pas, sa gonzesse. Il est vraiment temps que je m'occupe de cet abruti.

Je ne jouerai pas aujourd'hui. Quatre tricheurs à une table suffisent amplement. Passer la soirée en face de lui serait de toute façon au-dessus de mes capacités nerveuses.

J'en profite pour traîner un peu dans mon club, plaisir que je m'offre finalement assez rarement. Je ne m'occupe que des candidats à la misère et je n'ai pas de temps pour les autres. Dommage, car on est de plus en plus en vogue et il y a maintenant beaucoup de gens intéressants, amusants ou simplement sympathiques.

Roy, par exemple, est un trompettiste noir et new-yorkais qui commence une carrière prometteuse à Toronto. C'est un cocaïnomane invétéré, les yeux rouges et éclatés, affligé d'un reniflement permanent. Perdu la plupart du temps dans un délire personnel, il a toujours une mélodie aux lèvres, qu'il rythme en se balançant de façon très cool.

Il me félicite pour l'ambiance musicale. J'ai rénové le répertoire, anémié par les valses et les tangos chers à Haig. A la place de ces vieilleries, on écoute désormais chez moi de la musique dernier cri. Les Temptations, de la soul et, quatre ou cinq fois par nuit, *You're killing me softly*, de Roberta Flack.

Paolo, fan de sport, m'a appris que j'avais tous les soirs chez moi plusieurs membres de l'équipe de base-ball de Toronto, assez réputée sur le continent, les Blue Jays.

Je me demande qui je vais aborder, Roy semblant perdu dans les nuages, quand un reflet blond attire mon attention.

C'est Cindy.

Elle dit au revoir à Haig. Dans la pièce du fond, la partie doit commencer et Nivel l'a congédiée. Roy, descendu sur terre un instant, pousse un long soupir.

« Merde. Quel cul ! »

C'est vrai que sa chute de reins est intéressante. En la regardant onduler lentement vers la sortie, je repense à l'attitude de Nivel. Depuis le temps qu'il m'embête, celui-là !

On n'attaque pas un homme en lui niquant sa femme, parce que ça ne se fait pas. Je lutte avec mes grands principes un instant, puis la rancune et surtout cette croupe perchée sur des talons aiguilles, soulignée d'un fourreau fendu très haut, me dicte ma conduite.

Je m'excuse auprès de Roy. Son clin d'œil me souhaite bonne chance et je rattrape Cindy avant qu'elle n'arrive dans le hall. Je lui entoure la taille et la fais pivoter. Les yeux dans les yeux, je lui fais ma déclaration.

« J'ai rêvé cette nuit que je te sautais et que tu appelais ta mère. »

Elle ne détourne pas son regard, bien au contraire. C'est avec un petit sourire malicieux qu'elle lâche :

« Prétentieux. »

Sa main s'est plaquée sur mon entrejambe. Elle ne me quitte pas du regard. Sa pression s'accentue. Je ne sais plus quoi lui dire. Je cherche désespérément quelque chose de fin, de brillant, ou même d'élégant. Derrière nous, deux types discutent de la montée des prix du pétrole.

Je sens ses ongles courir sur ma peau, à travers le tissu. Les yeux de Cindy pétillent. Elle est satisfaite du résultat.

Je la suis dans l'escalier, dissimulant avec gêne un émoi évident. Arrivée dans ma chambre, Cindy s'assoit sur le lit. Elle sort de son sac à main un petit sachet et son nécessaire à maquillage. Sur la glace de ce qui fut une boîte de fond de teint, elle prépare à petits coups de canif experts deux lignes de coke.

« Tu vas voir, elle arrive directement de Bolivie. Elle est pratiquement pure. »

Qu'est-ce qu'elle veut que ça me fasse? Je ne suis pas monté pour ça, moi. J'ai essayé une fois, lors de mon passage en Colombie. Pour autant que je m'en souvienne, cela m'a fait mal aux gencives, empêché de dormir et rendu très irritable.

Je dois pourtant bien accepter, sous peine d'avoir l'air d'un grand nigaud. Elle me jauge, puis rajoute un peu de cocaïne pour moi.

« Avec ton gabarit, il te faut la dose. »

Elle a l'air de s'y connaître. Je prends le billet qu'elle me tend, roulé en cylindre. Je me le plante dans le nez et j'aspire.

Ça pique. Je me retiens d'éternuer. Cindy approche son beau visage du miroir, le billet lui sort du nez. D'un reniflement rapide, elle fait disparaître sa ligne puis me tend les bras.

Alors que je commence à la caresser précisément, une onde de chaleur et une intense jubilation me saisissent et je sens mes forces se décupler. Ma puissance, soudain, est extraordinaire. Je jette Cindy sur le sol, à côté du lit. Déchaînée, elle s'offre. Je bondis sur elle.

C'est moi qui ai failli appeler ma mère. Cette fille est un volcan et la cocaïne semble décupler le plaisir. Tous mes sens sont aiguisés. Je ne sais pas si c'est son job de croupière qui lui a délié les mains, mais ses doigts sont d'une habileté diabolique. Elle doit avoir plusieurs bouches. Elle adore tout, sauf utiliser le lit. Bourré d'énergie, je la balade dans tout l'appartement.

Allongée nue sur la fourrure, au pied du lit, elle me confie plus tard :

« Depuis la première fois que je t'ai vu, j'avais envie que tu me prennes, là, sur cette fourrure. C'était dur d'attendre. »

C'est toujours agréable à entendre, même si ce n'est pas la première fois. J'ai bien fait d'acheter ce truc-là.

Elle s'étire, impudique, mais je résiste. Il faut quand même que j'aille faire un tour à la table de jeu, pour vérifier si tout va bien et évaluer la rentrée de ce soir.

« *Un momento!* Je reviens tout de suite. »

En bas, c'est un grand soir. Je bouscule les couples assis sur les marches de l'escalier. Les conversations sont assourdissantes. La musique marche à plein volume.

Au milieu de la pièce, une blonde défoncée danse seule, les yeux mi-clos. Sensuelle et provocante, elle ondule des hanches sans équivoque.

Je me fraie difficilement un chemin, saluant les nouveaux arrivants et échangeant quelques paroles avec des inconnus qui, eux, semblent très bien me connaître. Je mets un bon quart d'heure pour traverser la salle, sacrifiant aux devoirs de maître de maison, déjà impatient de remonter dans ma chambre. Tout va bien à la table. Des paquets de dollars changent de main dans le bon sens.

N'y tenant plus, je cours retrouver Cindy.

A cinq heures, D'Amour frappe à ma porte.

« Cizia! Tu viens pour le partage? »

– Une seconde. Appelle les autres et montez ici dans cinq minutes, le temps de m'habiller. »

Ce soir, je me fais Nivel. A l'avance, l'idée de la méchanceté que je lui prépare me fait jubiler.

On est en train de compter quand le bruit d'une douche nous parvient. Nivel sursaute.

« Eh, il y a quelqu'un à côté. »

Je lui adresse un sourire suave.

« Ne t'en fais pas. Il n'y aura pas de problème avec cette fille-là. Elle est O.K. »

D'Amour me complimente sur mon savoir-faire avec le beau sexe.

« C'est une nouvelle?

– Bien sûr, qu'est-ce que tu crois. »

Je joue les machos. Nivel me lance un regard méprisant et une joie mauvaise continue à m'envahir. J'en rajoute, commentant les bruits qui sortent de la salle de bain et multipliant les allusions grossières à mes prouesses sexuelles.

Nivel empoche sa part et se lève pour partir.

« Attends, *partner*, tu oublies quelque chose. »

Et j'ouvre la porte de ma chambre.

Nivel regarde, immobile et effondré, Cindy, censée l'attendre à la maison, enveloppée dans mon peignoir de soie. Elle est aussi surprise que lui, mais elle comprend mieux la plaisanterie.

Nivel se ressaisit et se retourne vers moi.

« *Bastard!* »

Il n'a pas le temps d'en dire plus. Je lui envoie une baffe qui fait gicler ses lunettes. Avant qu'il ne réagisse, mon genou part, à la thaï, et vient lui broyer le plexus. La bouche ouverte, les deux mains pressées sur son ventre, il essaie de reprendre son souffle. Je sais qu'il n'y arrivera pas avant dix bonnes minutes et je ne lui laisserai pas le temps de le faire chez moi. Je l'attrape par les épaules et le balance dans l'escalier. Il dévale rapidement les marches, non sans se faire quelques bosses qui, je l'espère, me rappelleront quelque temps à son bon souvenir.

D'Amour, effrayé par ma violence, est tout pâle et n'ose pas dire un mot. Chuck et Bananas, comme d'habitude, sont restés silencieux. Haig déboule dans la pièce en criant.

« Cizia! qu'est-ce qui s'est passé? J'ai vu Nivel et...

— Tranquille, ce n'est rien. Juste un différend sur la façon de traiter les femmes. Nivel voulait taper sur sa copine. Je ne pouvais pas laisser faire ça sous mon toit.

— Mais quand même...

— C'est de ta faute, Haig! Tu reçois n'importe qui chez toi. Ce type n'a aucune classe. D'ailleurs, on ne le reverra plus ici. »

J'en rajoute. Haig finit par douter, puis il s'excuse de son intervention. Quelques coupes de champagne plus tard, il me félicite et ajoute qu'à ma place, il aurait lui aussi viré ce mal élevé.

« Et maintenant, qu'est-ce qu'on fait? On avait besoin de lui pour le boulot. »

D'Amour est encore blanc de trouille et il n'ose pas me regarder dans les yeux.

« Tranquille, *partner*. Pas de soucis. Un, je n'ai pas pu me retenir. Deux, on ne va pas se faire chier à supporter un type qu'on n'aime pas. Si on commence à faire des concessions aux emmerdeurs, c'est le début de la fin. Trois, j'ai tout prévu. Quatre, vous vous cassez parce que j'ai à faire. »

Je désigne la porte de la chambre, refermée sur Cindy.

« Messieurs, je vous vois demain à La Strada. D'Amour vous donnera l'adresse.

– On sait où c'est. C'est ton restaurant.

– Exact. A demain, au lunch, messieurs. Soyez à l'heure. »

Cindy m'accueille avec deux lignes de coke. Elle m'attrape par le pantalon et m'attire à elle.

« Tu es un salaud, Cizia. »

Elle dégrafe ma ceinture et murmure en inclinant sa tête vers moi :

« Mais j'adore les salauds. »

A nouveau porté par la coke, au mieux de ma forme, je la chevauche jusqu'au lendemain midi, heure à laquelle je parviens tout de même à m'échapper.

« Tu sors ?

– Oui. Je dois m'occuper du business. »

Elle me confectionne une ligne, pour la route, et me supplie de revenir vite.

A La Strada, je fais dresser une table pour quatre dans une alcôve. Paolo a pris sa faction les bras croisés devant le rideau. Je suis en train d'attendre mes partenaires quand Alfredo se présente devant moi, une assiette fumante à la main. Il semble très fier de lui.

« Cizia, goûte-moi ça. Tu sais, j'ai appris par cœur le livre de cuisine et j'ai tout compris. »

Je jette un œil. C'est marron et ça ne sent pas bon.

« C'est du chevreuil sauce grand veneur ! »

Il fait bien de me le préciser. Cette bouillie de viande et de choses inconnues le ferait renvoyer de n'importe quel restaurant européen à grands coups de casserole sur le crâne. En voyant ma grimace il s'excuse :

« Je n'ai pas trouvé de chevreuil. J'ai mis du porc à la place, mais c'est pareil. »

C'est innommable. Cela peut plaire à un Américain car c'est plus joli qu'un hamburger, mais pour un palais un tant soit peu raffiné, la mixture rappelle surtout la soupe pour chiens. Le plus gentiment possible, je lui explique qu'il ferait mieux d'oublier ce livre de cuisine qui n'est pas fait pour lui.

« Tiens! Pourquoi tu ne fais pas des ragoûts? »

Il s'en va, tête basse. Je vois bien qu'il est triste.

Ses rêves de carrière comme grand cuisinier international se sont effondrés.

Paolo est gris de fatigue. Il est très mal en point, les yeux cernés de noir et tenant à peine debout.

« Paolo, viens voir. »

Je lui prépare une ligne et lui montre comment sniffer. Dans la foulée, je m'en fais une à moi aussi.

Il reste immobile un moment, en reniflant, appuyé contre le mur. Quelques secondes plus tard, il s'est redressé. Il surveille les abords de ma table d'un air sauvage et se met à veiller au service dans tous les coins de la salle à la fois. C'est lui qui accueille mes associés à la porte et les invite à le suivre d'un ton autoritaire :

« Arrivez! le patron vous attend! »

Chuck et Bananas s'assoient en face de moi. Louie D'Amour, qui fait figure d'ancien, essaie de se mettre à mes côtés, mais je l'envoie rejoindre les deux autres. Assis, les coudes serrés comme trois écoliers, ils m'écoutent.

« Pour éviter que les problèmes d'hier et d'avant-hier ne se reproduisent il est temps que nous fassions une mise au point. Certains ont pris ma gentillesse pour un signe de faiblesse. Alors, comme dans toute bonne affaire qui démarre, je vais procéder à un réajustement. Qu'on soit d'accord sur ces nouvelles bases et je ne les rediscuterai jamais! A partir de maintenant je prends cinquante pour cent, le reste pour vous.

« – Mais, mais… » commence Louie, suffoquant. Je l'arrête net.

« Il n'y a pas de discussion! Si l'accord ne plaît pas à quelqu'un, qu'il s'en aille maintenant parce que je ne reviendrai pas sur le *deal*. Mais avant de prendre une décision, réfléchissez. Chez moi, vous êtes assurés de trouver des pigeons chaque soir. Vous avez une rentrée fixe. D'Amour se refuse à l'avouer, mais il n'a jamais gagné autant que depuis qu'il est avec moi. Hein Louie?

– Ouais, ouais… Mais, Cizia, là je ne sais plus.

– Et avec moi vous êtes protégés. »

Je désigne la salle du restaurant, englobant d'un même geste Paolo, les frères Gucci, les serveurs et les clients. Ne lésinons pas.

Je sais qu'ils vont accepter. Même avec dix-sept pour cent par personne, la proposition est intéressante. Le club marche bien. Mais c'est compter sans Louie.

Comprenant que je ne reviendrai pas sur cet accord, il réfléchit à toute vitesse. Et il est capable de prouesses quand il s'agit d'argent. Il me jette un regard complice et se tourne vers les autres :

« Pour nos cinquante pour cent, la répartition se fait ainsi. En tant que plus ancien dans l'association, je prends vingt pour cent, et vous quinze chacun. Mais les bénéfices valent le coup. »

Là, il me scie D'Amour! Je le savais rapide mais pas à ce point. Qu'il défende ses intérêts je n'ai rien contre, s'il peut faire accepter son point de vue. Et puis il n'a pas tout à fait tort. C'est pourquoi, lorsqu'il se retourne vers moi, un peu inquiet, j'approuve silencieusement.

Chuck et Bananas n'ont pas dit un mot de tout l'entretien. Ils réfléchissent et se consultent du regard.

« O.K., c'est d'accord! »

Nivel habite dans la partie ouest de la ville, du côté de l'aéroport. J'appelle Paolo.

« Tu prends la voiture. Tu vas chez Nivel et tu lui transmets un message de la part de Cizia : Je ne veux plus jamais le voir, qu'il ne croise plus jamais ma route. Si je le surprends aux abords du club, ou du restaurant, ou de n'importe quel autre endroit que je fréquente, je lui fais voler la tête. »

Il hoche la tête, les lèvres dures et serrées. Il tire sur ses manches, roule des épaules et acquiesce. Je précise quand même :

« Pas de violence, Paolo. Tu délivres un message, c'est tout. »

Il renifle profondément et laisse tomber :

« On verra, *boss*! »

Et il fonce vers la sortie.

Cindy est repartie aux Bahamas. Elle m'a laissé convaincu et fanatique de cette merveilleuse poudre bolivienne qui me permet de ne plus dormir, d'être un amant merveilleux et, bientôt, de croquer la ville jusqu'au trognon.

Je lui ai acheté ce qu'il lui restait, deux cristaux gros comme des billes. Je suis dans une forme éblouissante.

Sur mes instances, Chuck a consenti à changer de pantalon et de chemise. Il garde sa veste en cuir, peu élégante, mais qui est son outil de travail. Dans la doublure et dans les manches, de petites poches sont cousues, invisibles, de façon à recevoir les jeux de cartes préparés. Bananas, toujours placide, est un type gentil avec lequel il ne faut jamais jouer le moindre centime.

Ce sont d'excellentes recrues, professionnels de

haut niveau. Rien ne peut les trahir. Leur classe est supérieure à celle de D'Amour. Par eux, je pénètre dans le vrai monde de la tricherie. Joueurs professionnels, ils excellent dans le jeu sous toutes ses formes. Ils trichent à tout, chaque fois qu'ils en ont l'occasion.

Expliquer clairement, en quelques lignes, des jeux comme le poker, le black-jack ou le craps, est impossible. Je me contenterai de dévoiler les trucs les plus usités par les tricheurs de métier.

L'ABC DU TRICHEUR

La « gambler's grip » (main du joueur)

Exemple pour un droitier : Lors de la distribution, tenir les cartes de la main gauche, le pouce sur la première, l'index couvrant le côté visible du paquet. Le mouvement circulaire de la main droite qui vient prendre une carte cache d'une manière naturelle la vue du jeu aux autres joueurs. Le pouce de la main gauche ouvre les cartes en éventail. La main droite va choisir alors les cartes désirées : première, deuxième, dernière ou avant-dernière, le pouce referme le paquet pour finir. C'est imperceptible.

Cette « main du joueur » est utilisée pour le black-jack et le poker.

Le poker

Chuck et Bananas se servent bien sûr de jeux préparés. Mais il ne leur est pas toujours possible de les utiliser. Dans ces cas-là, ils font appel à leur dextérité pour ordonner le jeu sous les yeux mêmes des autres joueurs. Quand une partie est terminée et que toutes les cartes sont sur le tapis, ils sont capables, lors du ramassage et du brassage, de placer celles-ci de façon à distribuer d'excellents jeux à leurs complices. La « main du joueur », qu'ils maîtrisent parfaitement, leur permet de sortir au moment choisi les cartes voulues et déjà ordonnées par eux dans le paquet.

Le black-jack ou vingt-et-un : les cartes marquées

Au Canada, les *bees cards* et les *bicycles* sont les genres de jeux de cartes les plus couramment utilisés. Le dos des *bees cards* est décoré de losanges rouges disposés au hasard dans les jeux normaux. Dans les jeux truqués, lorsque la bordure coupe un losange par moitié c'est une carte inférieure à dix, un losange entier est un dix, une figure ou un as. Un simple coup d'œil sur le dos des cartes suffit donc au tricheur pour avoir une idée de leur valeur.

Une personne non avertie est incapable de remarquer cette différence anodine.

Ils se procurent ces paquets spéciaux, à quinze dollars pièce, sur un marché parallèle, à Buffalo, ville frontière des Etats-Unis.

Un ange qui joue de la trompette sur une bicyclette est dessiné sur le dos des *bicycles*. Dans ce foisonnement de traits, il est facile d'en appuyer un ou de rajouter un détail de manière quasi imperceptible, mais suffisante pour un professionnel, indiquant ainsi la valeur de la carte.

Là aussi la « main du joueur » leur permet de contrôler le choix des cartes lors de la donne (distribution).

Chuck et Bananas ont une foule d'autres trucs et petits mouvements de manipulation pour forcer la chance. Je suis estomaqué lorsque je découvre leur façon de tricher aux dés.

C'est le jeu de dés le plus populaire en Amérique. Pour en résumer brièvement les règles, assez complexes, il faut se rappeler tout d'abord l'importance du chiffre sept. Il est gagnant quand les deux dés sont lancés pour la première fois, perdant s'il apparaît en cours de partie.

Chuck possède une extraordinaire petite mallette en cuir garnie de dés. Des grands, des petits, des noirs aux blancs en passant par les rouges, il a là toutes les variétés existant sur le marché. Tous sont pipés (truqués) et de plusieurs manières.

Les *percentage dices* (dés à pourcentage). Ces dés donnent un sept presque à coup sûr. Sur une même face, les points, percés à l'aide d'une très fine mèche, sont remplis d'or, métal dense et très lourd. Déséquilibré, le dé, d'aspect normal, s'arrête toujours sur le même numéro. Utilisé généralement en début de partie, ils servent à tirer le sept gagnant.

Les *dés à combinaison*. Dés où chaque face a le même chiffre que sa face opposée. Sans se déplacer il n'est pas possible de voir les deux côtés du dé à la fois. Il y a les dés « impairs » avec deux cinq, deux trois et deux numéros un, de même que pour les « pairs » avec six, quatre et deux. La somme de deux « pairs » lancés ensemble ne totalisera donc jamais un sept, de même que deux « impairs ». Si, par contre, le sept est voulu, il suffit de jouer avec un de chaque pour doubler ses chances.

Les *flats*. Ces dés sont biseautés de façon à augmenter les probabilités de sortir ou non un certain numéro. Mes associés se servent très peu de ces dés-là, généralement utilisés dans les ruelles sordides des quartiers populeux. Mais sans l'habileté d'un tricheur, tous ces dés truqués ne sont d'aucune utilité. En effet, l'art réside dans la rapidité et la dextérité avec lesquelles il faut subtiliser et changer les dés normaux contre ceux « pipés » et vice versa.

Méthode d'utilisation

Dans les tripots, le *craps* se joue sur une longue table rectangulaire appuyée contre un mur. Trois tricheurs au minimum sont nécessaires. Un pour lancer les dés, les deux autres en bout de table pour les ramasser et les renvoyer.

Comme tous les parieurs, ils ont une liasse de billets à la main dissimulant les dés truqués. Au moment opportun, après avoir ramassé les dés normaux, passant la liasse d'une main à l'autre, ils procèdent à l'échange et renvoient les dés pipés au comparse. Après quelques coups gagnants, ils effectuent la même opération mais dans le sens inverse afin de remettre en jeu les dés normaux. Et ainsi pendant toute la partie, chaque fois que les mises en valent la peine.

C'est du grand art. La substitution, le plus délicat, se doit d'être totalement invisible. Il est naturellement primordial que les dés spéciaux ne passent jamais entre les mains d'un autre joueur. Un simple regard et il se rendrait compte de la supercherie.

Sur le continent américain, les tricheurs pris en flagrant délit ont généralement les mains broyées. La profession exige une dose massive de sang-froid, une dextérité et une rapidité hors du commun.

Chuck et Bananas possèdent toutes ces qualités. Plus j'en apprends, plus ma stupéfaction est grande. J'ai mis la main sur des associés de rêve.

Au club, j'ai réquisitionné la deuxième pièce du fond, où j'ai installé une magnifique table de craps dont je suis très fier, dessinée spécialement pour moi. Je l'ai voulue imposante et large, aux dimensions exactes de celles des casinos. Trop large pour passer les portes, j'ai dû la faire assembler sur place. Recouverte d'un tapis de feutre molletonné, couleur vert dollar, faite pour inciter au jeu, elle remplit parfaitement son rôle.

Si les parties de poker restent discrètes, celles de craps se font les portes grandes ouvertes. L'effervescence autour de la table attire une majorité des consommateurs qui, pris par l'excitation, y laissent presque tous trente ou quarante dollars. Le craps nous sert à plumer les économiquement faibles. Le poker est réservé pour les gros coups.

Le club sélect de Haig, devenu peu à peu un tripot, prend des proportions qui commencent à l'inquiéter. Vendre de l'alcool en dehors des heures légales est une chose, mais tenir une salle de jeux clandestins en est une autre. Cette transformation me pose aussi quelques problèmes mais d'ordre différent. Si je veux que mon commerce dure, je dois prendre des précautions. Je ne peux pas passer du stade artisanal à la tricherie industrielle sans l'adoption de règles nouvelles.

Il est évident que nous ne pouvons pas indéfiniment plumer les pigeons sans que quelqu'un, plus observateur, ne s'aperçoive que les gagnants sont toujours les mêmes. Au cours d'un meeting avec mes associés, j'instaure de nouvelles règles de conduite, inhabituelles dans ce monde de tricheurs. Je dois leur expliquer que de gagne-petit qu'ils étaient, nous avons atteint un niveau supérieur et qu'il ne suffit plus de gagner, mais de gagner intelligemment, sous peine de tuer la poule aux œufs d'or.

Pour les hommes d'affaires envoyés par le personnel des hôtels, pas de changement. On continue à les nettoyer de tout ce qu'ils ont sur eux, sans y mettre de gants. De passage dans la ville, ils ne représentent aucun danger.

Les clients amenés par les *hookers* (ni putains ni entraîneuses, ce sont des filles qui vivent de la beauté de leur corps aux crochets d'hommes riches) ne posent pas plus de problème. Bourgeois désireux de s'encanailler dans un monde qui n'est pas le leur, ils disparaissent d'eux-mêmes, après avoir senti le danger. Après un ou deux soirs où ils ont perdu gros, ils redescendent sur terre et s'enfuient avant qu'il ne soit trop tard.

C'est en ce qui concerne les habitués du club qu'il faut modérer l'ardeur de mes partenaires. Une réputation d'endroit malchanceux se fait très vite et je n'ai pas besoin de cette publicité. On ne leur fera que de petites ponctions quotidiennes, sans plus. Mieux, quand la soirée aura été bonne et que quelques pigeons de passage auront laissé leur chemise, la consigne est de faire gagner les habitués qui ont perdu gros les soirs précédents.

Certaines personnes ne peuvent pas être nettoyées à fond. Tout le monde ne sait pas perdre avec le sourire et il suffit d'un mauvais perdant pour que les ennuis commencent. Tout doit se passer en douceur, sans faire de vagues.

Mes associés ont beaucoup de mal à comprendre ces nouvelles méthodes. Il ne faut pas qu'ils se laissent aller à leurs mauvais penchants.

« Vous n'êtes pas chanceux, ce soir. »

Le type se retourne vers moi.

« Non, mais ça va tourner! »

Voilà qui m'étonnerait. Chuck, Bananas et Louie D'Amour s'occupent de lui. Il ne retrouvera jamais l'argent qu'il est en train de perdre.

Les exclamations et les cris, qui ont monté d'un cran, m'ont averti.

« Eeeh! Lancez les dés. Sept gagnant. Merde! »

Quelqu'un est en train de perdre gros à la table de craps. Le candidat à la ruine est élégant, vêtu avec recherche, il donne l'impression d'être aisé et sûr de lui. Il nous a déjà laissé quatre mille dollars et ce n'est pas fini. La liasse qu'il a à la main est encore épaisse et il ne manifeste pas l'intention de s'arrêter. Il jette les dés avec la désinvolture d'un type pour qui quelques milliers de dollars de plus ou de moins n'ont aucune importance.

Quelque chose sonne faux. La confiance qu'il affiche me paraît exagérée. Il joue trop gros. C'est un flambeur, à qui l'argent brûle les mains et qui jouit d'être le point de mire de la table. De nombreux spectateurs et spectatrices se sont approchés, attirés par la soudaine animation de la partie, et il s'est redressé, faisant le beau. La liasse de billets doit représenter cinq mille dollars au moins.

O.K. Puisque tu insistes, toi tu y passes. Un seul regard à mes partenaires et ils ont compris. On nettoie.

Je repère une copine dans l'assistance, Gina, une Portoricaine incendiaire au sourire irrésistible. C'est une hooker, une call-girl redoutable. Je l'entraîne un peu à l'écart.

« Gina, fais les yeux doux à ce type. Qu'il ne se sente plus. »

C'est une experte en psychologie masculine. Quelques instants plus tard, le pigeon s'est cambré un peu plus sous les œillades et les sourires admiratifs de Gina.

Il mise encore plus gros. Combien peut-il avoir ? Est-ce qu'il a des réserves ? Une telle quantité de cash est inhabituelle. Peu de gens se promènent avec dix mille dollars, ou plus, dans les poches et ce client m'intrigue.

On s'écarte pour me faire une place dans le jeu.

A nous deux, mon joli. Je m'occupe personnellement de toi. Tu perds assez pour que je te fasse cet honneur. J'ai décidé de ne pas faire dans le détail. Je sors cinq mille dollars et les pose sur le bord de la table, ce qui signifie que je suis « ouvert » jusqu'à cette somme. Les joueurs présents peuvent prendre des paris contre moi jusqu'à concurrence de cinq mille.

Le pigeon réagit comme prévu. Conscient d'être la vedette, chauffé par Gina, il flambe.

« Pris ! »

Et il pose rapidement à côté de ma liasse cinq billets rouges.

« Mille... trois mille... cinq mille. »

Il est piégé. Chuck m'envoie les dés pipés, je me lance dans le cinéma habituel, je souffle dessus, je leur parle, je fais souffler ma voisine et je les envoie.

Les dés roulent, rebondissent contre le mur, roulent encore et s'immobilisent. D'une voix calme et impersonnelle de croupier, Bananas annonce l'inévitable résultat.

« Sept gagnant. »

Le type ne retient pas un petit juron. Un instant, sa superbe s'est envolée. Ses épaules s'affaissent d'un cran. Il s'y reprend à trois fois pour allumer sa cigarette, tout en essayant de grimacer un sourire détaché.

Il est déjà au bout de son cash. Je suis un peu déçu. Son aisance et ses manières d'aristocrate m'avaient fait espérer plus, malgré mes doutes sur le personnage. S'il a un peu de réserves, il devrait craquer. L'envie de se refaire est toujours la plus forte. Il se tourne vers moi et me demande :

« Tu m'offres la revanche? Il me reste cinq mille cinq cents dollars. »

Tout de même! Après ce dernier coup, il nous aura laissé près de quinze mille.

« Tu es sûr? O.K., sors ton argent! »

Chuck me renvoie les dés truqués. Deux coups à cinq mille, c'est beaucoup sur une table de craps. L'instant est solennel et je fais durer. Je me concentre. J'enlève ma veste, aussitôt recueillie par un supporter. Je frotte les dés sur le tapis vert. Je lève les yeux au ciel, vers la Madone, je fais souffler toutes mes voisines et je lance.

« Roulez les dés! Allez mes chéris! »

Les dés roulent, rebondissent contre le mur, roulent encore et s'immobilisent.

Poussant la comédie un peu plus loin, je me suis caché le visage entre les mains. Les cris des spectateurs me renseignent sur le résultat évident. Bananas confirme :

« Sept gagnant. »

Le pigeon est livide, les deux mains crispées sur le bord de la table. Il balbutie :

« C'est pas possible, c'est pas possible. »

Chuck a escamoté les dés pipés et renvoyé les réglementaires. Je les pose sur la table.

« Je passe la main. Désolé, ami. Le jeu est contre toi. Je t'ai offert ta chance, je ne peux pas faire mieux. »

Puis je l'invite à boire un verre, car il faut toujours atténuer la rancœur d'un gros perdant. Une rasade d'alcool aidant, il retrouve un peu de son maintien et nous échangeons courtoisement quelques banalités. C'est un Canadien d'origine russe. Il parle, avec une très légère pointe d'accent d'Europe centrale, un anglais parfait, presque trop châtié. Sa fortune envolée lui reste sur l'estomac et il s'échappe rapidement.

De loin, je le vois dire quelques mots à Gina, qui éclate de rire et, lui posant la main sur le bras, lui fait une petite bise. Elle a dû lui suggérer de revenir quand il serait plus chanceux. Après ce dernier coup assené à son moral, il se dirige vers la sortie, la tête basse.

J'envoie Paolo le filer jusque chez lui. J'agis ainsi pour tous les gros clients ou les pigeons qui m'intriguent et j'ai déjà une bonne liste d'adresses. Ça peut toujours être utile.

Gina s'est approchée de moi. Je la félicite pour sa prestation et elle y est très sensible. Petite, très sexy, elle a un visage de pure adolescente que démentent des yeux noirs et prometteurs. C'est une bonne copine. Calculatrice et froide, elle ne perd jamais la tête, même au lit.

Il y a beaucoup de filles comme elle dans mon club où leur présence est presque une nécessité. Les hommes viennent plus facilement passer leur soirée dans un endroit réputé pour les jolies femmes qui s'y trouvent.

Je discute un moment avec Gina, puis nous décidons d'un commun accord de finir la soirée dans ma garçonnière.

« Cizia, prête-moi cinq mille dollars. »

Ce Russe est incorrigible. Il est arrivé le lendemain en début de soirée. Il a fièrement et rapidement perdu huit mille dollars, sous les regards caressants de Gina, et il n'en a pas encore assez. Il insiste et me propose de m'établir un chèque, en garantie.

« Cinq mille, c'est impossible. Je peux te passer trois mille dollars. »

Pendant que Paolo vérifie le chèque qu'il m'a signé et sa carte d'identité, il m'affirme qu'il va me rembourser avant la fin de la soirée. Il est sûr de se refaire.

Je lui ai donné les billets. Il est allé les perdre. Et il a disparu.

Je lui ai téléphoné plusieurs fois au numéro qu'il m'avait remis, sans obtenir de réponse. Ce matin, au moment du partage, D'Amour m'a demandé si j'avais des nouvelles. Je crois qu'il est temps d'y aller.

L'adresse qu'a relevée Paolo correspond à celle inscrite sur le chèque. Il l'a vu entrer dans l'immeuble.

Il est huit heures du matin et je n'ai pas dormi. Je suis fatigué et de mauvaise humeur. Dans le taxi qui m'emmène dans le quartier Est, je somnole, engourdi par le froid. Je n'aime pas cet endroit. C'est un quartier populeux et sordide. La première neige tombée cette nuit s'est transformée en boue sale et gluante.

Le taxi me dépose devant une bâtisse située entre Spadina et Bathurst Avenue. C'est un petit immeuble de quatre étages, en briques rouges, vraiment minable. Un moment, je me demande si l'adresse des chèques ne serait pas une adresse bidon. Comment peut-il dépenser autant de pognon et vivre dans ce trou à rats! Mais son nom est bien sur la boîte aux lettres. Je ne m'étais pas trompé en sentant quelque chose de louche dans le personnage.

L'appartement numéro sept est situé au rez-de-chaussée. Le couloir est mal éclairé. Je frappe à la porte. Un grognement vaguement interrogatif me répond. Je gueule :

« C'est Cizia. »

Plus un bruit. Si le Russe est là, il a décidé de faire le mort. Pas de ça avec moi. Je gueule :

« Hé! le Russe, c'est Cizia. Ouvre! »

Et je donne un grand coup de latte dans la porte, qui résonne dans toute la cage d'escalier. Il ne va pas me laisser planté là, ce connard!

« Tu vas ouvrir, bordel de merde! »

Je donne des coups de pied répétés. Ça fait un vacarme d'enfer. S'il espère que je vais me lasser, il se trompe! Alors que des bruits se font entendre dans les appartements voisins, il me répond :

« Passe plus tard, je suis occupé.

– Tu déconnes! Ouvre cette porte immédiatement ou je l'enfonce. »

Je tape dans la porte de toutes mes forces en gueulant à pleins poumons. Dans l'immeuble c'est

130

la révolution. Des voix hystériques me supplient de cesser ce bordel. Quelqu'un m'injurie du deuxième étage, à travers la cage d'escalier.

« Vos gueules !

– C'est fini ce bordel ?

– On veut dormir. »

L'autre abruti me crie, d'une voix rendue aiguë par la peur :

« Je suis armé, si tu forces la porte, je tire. »

Je n'y crois pas, mais on ne sait jamais. Un petit vieux, hirsute, est sorti en pyjama et m'engueule, prêt à bondir dans son terrier en cas de danger. J'entends des portes s'ouvrir. Ça se complique. Je ne peux pas me mettre tout l'immeuble à dos. Ils peuvent appeler les flics ou, plus grave, se retourner contre moi. Mes habits trahissent le fait que je ne suis pas d'ici et, dans les *downtowns* américains, la haine monte vite.

Je change de tactique. Je lui parle d'une voix normale, presque douce. Il faut que je le rassure à tout prix pour lui faire ouvrir sa putain de porte.

« Tranquille, relax. Je veux juste de parler. T'es armé, et alors ? Il vaut mieux qu'on discute calmement, ne m'oblige pas à mettre quelqu'un sur cette affaire, tu sais jusqu'où ça peut aller. Allez, ouvre. »

Pas de réponse.

« Je te dis qu'il n'y a pas de problème, bon sang ! Je te demande juste de ne pas me laisser attendre dehors. Ce n'est pas une grosse somme, cela ne mérite pas tout ce bordel. Je m'inquiète un peu, c'est normal, je veux juste savoir ce qui se passe. Donne-moi une explication. »

Hypocrite au maximum, je fais tout pour le calmer et le convaincre d'ouvrir. Après, je vais l'écrabouiller. Je continue d'une voix radoucie. Au bout d'un moment, il entrouvre sa porte et me colle un petit pistolet sous le nez. L'ordure ! C'est vrai qu'il était armé. Il faut que je le rassure complètement et vite.

Je regarde l'arme avec un sourire amusé et lui dis d'un ton à demi moqueur :

« Allons, le Russe, tranquille, on ne tue pas les gens comme ça. Je veux te parler, relax ! »

Mais il n'est pas relax du tout. Il est crispé par la peur que je lis sur son visage. Pas rasé, vêtu d'une robe de chambre élimée, passée sur un tricot de peau, il n'a plus rien à voir avec le flambeur de la salle de jeux. Il s'assure que je suis bien seul.

« O.K., entre. »

Une odeur de renfermé me saute à la gorge.

« Hé ! ça pue chez toi ! Faut aérer. »

Je me dirige vers la fenêtre, mais il me stoppe.

« Ne bouge pas. Assieds-toi ici. »

Il a durci sa voix et semble avoir repris un peu d'assurance. Il s'assoit en face de moi, sans cesser de pointer son flingue. Je n'aime pas du tout ce petit trou noir qui me fixe entre les deux yeux.

« Voyons, arrête ton cinéma. Je viens pour savoir ce que tu comptes faire à propos du fric que tu me dois. C'est tout. Ça ne va pas plus loin. Tu n'as pas l'intention de me tuer, non ? Tu ne vas pas risquer la prison pour une histoire de fric. »

C'est petit et très crado chez lui. Des caisses sont empilées partout. Derrière moi, il y a plusieurs cartons au nom d'une marque de hi-fi, des fringues sales sont empilées dans un coin. J'ai envie de fumer, ça couvrira au moins l'odeur. Mais dès que je bouge, il sursaute.

« Ne tire pas, lui dis-je avec un sourire, ce n'est qu'une cigarette. Tu en veux une ? »

Il refuse de la tête.

« Soyons sérieux ? Tu vas me payer ou pas ?

– Je ne peux pas. Je n'ai pas d'argent en ce moment. »

Il me tient toujours en joue. D'abord, endormir

sa méfiance. Je n'arriverai à rien tant qu'il sera crispé. Je me lève et me dirige vers les toilettes en sifflotant.

Je me déboutonne et pisse machinalement trois gouttes dans le lavabo. Dans le miroir, j'aperçois son regard surpris. Il en oublie presque de me braquer.

« Excuse-moi, le Russe, juste une mauvaise habitude. »

C'est vrai que c'est une mauvaise habitude, mais c'est tellement plus pratique dans un lavabo. Je me lave les mains et me recoiffe. Quand je me rassois, il a un peu repris figure humaine.

« Comment as-tu pu emprunter de l'argent en sachant que tu ne pouvais pas le rendre ? Tu avais l'air riche pourtant. Tu connais le tarif pour ceux qui ne paient pas leurs dettes. Ne m'oblige pas à te faire casser bras et jambes.

– Ce n'est pas que je ne veuille pas, c'est que je ne peux pas ; je n'ai pas un sou. Mais je vais me refaire, c'est une question de jour. Regarde, j'ai plein de marchandises à écouler. J'ai besoin de quelques jours, c'est tout, je t'assure. »

Un petit receleur, rien d'autre. Il m'a bien eu. Je n'y aurais jamais pensé. Quand va-t-il se décider à retirer ce flingue inutile de devant mes yeux. Il m'énerve, on ne peut pas discuter comme ça. Je dois gagner du temps. Il s'attend à une réaction violente de ma part. Le seul moyen de le tranquilliser est d'agir avec naturel.

« Bon, on est deux grands garçons, on va discuter. Je n'ai pas pris mon petit déjeuner. Sois pas radin et offre-moi un café. C'est la moindre des choses. On peut dire que tu as une drôle de façon de recevoir. »

Il se lève et va préparer le café sur un réchaud, dans un coin de la pièce. J'avais l'impression que le personnage sonnait faux, mais j'étais loin d'imaginer une telle déchéance.

« Tu donnais l'impression d'un type aisé. Tu as de la classe. D'habitude, je ne me laisse pas avoir. »

La flatterie produit son effet. Il se détend et se fend même d'un sourire.

« Mon business, c'est les cartes de crédit. Bien habillé, pour le show, tous les commerçants marchent. J'avais fait un gros coup et puis... »

Voilà d'où venait ce naturel qui m'a trompé. Il a l'habitude de jouer les désinvoltes. S'il n'avait pas perdu, je ne l'aurais jamais percé à jour. Il me tend une tasse de café que je prends avec plaisir.

« Ça fait du bien. On peut discuter sérieusement, maintenant.

– Tu sais Cizia, j'ai l'intention de te payer. J'ai des acquéreurs pour mes marchandises. Dans quatre jours, une semaine au plus, je te rembourse, juré. Je n'avais pas l'intention de t'entuber mais j'avais peur de tes réactions.

– Je sais. C'est pas grave. Le principal, c'est l'intention. Tu as beaucoup de trucs dans tes cartons ? Je peux peut-être t'aider. J'ai sûrement des amis que ça intéresserait. »

Je me suis levé et je farfouille dans son fourbi. Je n'y connais rien en hi-fi. J'essaie de sortir un appareil de son carton en tirant sur un bouton qui me reste dans la main.

« Qu'est-ce que c'est que ce truc ? C'est pas solide !

– Eh, fais gaffe ! C'est fragile ! Ça vaut cher ! Attends, je vais te montrer... »

Il accourt pour me donner un coup de main. Il a posé son flingue. C'est l'instant que j'attendais pour lui coller un énorme coup de poing dans la gueule, contenu depuis les trois quarts d'heure que j'essaie de lui faire lâcher ce putain de bordel de flingue à ce bâtard de fils de pute!

Il va s'écraser contre le mur, à l'autre bout de la pièce. J'empoche le revolver et vais ramasser son propriétaire pour le coller contre le mur. Un coup de genou, juste sous les côtes. Il ouvre la bouche en grand. C'est un K.O. respiratoire. Me voilà tranquille pour un moment.

« Alors, enculé, tu ne voulais pas me payer tout de suite. »

Il essaie désespérément de reprendre son souffle.

« Pas... argent... peux... pas...

– Bon, je vais mettre tout ça au mont-de-piété.

– Pas... pas... le mont...-de...-piété...

– Habille-toi, connard, et dépêche-toi! »

En sous-vêtements douteux, la gueule en sang, il a vraiment l'air d'une merde. On est loin de l'image du prince russe.

« T'es qu'un porc. Ça pue chez toi et ton café est dégueulasse. »

Je shoote dans le réchaud et le café éclabousse le mur. Au téléphone, j'appelle La Strada. Paolo vient juste d'arriver. On me le passe.

« Ici Cizia. Prends la camionnette du restaurant et arrive. On a du boulot. »

L'autre larve, habillé, essaie encore de sauver les meubles.

« Cizia, s'il te plaît, pas le mont-de-piété. Il y en a pour dix mille dollars. Je te fais un prix, si tu veux... »

Par pure méchanceté et parce qu'il a essayé de me prendre pour un con, je lui recolle une baffe.

« C'est trop tard, ducon. Tu n'avais qu'à venir me voir, si tu avais des difficultés. On aurait pu s'arranger. Tu as essayé de me doubler et je n'aime pas les tricheurs. »

Sauf quand ils sont mes associés mais ça, il n'a pas besoin de le savoir.

Paolo arrive peu de temps après. Sa bouille se fend d'un grand sourire quand il découvre la gueule cabossée du Russe. Je lui désigne les caisses.

« Fais charger ça dans la camionnette par cet enculé. »

Paolo est un type efficace, qui ne s'embarrasse pas de formules inutiles.

« Enculé, charge ça! »

Sous nos regards bienveillants, il se met au travail. Comme il tente encore une fois d'argumenter, je le remets sur le droit chemin en faisant mine de lui donner un coup de pied.

« Mets une veste, tu viens avec nous.

– Mais pourquoi?

– Pour décharger! Et puis je ne suis pas un voleur, camarade. Si j'en tire plus de trois mille dollars, je te donnerai la différence. Allez, *subito*! »

Le Russe voyage avec ses cartons. Avant de démarrer, Paolo bâille à s'en décrocher la mâchoire.

« Fatigué?

– *Si, ecco...* Tu n'aurais pas de la mokatine?

– Hein?

– Tu sais, la poudre blanche qui réveille...

– La cocaïne! Ce n'est pas raisonnable, Paolo. Tu vas devenir un drogué, tu sais. »

Je nous prépare deux lignettes, Paolo, qui apprend vite, est déjà en train de rouler un billet. Il renifle bruyamment, et sa forme revient au galop. Il tapote le volant et balance deux coups de klaxon.

« Où on va, *boss*?

– Chinatown. »

Dans les petites rues du quartier chinois, les néons éclairent les petits restaurants toujours ouverts. Les Chinois se pressent sur les trottoirs. Comme ça fait longtemps! Je n'ai pas remis les pieds ici depuis quarante jours et je suis ému de retrouver le décor de mes débuts canadiens.

Mon copain Li-Han est dans son restaurant.

« Cizia! Comment vas-tu? Tu veux fumer?

– Non. J'ai une affaire pour toi, mais il faudrait traiter dans un endroit tranquille. Tu sais où on peut mettre la camionnette? »

Li-Han nous guide jusqu'à un parking souterrain, quelques rues plus loin. C'est un sous-sol d'immeuble transformé en plantation de soja. D'immenses bacs d'eau et des radiateurs électriques entretiennent, comme dans une serre, une chaleur humide et désagréable. Des dizaines de Chinois s'affairent, en tablier, un bonnet d'hygiène sur la tête, indifférents à notre déménagement. Le Russe porte les cartons. Li-Han a fait venir des amis commerçants du coin, qui jacassent en examinant le matériel.

Je n'y connais rien. Pour éviter des heures de marchandage, j'applique un barème de prix rapide. C'est gros, c'est cher. C'est petit, c'est pas cher. A chaque objet qui part, le Russe se tord les mains. Li-Han, à mi-voix, me tente en me proposant des pipes d'opium et celles de sa petite cousine.

« Tu te rappelles? Les massages? »

Quand tout est fini, j'ai tiré trois mille deux cents dollars du lot. Je tends au machin ratatiné dans un coin qui fut mon débiteur les deux cents dollars. Lamentable, il les empoche.

« Et mon flingue? »

C'est un colt automatique, calibre 25. Ce genre d'arme de poche n'est pas très impressionnante mais s'avère efficace à courte distance. Je sors deux cents dollars.

« Je le garde. Tu remarqueras combien je suis généreux. C'est au moins le double de ce que ça vaut. »

Il le reconnaît et son côté commerçant reprend le dessus.

« Et des balles ? Tu en as besoin ? »

J'éclate de rire. Mon pognon récupéré, ma colère est tombée et sa ténacité m'amuse. Je le raccompagne chez lui, non sans avoir prévenu Li-Han de me préparer sa cousine pour tout à l'heure. J'achète cent dollars de balles au Russe. On se dit au revoir, comme si on était redevenus copains. Je retourne le plus vite possible dans Chinatown.

La petite poupée de porcelaine est prête, dans la petite chambre où la lampe veille toujours sur le Bouddha.

« Bonjour. Je suis contente, tu es revenu, monsieur Cizia. »

Elle baisse les yeux timidement. Je la félicite pour son anglais, que je ne soupçonnais pas. Je me couche et elle se met à l'ouvrage.

Le massage et ses à-côtés me font le plus grand bien. Je mesure à quel point je suis fatigué. Cette vie nocturne ne me réussit pas et mon physique s'en ressent. Les soins de la petite poupée me remettent d'aplomb.

Le soir même, au partage, je pose les trois mille dollars sur la table.

Surpris, mes partenaires m'interrogent.

« Il t'a payé sans problème ?

– Il n'était pas d'accord. Un peu de psychologie l'a remis dans le droit chemin... »

Je leur raconte la scène. Quand ils ont fini de rire, je peux voir du respect dans leurs yeux.

Et les jours s'écoulent, semblables. Je passe de moins en moins de temps à la table de jeu, au profit de mon lit. Il m'arrive de ne revenir que pour le partage, moment sacré.

Aujourd'hui, à mon grand désarroi, ma compagne est la même qu'hier soir; belle Latine brune, Inès a tout pour plaire et satisfaire. Voluptueuse et passionnée, elle pense avoir trouvé en ma personne l'étalon qui saura satisfaire tous ses désirs et plus. Elle se trompe, car si je l'ai aussi bien honorée, c'est surtout à cause de cette fantastique poudre bolivienne, excellent aphrodisiaque dont j'use en quantité.

Elle est assise à mes côtés et me débite des sottises en me demandant si je l'aime. Comment peut-on passer si vite à de tels sentiments! J'écoute à peine ce qu'elle me raconte, me demandant plutôt contre qui je pourrais bien l'échanger pour le restant de la nuit, quand une apparition efface tous les autres charmes de la soirée.

Dieu qu'elle est belle!

Blonde, les yeux bleus, grande et mince avec des seins de rêve. Haig, toujours galant, s'est avancé pour lui prendre son manteau. Irrésistiblement attiré, je traverse la salle dans sa direction.

Je suis à quelques pas quand nos regards se

croisent, pour, dès ce moment, ne plus se quitter. Je ressens comme un frisson et je sais que c'est réciproque.

Je lui fais le baisemain puis je la prends par la taille. Je la guide vers le bar, laissant Haig planté là, le manteau sur les bras.

« Champagne ?

– Oui. »

Sa voix est merveilleuse, modulée et chaude. Le champagne de Haig n'est pas des meilleurs, je l'envoie chercher une bouteille de dom pérignon dans mon bar.

Elle s'appelle Hélène, elle est québecoise. Elle parle français avec un accent merveilleux. Quant à moi, je n'ai envie de lui dire qu'une chose :

« Vous êtes belle. »

Elle me sourit. C'est tout et c'est beaucoup. Oh ! ce sourire. On ne parle pas plus. Nos deux mains se rejoignent. La sienne est venue à ma rencontre. Nous portons nos coupes de champagne à nos lèvres, sans mots inutiles. Nos regards nous suffisent.

Le décor a disparu. Je n'entends plus ni la musique ni les conversations. En quelques instants, elle m'a transporté dans un autre monde. J'ai oublié où je me trouvais pour ne plus penser qu'à elle, mais ses regards fréquents par-dessus mon épaule me font soudain tourner la tête.

Derrière moi, Inès la fusille du regard, les lèvres serrées par la rage.

« Tu connais cette fille ? »

Dans un nuage, je m'entends répondre :

« Qui ? Moi ? Oh ! non, enfin... un peu. »

Je sens deux poignards me transpercer le dos.

« Elle t'aime, ça se voit.

– Qui ? Moi ?

– Tu es son amant ?

– Qui ? Moi ? »

140

En mon for intérieur, je me demande si j'assomme Inès tout de suite ou si j'attends une meilleure occasion pour l'empoisonner ou l'étrangler dans un coin. Heureusement, elle quitte la pièce sans un mot, blême de colère contenue. Je l'ai déjà chassée de mon esprit.

La nuit s'écoule comme un rêve. Je lui fais les honneurs de mon club. Au passage, je contrôle la table de jeu et l'argent qui s'y trouve. J'en profite pour faire signe à mon équipe de terminer rapidement les pigeons. Plus tard dans la nuit, le partage s'effectuera en un temps record.

Je n'ai pas envie de rester ici. Un mot, je le sais, et Hélène est à moi.

Mais, pour une perle de cette valeur, je veux un écrin neuf et pur. Ma chambre est comme souillée du passage de mes conquêtes précédentes. Pour l'occasion, D'Amour fait le chauffeur et nous conduit dans sa Lincoln Continental noire.

J'ai le cœur qui bat comme un collégien. Je me sens gauche et timide. Arrivés devant sa maison, à St. Mary Street, je sors de la voiture et l'aide à descendre. Je vais l'embrasser quand nos regards se croisent.

« Tu m'invites ? lui dis-je.
– Oui. »

Cette nuit d'amour fut très douce, la plus douce depuis longtemps. Elle est venue me rejoindre dans mon bain et nous nous sommes lavés mutuellement. Elle est d'une extraordinaire douceur. Le grain de sa peau est fin et soyeux. Son corps est d'une perfection totale.

Quand je m'en vais, je suis tombé amoureux ! Je l'ai laissée encore endormie. Arrivé à la porte, j'ai trébuché sur une boule de poils, un yorkshire qui s'est mis à brailler. Je n'ai pu retenir un geste impulsif et j'ai fermé doucement la porte derrière moi. Sitôt dehors, mon premier geste fut d'aller chez le fleuriste et de lui faire envoyer, pour le début de l'après-midi, cent une roses blanches. Sur la carte les accompagnant, ces simples mots : « Je t'aime. »

Puis, comme chaque jour, je vais retrouver Louie. La journée commence toujours par une visite chez le coiffeur d'Isabella Street. Je déteste me raser et ai pris pour habitude depuis que je voyage, de confier ma barbe à des professionnels. Barbier, manucure et cireur, c'est la séance complète chaque jour.

Dany, le coiffeur, la quarantaine, un peu efféminé, est un copain. Invariablement nous terminons la séance par une petite partie de vingt-et-un, au fond de la boutique, dans le coin des shampooineuses. Et, invariablement, nous lui prenons son argent. On ne gagne jamais beaucoup, c'est surtout un rituel, une façon de bien débuter la journée.

Je lui ai gagné un splendide rasoir à main, un très vieux coupe-chou à manche de corne et lame espagnole. Je le porte en permanence sur moi, dans ma botte gauche. En cas de bagarre, un rasoir est beaucoup plus impressionnant qu'un couteau, et celui-ci est très esthétique.

Coiffeur, Dany est également un petit receleur, qui fourgue un peu de tout. Il me propose à chaque fois des occasions mirifiques : depuis dix caisses de capotes à tête de Mickey jusqu'à des bagues serties de diamants. Je lui ai acheté un *riot-gun*, magnifique fusil à pompe Remington, pour cinq cents dollars. Ça peut toujours être utile...

Ensuite, nous allons déjeuner, le plus souvent au Truffles, le restaurant du Hyatt Regency, ou dans un autre endroit à la mode. Nous sommes connus partout et nos pourboires princiers nous assurent un service excellent. Mais, pour débuter la soirée, rien n'égale le Maxwell Plum's. C'est un grand bar-restaurant, très sélect, sur Yorkville Street. La partie du fond, ouverte le soir, est aménagée en piste de danse, autour de laquelle sont disposés des canapés profonds et des tables basses éclairées par des lumières tamisées.

J'ai chaque nuit ma table réservée et il est rare que je n'y fasse pas un tour dans la soirée. Le maître d'hôtel, Sam, est un petit Français, juif, très marrant. Il a un sourire perpétuel et toujours une anecdote amusante à me raconter. On s'entend bien et il se charge personnellement, lors de mon arrivée, de déplacer très poliment les personnes assises par mégarde à ma table.

C'est là que je prends ma collation du soir, avant d'aller jouer aux cartes. Je ne paie que les grosses notes, cafés et apéritifs sont offerts par la maison. C'est la moindre des choses, avec ce que je laisse chez eux. Je ne paie que par billets de cinquante et cent dollars et je ne ramasse jamais la monnaie. J'ai décidé de ne pas m'embarrasser de petites coupures. Le bar conserve en permanence quatre bouteilles de ma marque préférée de champagne français, le seul alcool digne d'accompagner mes repas.

Des grosses sommes qui tombent dans mes poches après une nuit de jeu, il ne reste rien le lendemain. Je ne comprends pas le plaisir qu'on peut avoir à thésauriser. Pour moi, l'argent n'a de valeur que si je le dépense. Cette aventure se terminera un jour, alors autant la vivre intensément.

Je ne sais pas s'il est vrai que bien mal acquis ne profite jamais, mais il est certain que l'argent rapidement gagné ressort de la poche encore plus facilement. Je vis au jour le jour. Ma seule limite est fonction de ce que j'ai dans les poches, jamais moins de mille dollars. Parfois ce n'est pas facile, mais je trouve toujours une façon de dilapider, je ne me refuse aucun plaisir, aucune envie.

D'Amour et moi jouons entre nous, toute la journée et à propos de tout et de n'importe quoi : l'âge de la serveuse, la couleur de son slip ou le résultat d'un match de base-ball. Chaque moment est l'occasion d'un pari et il n'y a pas une addition qui ne soit tirée aux dés, normaux, bien entendu ! Il nous arrive aussi de prendre des paris avec d'autres consommateurs, futurs pigeons, qui mettent le doigt dans l'engrenage qui les conduira à mon club.

Quand il n'y a rien sur quoi parier, nous nous plumons mutuellement au *bullshit-poker*. Ce jeu repose sur les mêmes règles que le poker menteur. Les cartes sont remplacées par les numéros de série qui se trouvent sur les billets de banque que nous tenons à la main. On peut faire des combinaisons en utilisant ses numéros et ceux supposés chez le partenaire. Le gagnant remporte le billet de l'autre. Nous ne jouons qu'avec des billets de cent dollars et cela monte très vite. Louie a pris goût à ces dépenses effrénées, à cette nouvelle manière de voir la vie, et nous nous entendons maintenant très bien.

Nos journées sont ponctuées de coups de flambe et d'éclats de rire. Mais aujourd'hui, les heures ne passent pas vite. J'ai dans les yeux le corps d'Hélène et sa voix douce résonne encore à mes oreilles.

D'Amour, envieux, m'a félicité pour la première fois de ma bonne fortune. Lui aussi a été subjugué en la voyant et ne tarit pas d'éloges sur sa beauté. Je suis gêné d'écouter ses appréciations.

« Je n'ai jamais vu un paquet pareil. T'as un pot terrible. Si j'avais imaginé qu'elle allait venir au club, j'aurais tout fait pour te devancer.

– Pourquoi, tu la connaissais avant ? »

Il s'exclame :

« Comment, tu ne sais pas ? C'est une actrice. Elle a joué dans un film, et puis elle passe à la télé. Elle est superbe, tu as vraiment déniché le canon de la ville. »

En bon mâle, il ne peut s'empêcher de me poser des questions sur ma nuit.

« Elle baise bien ? C'est une bombe au lit, non ? »

Pour la première fois je reste décent et mes réponses sont évasives.

« Raconte, est-ce qu'elle tient ses promesses ? Comment est-elle au pieu ? »

Je lui refuse tous les détails. Cette histoire est *ma* romance et je n'ai pas envie de la salir. Quand la soirée s'annonce, je lui téléphone sans tarder pour l'inviter.

« Bonsoir, c'est Cizia.

– Bonsoir. Merci pour les fleurs, elles m'ont vraiment fait plaisir. Il ne fallait pas.

– Je t'invite à dîner, tu me rejoins au Maxwell Plum's ?

– C'est gentil, mais je suis occupée et je ne peux pas me décommander.

– Et plus tard ?

– Je ne peux pas non plus. J'ai une audition demain et je dois me coucher tôt. Ce sera pour une prochaine fois. Promis. »

Ma soirée est morne et je joue sans conviction. Je suis ailleurs. Quelque chose me manque. Ce soir-là, pour la première fois depuis bien longtemps, je me couche seul.

Ce n'est que deux jours plus tard que nous dînons ensemble au Truffles. Elle est rayonnante.

Elle parle avec de grands gestes en exagérant ses manières, mais en conservant toute sa classe naturelle. Elle apprécie les regards que tournent vers elle les gens qui l'ont reconnue. Cependant, malgré ses éclats de rire, je la sens distante et ne tarde pas à savoir pourquoi.

« Cizia, me dit-elle, soudain sérieuse, c'était une erreur de sortir ensemble l'autre soir. Je crois qu'il serait mieux que nous restions bons amis.

– Pourquoi ?

– Je ne sais pas. Ta vie est trop différente. Je ne te connais pas. Je ne sais pas qui tu es et ce que tu fais dans la vie.

– Rien de spécial, ma douce. Je suis en vacances ici.

– Alors pourquoi as-tu un revolver et un rasoir ? »

Moi qui croyais avoir été discret en me déshabillant ! C'est donc cela qui l'inquiète.

« Ce sont deux objets que je tiens de mon grand-père, mes seuls souvenirs de famille. J'y tiens beaucoup.

– Alors pour quelle raison les portes-tu sur toi ?

– Ce sont des porte-bonheur. »

Elle n'est pas naïve et je sais très bien que je ne l'ai pas convaincue, mais elle ne demande qu'à être rassurée. Un peu effrayée par ce monde inconnu qu'elle devine, je m'emploie à la réconforter et déploie tout le charme dont je suis capable pour gagner sa confiance.

« Cizia, il y a un point important que tu dois savoir, s'il y a un futur à notre relation.

– Tout ce que tu veux, ma belle. Les journées sont trop longues sans toi. »

Elle me fixe de ses yeux bleus.

« Il ne peut y avoir d'autres femmes que moi tant que nous serons ensemble. »

Ouf! Je pensais qu'elle allait me demander le mariage ou m'annoncer qu'elle était enceinte.

« Mais bien sûr, cela va sans dire.

– Et le jour où il y aura une autre femme, il ne faudra plus sortir avec moi! »

Ben voyons!

Je lui dis tout ce qu'elle désire entendre. Je ne me force pas car il est indéniable qu'à cet instant précis, je ne pense pas à d'autres femmes.

Alors, j'ai accepté les règles, j'en avais envie, et depuis, je vis chez elle. J'ai bien sûr gardé mon appartement au club, qui ne me sert plus que pour le partage. Hélène, de son côté, est une vraie professionnelle. Elle est attentive à soigner son corps et à se ménager. En pleine ascension, elle a besoin d'avoir une vie ordonnée. Cela me convient parfaitement. J'ai ainsi un endroit tranquille où personne n'est autorisé à me déranger. Dans sa bonbonnière, nous vivons une douce histoire d'amour.

Le seul obstacle à notre romance, c'est Minette, la boule de poils sur laquelle j'ai marché le premier soir. Depuis, elle ne m'apprécie guère et je le lui rends bien. C'est un yorkshire, ou plutôt un « yorkshit », vieille fille aigrie, genre de petit chien stupide que tout le monde rêverait de dégager par la fenêtre au moins une fois dans sa vie. Moi, en tout cas, j'ai souvent été à deux doigts de le faire, mais Hélène l'aime beaucoup et j'ai décidé de respecter ses affaires.

Minette – quel nom à la con! – a pour habitude de dormir sur le lit, aux pieds de sa maîtresse. Ce petit machin qui n'arrête pas de gigoter me dérange. La première fois que mon coup de pied l'a fait tomber du lit, c'était involontaire, et puis j'y ai pris goût; chaque nuit, je m'efforce, à petits coups sournois, de l'expulser.

Je ne montre pas mon animosité à Hélène qui adore cette horreur, mais dès qu'elle a le dos tourné, mes caresses amicales se transforment en baffes sur le museau. Hélène commence à se douter de quelque chose. Il faut dire qu'elle commet l'erreur de nous laisser seuls dans son appartement où j'ai pris la fâcheuse habitude d'enfermer son clébard dans le placard à chaussures dès que la maîtresse de maison est partie.

Mais Minette s'est vengée une fois en m'abîmant une paire de bottes. Maintenant, je la range dans une boîte à chaussures, avant de l'enfermer dans un tiroir. Depuis elle n'ose même plus m'aboyer dessus.

Hélène est décidément une jeune fille en vue. La majeure partie de son temps est accaparée par des émissions, des rendez-vous et j'en passe. De mon côté, le jeu m'occupe presque toute la nuit et souvent, lorsque je me réveille, elle est déjà partie. Elle anime chaque semaine une émission en direct, « Party Game », un spectacle que j'apprécie beaucoup.

Flemmardant au lit, j'aime la regarder, en sachant que ce sex-symbol canadien, admiré et applaudi par des dizaines de milliers de téléspectateurs, va aussitôt après me rejoindre pour une émission réservée aux adultes.

Nous passons ensemble la plupart de nos après-midi et toutes nos soirées jusqu'à l'ouverture du club. Nous faisons de longues promenades en amoureux. Hélène me fait découvrir la ville qui m'avait paru semblable à toutes les villes américaines, avec son downtown, ses gratte-ciel et ses avenues immenses. C'est en fait une ville fraîche et aérée, parsemée de parcs, d'avenues piétonnières, où il fait bon vivre. Après plus de deux mois je découvre que Toronto est situé au bord d'un lac important, le lac Ontario, avec port de plaisance et aménagement touristique. C'est devenu un de mes lieux de détente favori et quand le froid n'est pas trop vif, nous faisons de grandes balades sur les rives.

Malgré les dimensions, il n'y a pas de pègre organisée ni de délinquance de rues. On est loin des entreprises de racket de la Mafia américaine. Heureusement pour moi, car je n'aurais jamais pu m'installer et grimper de cette manière. On m'aurait stoppé.

Je suis bien, heureux. J'ai une affaire qui comble mon besoin d'action, énormément d'argent et la plus belle fille dans mes bras. Il m'arrive de regarder la ville entière avec des airs de propriétaire.

Nous sortons souvent à quatre avec Diana et D'Amour, revenu par la force des choses à une vie plus maritale.

Comme moi, Hélène adore l'exagération exhibitionniste. Elle aime se montrer et marquer les endroits qu'elle fréquente. Pour lui faire plaisir, j'en rajoute. Nous sortons sans arrêt et c'est une succession de dîners extravagants. Je ne commande que ce qu'il y a de meilleur, et toujours avec du champagne français. Les notes atteignent des sommes astronomiques. Mes pourboires démesurés s'élèvent parfois à plusieurs centaines de dollars.

Nous sommes partout accueillis par de grands sourires et c'est une lutte sournoise à qui s'occupera de notre table. Si Hélène laisse tomber une fourchette, cinq personnes se précipitent et je ne peux pas sortir une cigarette sans déclencher un feu d'artifice. J'ai vu, au Truffles, les garçons se battre ouvertement pour savoir qui aurait la chance de nous servir.

Tout cela plaît à Hélène. Elle me fait connaître les endroits à la mode dans le show-business. Nous allons souvent au Julie's Mansion, une grande maison ancienne de deux étages, luxueusement décorée. Dans ce lieu de prédilection des vedettes du moment, une vingtaine de serveuses s'agitent, toutes plus jolies les unes que les autres, uniquement vêtues d'un sari transparent qui laisse deviner leurs charmes. Ce ne sont pas des entraîneuses, plutôt des courtisanes de luxe, dont la présence ajoute une touche esthétique à la qualité de la nourriture. Fidèle à ma parole, je ne me refuse pas pour autant un spectacle aussi agréable.

J'ai promis d'être monogame et je tiens ma promesse en dépit des tentations. Hélène, du reste, fait tout pour m'aider. Un soir, au Julie's Mansion où je commence à être bien connu, elle s'absente quelques instants pour se refaire une beauté. A son retour, cinq filles sont assises à ma table, papillonnantes et charmeuses. Posant sur mon épaule une main de propriétaire, elle n'a qu'une parole pour chasser les inopportunes :

« Partez, il est à moi. »

J'ai laissé faire, car cette manifestation d'exclusivité m'a bien amusé et était tout à mon honneur. Mais des années de polygamie ont dû me marquer, car Hélène, tout en me faisant confiance d'un côté, se méfie de l'autre. J'ai su plus tard qu'elle s'était renseignée sur mon compte et disputée au club avec Inès, qui est venue l'accuser de lui avoir volé son homme et, par la même occasion, l'a mise en garde contre mon caractère volage, riant de mes promesses de fidélité.

Quand elle a su que notre relation avait débuté par un mensonge, elle est partie en pleurant. Pour la consoler, je lui ai fait porter une orchidée, accompagnée d'une bague sertie de diamants, gagnée le soir même au poker. Je n'ai pas pu résister à l'envie de lui dire que ma grand-mère me l'avait léguée sur son lit de mort. Je ne peux quand même pas changer du tout au tout!

A la suite de cet incident, Haig est venu pour une longue discussion. Il m'a déjà vu agir et s'inquiète, car il aime beaucoup Hélène.

« Il ne faut pas lui faire de mal. Hélène est une femme merveilleuse qui mérite qu'on la soigne.

– Mais bien sûr, Haig. Il n'y a pas de problème, tu me connais, voyons. »

Il me regarde, songeur :

« Je te connais, je te connais, c'est vite dit. Je ne te comprends pas, tu es un drôle de type. Je ne connais personne qui soit aussi gentil que toi dans la vie. Tu es toujours poli, galant. Très galant, avec de bonnes manières, tu donnes l'impression de sortir d'une des meilleures familles d'Europe. Tout le monde s'accorde à te trouver parfait. Tu as la réputation d'être généreux et de prêter de l'argent facilement. Mais tu es capable de tels revirements! Quand tu joues, tu sembles un loup. Tu n'as plus d'ami et tu ne fais pas de cadeau. Tu m'effraies parfois, par cette dureté que je sens sans aucune pitié. Tu es étrange », conclut-il.

Brave vieux. Je ne peux pas tout lui expliquer, il tomberait raide mort. C'est la seule personne me voyant vivre tous les jours sans être au courant de la vérité.

Un soir, il a manifesté le désir de s'asseoir à la table de poker. J'ai refusé. Mes associés ont été surpris et mécontents. Il est vrai que je n'ai pas le droit d'agir ainsi vis-à-vis de mon équipe qui n'a pas à prendre en compte mes nobles sentiments. Nous avons choisi d'être des salauds, il faut l'être

151

jusqu'au bout. Tant pis pour Haig s'il réitère sa demande.

Sans pitié, je le suis en ce qui concerne mon travail et je reste intransigeant sur les dettes. Seules deux personnes ont trouvé grâce à mes yeux. L'une d'elles était un Italien sympathique et amusant. Après avoir perdu, il est venu me voir pour me dire qu'il n'était pas en mesure de me payer.

« En toute franchise, je ne peux pas, voilà. Même si tu me fais casser en morceaux je ne pourrai pas te donner un seul dollar. Mais si tu es d'accord, je peux me rattraper en te fournissant en viande pendant tout l'hiver! »

Et chaque semaine, il nous apporte des caisses de produits italiens : salami, jambon de Parme, saucisson sec et chianti. J'ai trouvé cette transaction plus drôle que de lui faire casser la tête. Il ne le méritait pas.

Un autre s'en est également bien sorti, grâce à sa profession. Un dealer de cocaïne a toujours la ressource de payer en nature. J'en fais une consommation énorme. Je ne tiens plus en place.

Nous sommes bien organisés maintenant. J'ai adopté le *Pager*, ou *bip*, que mes partenaires utilisaient déjà. C'est une petite boîte noire, à piles rechargeables, que l'on promène avec soi, à la ceinture ou dans la poche. Toutes sont reliées à un standard. Lorsque le *bip* retentit il suffit de téléphoner à l'opératrice pour savoir qui nous demande et à quel numéro. Avec cet appareil, on peut se localiser rapidement. Les avantages professionnels sont immenses.

Si je trouve un joueur intéressant qu'une envie de poker démange, je n'ai qu'un coup de téléphone à passer pour organiser immédiatement, à l'insu du pigeon, une bonne partie truquée.

Le *Pager* est un appareil très récent et le mien porte le numéro 480. Le seul problème réside dans l'obligation d'utiliser des messages codés.

D'un endroit discret et sans prétention, j'ai fait un des clubs les plus cn vue de la ville, dans un certain milieu, tout au moins. Je n'aime pas me cacher et si j'apprécie l'illégalité, c'est au grand jour. Cela durera ce que cela durera...

Mais aujourd'hui je flaire l'embrouille. J'ai repéré deux types qui détonnent dans la foule habituelle des consommateurs. Bien que ma clientèle soit très hétéroclite, ces deux-là ne sont pas à leur place chez moi.

Je n'aurais pas fait long feu dans l'illégalité si je ne savais pas sentir quand il se passe quelque chose d'anormal. Ces deux types sont louches. Ils portent sur leur visage l'assurance des voyous et le vice des bas-fonds. Et c'est cela qui me dérange.

Vêtus de blousons de cuir, tee-shirts, jeans et bottes texanes, la trentaine bien conservée, ils sont grands et très costauds. A première vue on pourrait penser à deux boxeurs ou à des joueurs de football américain, en tout cas à d'anciens sportifs. Une chose est sûre, ces deux-là ne gagnent pas leur vie avec leur tête.

Ce n'est pas leur gabarit qui me gêne le plus, plutôt quelque chose dans leur attitude qui laisse présager le pire. Ces mecs sont trop flambeurs, trop sûrs d'eux, à la limite de la provocation. Ils posent sur tout le monde un regard narquois et je n'aime pas du tout le sourire qu'ils ont lorsqu'ils viennent jeter de fréquents coups d'œil à la table. Ils se comportent comme des conquérants.

Lorsque je me lève pour aller aux toilettes, ils sont appuyés au radiateur, à l'entrée de la pièce de jeu. Ils me fixent, lorsque j'arrive à leur hauteur, avec un air de défi dans les yeux, et je sens leurs regards dans mon dos pendant que je me dirige vers la porte.

Ma colère est montée d'un coup. Ils me cherchent. Je me force au calme. Je ne veux pas d'esclandre dans le club; d'abord leur parler, afin de savoir à qui j'ai affaire. Mais lorsque je reviens dans la pièce, j'ai juste le temps de les voir disparaître dehors.

Je me doute qu'ils vont revenir. Leur visite n'était pas gratuite.

Effectivement, le lendemain, alors que la nuit est bien avancée, ils arrivent et s'installent dans le même coin.

Aujourd'hui, j'ai pris mes dispositions. Au fond de la pièce de jeu, dans un tiroir du placard, le fusil à pompe est à portée de ma main. Je n'ai pas confiance dans le calibre 25 du Russe. Le riot-gun est plus sérieux. Ça fait des trous comme des assiettes.

A l'autre bout du club, j'aperçois Paolo, écroulé dans un fauteuil sous lequel il a glissé une batte de base-ball. Il m'a fallu aller le secouer en début de soirée dans le cagibi où il dormait.

« Paolo, tu sais te servir de ça? » ai-je demandé en lui tendant la batte.

Mal réveillé, il l'a prise machinalement et m'a demandé :

« A cette heure-ci? Mais il fait froid dehors... et puis moi le base-ball...

— Mais non. C'est pour assommer quelqu'un.

— Ah! bon. »

Il a eu un grand sourire et a retrouvé toute sa lucidité. Je lui ai demandé de descendre dans la salle et de se tenir prêt à intervenir.

Le club se vide peu à peu et les deux costauds

font des aller et retour incessants dans la pièce du fond, un sourire narquois aux lèvres.

Excité par de nombreuses lignes de coke, j'ai les nerfs à fleur de peau et de plus en plus de mal à me contrôler à chacune de leurs apparitions. Mais j'occupe une position clé dans le jeu et je me dois de rester calme. Je sais que c'est pour ce soir.

A quatre heures, le jeu s'arrête, faute de pigeons. Je suis le gagnant de la soirée. Je stoppe mon équipe qui s'apprêtait à quitter la pièce.

« Restez dans le coin, il y a des types qui cherchent la merde. »

Ils n'ont rien remarqué et ne bougent pas, surpris et interrogatifs. Seul Chuck, plus averti, a jeté un coup d'œil vers les deux gros bras, debout dans l'autre pièce.

Le club est pratiquement vide. Haig a disparu dans la cuisine pour compter la recette avec les garçons. Je fais signe à mes partenaires de s'installer sur les chaises le long du mur, près de la porte. Moi-même, je reste assis derrière la table, face à l'entrée, près de la commode où se trouve le riot-gun.

Les deux types approchent lentement, en roulant des épaules, et entrent dans la pièce. Le plus jeune marche en avant, sourire aux lèvres, sûr de lui. Leurs blousons sont ouverts et je n'ai aucun moyen de savoir s'ils sont armés ou pas. Tout au fond du club, j'aperçois Paolo qui se lève doucement.

« Salut.

– Salut ! »

C'est à ce moment-là seulement qu'ils remarquent la présence des trois autres. Apparemment, ils s'attendaient à me trouver seul. Un mauvais point pour eux. Mais ils ne se démontent pas pour autant et c'est toujours le plus jeune, un blond au rictus vicieux, qui poursuit :

« On a remarqué que tu gagnes beaucoup.

– Ouais, la chance! dis-je en ramassant l'argent devant moi.

– La chance mon cul! Petit, tu triches et nous on veut notre part. »

Voilà l'explication. Ce ne sont que des racketteurs, rien de bien grave. J'aimerais juste m'assurer qu'ils ne sont pas armés avant de passer aux choses sérieuses.

« O.K. On va discuter, vous savez, il n'y a pas beaucoup d'argent.

– Arrête tes conneries, le Rital. Joue pas au malin! »

C'est toujours le blond qui parle, encore plus sûr de lui maintenant qu'il pense que j'ai peur. Attends un peu, mon pote!

« *Par la Madonna*, ce que vous êtes agressifs! Asseyez-vous, on va discuter.

– Non!

– Vous boirez bien quelque chose?

– Non! »

Le plus âgé n'a pas dit un mot, mais le blond s'énerve de plus en plus. Ils sont armés ou pas ces cons?

« Ça ne vous dérange pas si je me sers un verre? » dis-je en me dirigeant vers la commode avec un geste d'excuse.

Conscient de leurs regards fixés sur mon dos, j'ouvre le tiroir d'un geste naturel. Puis tout va très vite. J'attrape le fusil tout en pivotant sur moi-même. Avant qu'il ait eu le temps de réagir, j'ai appuyé le canon sur la poitrine du blond.

« Alors, tu veux me prendre mon fric, *asshole*? »

Je montre la liasse de billets sur la table.

« Vas-y, prends-le, *fucking son of a bitch*! »

Toute cette haine accumulée depuis deux jours pour ces deux types qui ont seulement osé penser me prendre mon fric, me met hors de moi. J'ai une terrible envie de leur faire sauter la tête !

« Alors comme ça je triche et toi, tu veux ta part, *mother-fucker*? Vas-y, prends-la maintenant ! »

Ils ont pâli, surpris par ma réaction, superbe envolée, pétrifiés sur place.

« Non, attends, on va s'expliquer. *Wait a minute...* »

C'est déjà trop tard. Paolo déboule. Sans chercher à comprendre, il envoie un magistral coup de batte de basse-ball au blond qui s'écroule. C'est la ruée.

D'Amour lui allonge un coup de savate en pleine poire. Le deuxième type a des réflexes rapides. Il a bondi. Il frappe Bananas au foie et s'élance jusqu'à la sortie où il envoie Paolo bouler d'un coup d'épaule et disparaît.

Je me jette à sa poursuite au moment où Chuck saute dans la mêlée. Mais je suis gêné par la table et ma victime s'échappe. Dans la pièce, c'est la boucherie. A coups de pied, de poing et de batte, mes associés s'acharnent sur l'autre loque qui hurle. Haig déboule dans la pièce, affolé.

« Qu'est-ce qui se passe, vous êtes fous ? »

Apercevant le corps du blond, K.O. sur la moquette, il a un sursaut d'horreur.

« Mais...vous l'avez tué ?

– Non, il a la vie dure. T'occupe, c'est mes oignons. »

Négligeant ses protestations, j'ai relevé l'enfoiré et l'ai assis contre le mur. Il est bien amoché. De peur qu'il ne se relève, car c'est vraiment une montagne des muscles, Paolo, Chuck et Louie ont cogné de toutes leurs forces.

« O.K. Maintenant, raconte. Qui t'envoie ? Où est parti ton pote ? Qui vous êtes ? »

Chacune de mes questions est ponctuée d'une

gifle à poing fermé. Hébété par l'avalanche de coups, il est incapable de me répondre. Mais le temps presse. Son pote risque de réagir et je dois le neutraliser rapidement.

« Cizia, téléphone. »

A l'autre bout du fil, c'est l'acolyte, paniqué.

« Ne le tuez pas ! Il y a eu une erreur. Ne le tuez pas !

– Où es-tu ?

– Pas loin, laissez-le partir, je vous dis que c'est une erreur.

– Si tu veux récupérer ton pote, tu viens t'expliquer ici.

– O.K., mais on s'arrange tranquilles. Pas de piège.

– Si tu veux récupérer ton pote tu viens, maintenant et seul. C'est tout ! »

Et je raccroche.

« Paolo, prends le 25 et planque-toi dans la voiture. S'ils sont plusieurs, tu klaxonnes. »

Quelques instants plus tard, un coup de sonnette retentit. Le silence à l'extérieur me confirme qu'il est seul et j'ouvre la porte. C'est bien lui, mains en l'air, un sourire d'excuse sur les lèvres.

« Entre. »

Je lui braque le fusil sur l'estomac. Paolo, qui a surgi par-derrière, lui colle le canon du revolver dans les reins.

« Eh ! On avait dit tranquilles au téléphone !

– Ta gueule ! Entre. »

Je l'emmène, fusil dans le dos, s'asseoir à côté de son copain, auquel il jette un regard inquiet.

« Bon, qu'est-ce que tu as à dire ? »

Et pendant vingt minutes, il s'excuse. Il ne savait pas, il ne voulait pas, c'est son copain qui lui a dit qu'il y avait un bon coup facile. Ils ont besoin d'argent mais ce n'est pas à moi personnellement qu'ils en voulaient.

Pendant qu'il parle, je ne peux réprimer un sentiment de respect. Il a des qualités, ce mec. Revenir se jeter dans la gueule du loup pour sauver son copain! Le courage et la fidélité sont des attitudes que je respecte. C'est ça qui le sauve. L'autre a pris sa branlée, et ça suffit. Il a vraiment eu la frayeur de sa vie. C'est le genre à donner des coups, mais il n'a pas l'habitude d'en recevoir, surtout par des plus petits que lui.

Il n'y a personne derrière eux. Je les laisse partir. Auparavant, j'offre même un verre à l'amoché pour qu'il puisse marcher jusqu'au parking... Dehors, il gèle à pierre fendre. Je regarde leur vieille Buick patiner sur le sol verglacé et disparaître. Tranquillisé, je rentre au club.

Haig m'attend là-haut, dépassé par les événements.

« Cizia! Cizia! Mais qu'est-ce qui se passe? Qu'est-ce que tu as encore fait?

– Ces deux types étaient venus pour te voler ton club. Ce sont des voyous, des propres-à-rien. Tu as bien de la chance qu'ils m'aient cru le propriétaire. »

Haig n'a pas l'air convaincu mais il n'insiste pas. Je hausse les épaules et vais ramasser le fric, songeur.

Haig, vieux frère, tu penses trop. Avec tout le respect que j'ai pour toi, je vais devoir régler ton problème. Tu t'inquiètes trop et je ne voudrais pas que tu te mettes en tête d'interdire le jeu dans mon club.

Bananas a reconnu un de nos deux visiteurs, le plus vieux, celui qui est revenu chercher son copain. D'après lui, il travaille dans une boîte de nuit du centre ville, sur Dundas Street. C'est un videur.

Le lendemain, je lui rends visite, seul mais armé. Je ne pense pas qu'il y ait du danger mais je veux être sûr qu'ils sont bien dissuadés de me créer des ennuis et qu'ils ont renoncé à toute idée de vengeance.

L'entrée de la boîte est gardée par un malabar à tête de bouledogue, aussi accueillant qu'une bouche d'égout. Sa ceinture cloutée retient à grand-peine un gros bide de buveur de bière. Assis, il est en train de manger un hamburger et de maculer son tee-shirt et son menton de Ketchup.

« Ouais ? »

Il me détaille, déjà hostile, les yeux mi-clos. Je suis trop bien habillé et il n'aime pas.

« Je cherche un type qui bosse ici. Un grand brun.

– Ouais, Harry. Qu'est-ce que tu lui veux ? »

Il m'inspecte encore une fois, engloutit son reste de hamburger et se lève à grand-peine pour frapper à la porte derrière lui. Un judas s'ouvre.

« Dis à Harry qu'y a un mec qui veut lui causer. »

Harry est surpris de me découvrir.

« Tranquille, je veux te parler. J'ai une proposition à te faire. »

L'intérieur pue le mélange de sueur, de bière renversée et de parfum bon marché : l'odeur caractéristique des boîtes américaines. C'est sombre et mal ventilé. Une foule de danseurs se trémoussent en écoutant un énorme pianiste noir, à la voix cassée. Deux, trois zombies derrière lui complètent l'orchestre.

Harry nous fraie un chemin jusqu'au bar et, d'autorité, écarte les consommateurs pour que nous puissions nous installer.

« Qu'est-ce que tu bois ?

– Whisky sec. »

160

Ecroulés au bord du comptoir, deux types aux yeux rouges reniflent bruyamment. Cette boîte sent le repaire de dealers à plein nez. Des consommateurs, debout, immobiles, vacillent d'une ivresse qui ne doit rien à l'alcool. Quelques mots échangés avec Harry m'assurent qu'il n'a plus de rancœur.

« D'après ce que tu m'as dit hier, tu as besoin d'argent, non ?

– Ouais.

– Tu veux travailler pour moi ? »

Il jette un regard dégoûté autour de lui avant de répondre.

« Oui. »

C'est une bonne recrue. Il va prendre le relais de Paolo, que le manque de sommeil et la cocaïne sont en train d'abîmer sérieusement. La vie nocturne lui a donné un teint verdâtre et parfois mes ordres ont du mal à se frayer un chemin jusqu'à son cerveau embrumé.

Ses favoris se sont fanés. Il commence à être bien délabré. Il n'est pas le seul d'ailleurs. Les abus de toutes sortes ruinent ma santé. Mes muscles fondent, j'ai la gueule livide et la respiration courte. Ça me gêne. Ce n'est pas bien de se laisser aller et, dans ma position, cela peut même être dangereux. Les problèmes peuvent surgir à n'importe quel moment et il serait bon que je me prépare, physiquement, à faire face à toute éventualité, car il est interdit de tirer sur les gens.

Jusqu'ici, ma méchanceté naturelle, mon vice et ma chance m'ont aidé dans les bagarres, dont je suis souvent sorti en bonne position. Je ne suis pas petit mais, dans ce pays, ils ont tous une bonne tête de plus que moi. J'ai beau être courageux, un peu d'entraînement ne me ferait pas de mal. Et à D'Amour non plus.

J'en ai encore la confirmation ce matin en me regardant dans la glace. Il y a vraiment quelque chose qui ne va pas. Au lieu de l'image d'un conquérant irrésistible à l'aura rayonnante, le miroir me renvoie le portrait d'un vieux machin sur le déclin, affublé d'un peignoir en soie trop large.

Ce n'est pas seulement la tête d'un fou, mais celle d'un adulte vieilli avant l'âge, avec d'énormes cernes sous les yeux. Cela fait longtemps que je ne dors plus que quelques heures par nuit.

Je m'observe encore dans la glace, essaie de faire quelques effets de muscles, prends des poses avantageuses.

Rien à faire. C'est la décrépitude !

Miroir, miroir magique... Il faudrait qu'il soit sacrément magique, ou sacrément menteur, pour me donner une image positive. Si ça continue, c'est le cimetière à brève échéance et mes ennemis n'auront qu'à attendre que le temps accomplisse leur vengeance. Il faut absolument que je réagisse !

J'erre un peu dans mon appartement qui porte encore les traces de la fête de la veille, cherchant une solution. Des verres traînent sur la table, une bouteille, dont seule la moquette a bu le contenu, a roulé sur le sol. Sur un petit miroir posé sur la commode, à côté de billets roulés en paille, deux lignes de coke oubliées me désignent la source de tous mes maux.

Les voilà les coupables ! C'est cette drogue qui me détruit !

Je les sniffe rapidement, d'un geste vengeur, me fais un café et c'est d'un pas décidé, mais toujours de mauvaise humeur, que je traverse le couloir pour aller frapper chez D'Amour.

C'est le jappement des deux rase-mottes qui me répond, puis Diana vient m'ouvrir la porte, la gueule bouffie de sommeil, l'haleine chargée d'alcool.

Elle est encore plus décomposée que moi et j'ai du mal à retenir une moue de dégoût. Un faux cil, qu'elle a dû oublier de retirer dans son ivresse de la veille, pend lamentablement sur sa joue. Vêtue d'une robe de chambre rose avec des pantoufles à pompons roses aux pieds, elle a tout de la vieille pute en fin de bordée.

A sa seule vue, mon moral tombe encore plus bas.

« Réveille ton homme !

– Pourquoi ?

– Comment ça pourquoi ? Réveille ton homme, je te dis ! »

J'ai déjà du mal à la supporter, mais ce matin, avec sa vulgarité, elle me dégoûte plus que jamais. C'est bien par respect pour D'Amour que je ne l'ai jamais envoyée chier.

Je sais qu'elle a fait des réflexions blessantes à Hélène qu'elle s'efforce de singer. Comme si un crapaud pouvait ressembler à une blanche colombe !

Ce matin, je n'aime personne !

Titubant, Louie vient à la porte en attachant son peignoir.

« Qu'est-ce qui se passe, Cizia ? Il est quelle heure ?

– *Partner*, il faut se préparer, on a beaucoup de travail.

– Hein, de quoi ? »

Encore dans les brumes de son sommeil, je l'attrape par le bras dont je fais le tour avec mes doigts.

« Il faut muscler tout ça ! Et vite ! »

Il me regarde, éberlué, pensant que je suis

devenu fou. Je lui parle des bienfaits de la culture physique, du plaisir d'avoir un corps bien musclé et en parfait état de marche et de la fierté à réussir un bel arrachage d'oreilles. Pas convaincu, il se laisse tout de même gagner par mon enthousiasme.

« D'accord mais pas les mains.
– O.K. Sans les mains. »

Et c'est comme ça que nous nous retrouvons dans une salle de body-building, après quelques achats.

« Cizia, viens m'aider, vite! »

C'est encore D'Amour qui a des problèmes. Pourtant on avait bien commencé. Nous étions très élégants. J'ai expliqué à Louie qu'un bon entraînement dépendait avant tout du choix judicieux de la tenue appropriée. Je me suis acheté un peignoir d'éponge blanc, un short bleu électrique et j'ai négligemment posé sur mes épaules une serviette assortie. D'Amour a la même panoplie, mais en rouge.

Le résultat n'est pas celui escompté dans le magasin. Pour moi, cela passe encore. Sans être démesurément musclé, je me défends. Mais Louie est pitoyable. Il n'a jamais fait un effort physique de sa vie et j'éclate de rire en le voyant sortir du vestiaire. Il est maigre, blanc comme un lavabo et ses quilles filiformes nagent dans un short trop grand pour lui. Vexé, il s'efforce devant la glace de faire saillir d'imperceptibles biscottos.

Dans la salle, ça sent la sueur et les pieds. D'Amour est largué au milieu de types aux muscles impressionnants, le corps enduit de gras, qui font des effets dans les miroirs. Un coup de fesse à droite, un coup à gauche, le petit doigt en l'air.

Parfois, l'un d'eux va soulever un haltère, puis retourne s'admirer. Ils se complimentent entre eux et inscrivent leurs mesures sur des petits bouts de papier.

Qu'est-ce que je fous là?

D'Amour s'est allongé sur le dos pour essayer de soulever une barre de fer reliée à des câbles. Epais comme une pompe à vélo, il s'est laissé coincer sous le truc et m'appelle à l'aide.

Je ne comprends pas comment fonctionnent tous ces instruments. Je tire, je pousse sur des bidules, sans obtenir de résultats appréciables. Je m'énerve, je jure et on commence à me regarder d'un drôle d'air. Je me suis trompé d'endroit.

A côté, c'est plus intéressant. C'est une salle de boxe où les futures gloires des rings de banlieue se font méthodiquement arranger le profil. Des entraîneurs, avec l'éternelle serviette autour du cou, hurlent qu'il faut frapper plus fort. Quelques managers, à l'allure de macs, costumes trois-pièces et cigare, viennent parfois s'asseoir dans la salle pour discuter des mérites de leurs poulains.

En Asie, je me suis entraîné dans une salle de boxe thaï, un sport de combat complet et dangereux, et ça m'avait séduit. Ici, ça sent mauvais et il y a trop de monde. Je vais récupérer D'Amour, endormi dans un coin.

« Viens, on se casse! On n'a rien à faire ici. On va trouver autre chose. »

J'ai déjà une autre idée.

« On n'a pas pris le problème du bon côté. Ça ne sert à rien, les muscles. Il nous faut une technique de combat. »

Le temps d'acheter de nouvelles tenues et, en début de soirée, nous faisons notre entrée dans un club de karaté, choisi au hasard dans le bottin.

C'est en plein Chinatown, au-dessus d'un restaurant. Sur la façade, un karatéka de trois mètres de haut menace la rue entière, le visage déformé par la haine et la peinture qui s'écaille.

Cette fois, c'est du sérieux. Nous sommes vêtus tous deux d'impeccables kimonos, la meilleure qualité. Pressé d'apprendre, je me suis octroyé d'office une ceinture noire. Noir et blanc sont deux couleurs qui vont très bien ensemble. Autour du front le bandeau avec le soleil couchant stylisé des kamikazes japonais. Pour ma première leçon, je suis prêt à tout.

Dans la salle, un groupe d'élèves s'entraînent sous la conduite d'un vieux prof barbu qui m'a l'air endormi. A l'écart, vêtus de kimonos brodés rouge, noir ou blanc, des types d'un niveau supérieur se perfectionnent deux à deux, en poussant des cris redoutables. Des panoplies complètes de sabres, de bâtons et autres engins qui font mal quand on sait s'en servir, sont accrochées sur les murs, entourant les photos du grand maître et des vues du Japon.

Après avoir évité le salut traditionnel aux *tatamis* nous nous efforçons d'effectuer des mouvements d'échauffement. Ça me tire de partout, il était temps de s'y mettre. Dans cette discipline, ce sont les avant-bras qui font la majeure partie du travail. Pour les durcir, nous tapons comme des damnés sur des planches rembourrées. En sortant, je suis enthousiaste. Je me sens très bien. D'Amour aussi, à part une raideur dans les bras, qui l'oblige ce soir-là à abandonner la table de jeu rapidement pour éviter des erreurs de manipulation.

Mais le lendemain, rien ne va plus. J'ai des courbatures et mon corps entier me fait mal. Quand Louie vient me chercher, tôt, j'ai déjà envie de tout laisser tomber.

A peine arrivés, le professeur nous fait à nouveau taper sur ces maudits bouts de bois. Mal réveillé, j'ai plutôt envie de cogner sur quelqu'un. Heureusement que le prof nous appelle pour nous enseigner quelques prises, non sans avoir fait une remarque sur ma tenue.

Le *bip* sonore du *Pager*, accroché à ma ceinture noire dixième dan, le dérange visiblement car je me permets de le faire taire pour écouter le message. La première fois, c'est Hélène qui me souhaite une bonne journée, la seconde c'est Chuck qui me demande de le rappeler et le prof doit m'accompagner à son bureau où se trouve le téléphone. Quand je retourne dans la salle il a un regard noir. Il n'ose rien dire car mon *bip* lui laisse croire que nous sommes des flics.

Je m'entraîne avec un grand connard qui me fait mal exprès chaque fois qu'il me montre un coup; et le vieux qui me donne des ordres... J'ai l'impression d'être à l'école!

Ce n'est pas encore la bonne méthode. Ça n'est pas normal de se saluer après chaque coup. Il n'y a que des complexés, ici. Les trois filles qui s'entraînent sont moches, avec des poils aux jambes. Elles n'apprennent sûrement pas à se défendre en cas de tentative de viol car, de ce côté-là, elles ne courent aucun risque.

Et l'autre continue de taper fort, exprès. Et avec le sourire. Je profite d'une pause, au moment où il baisse sa garde pour une minute de repos, et je lui balance un coup de tibia dans le cou, à la thaï, qui l'étale pour le compte.

Je suis en train de m'excuser auprès du prof, lui assurant que ce n'était qu'un réflexe malheureux, quand un hurlement retentit, suivi d'une gifle retentissante. Louie accourt tout de suite après, en se tenant le poignet, grimaçant comme un grand blessé.

« Elle est conne, cette nana. Elle a voulu me casser le poignet. Tu imagines? »

Il m'agite devant les yeux ses longues mains blanches de tricheur. La droite est légèrement zébrée d'une trace rouge.

O.K., ça suffit. J'entraîne le professeur à l'écart.

« Ecoute, professeur, ça nous intéresse pas tes trucs. Nous, on a besoin de cours accélérés. On est très occupés et on n'a pas le temps d'apprendre à faire des courbettes. Tu comprends ? Tu nous montres juste une dizaine de coups pour arracher les oreilles et les yeux, rapidement, des techniques pour étrangler ou je ne sais pas quoi. Je peux te payer très cher si tu nous enseignes ça rapidement. »

Il est stupéfait. Sa vénérable bouche s'est ouverte et toute sagesse a disparu de ses yeux stupides. Il lui faut une minute pour récupérer et parler sans balbutier.

« Mais c'est impossible ! »

Il m'explique que ce que je lui demande est contraire à l'esprit des arts martiaux, qu'il enseigne une philosophie plutôt que des techniques de combat, et que le rôle des arts martiaux n'est pas de tuer, mais justement d'éviter toute violence.

« Ce n'est pas en pratiquant avec violence le karaté que vous comprendrez la voie réelle de cet art. C'est une recherche de l'harmonie avec la nature, qui passe par une recherche de soi. »

Qu'est-ce qu'il me raconte, ce vieux bonze !

« Bon, on va peut-être s'arranger. On fait des machins comme la méditation et les courbettes, rapidement, et on passe aux choses sérieuses, D'accord prof ? »

Il secoue la tête, désolé de mon incompréhension.

« C'est impossible. Ce n'est pas dans ce but que les grands maîtres nous ont légué leur art. »

Je l'écoute aimablement mais j'ai surtout envie

de l'aligner pour qu'il arrête de débiter ses sornettes. Il n'y a rien à en tirer de ce vieux schnock. Nous quittons le club après avoir écrit des conseils amicaux sur les murs du vestiaire. Espérons que ce n'est pas contraire à leur philosophie de se faire enculer par les grands maîtres.

Tant pis. Somme toute, ma méthode n'est pas si mauvaise. Après toutes ces années de bagarre de rue, je m'en accommode. J'ai seulement besoin de perfectionnement. Je suis donc retourné faire des achats : une batte de base-ball, un poing américain et un 38 à canon court, au numéro limé.

Paolo a percé le plafond de ma chambre pour que je puisse accrocher un sac de son de soixante kilos. Je me défoule de temps en temps dessus et ça fait très élégant.

D'Amour est heureux. Il en avait déjà assez de ces âneries. Les courbatures lui ont fait commettre quelques erreurs de manipulation à la table.

C'est justement le moment ou jamais de se montrer efficaces, car Haig a décidé de jouer et j'ai accepté. Depuis la bagarre, il tourne de plus en plus autour des tables de jeu. Il veut comprendre cette folie qui pousse tous ces gens à perdre leur argent. Vers trois heures du matin, il est assis à une table de black-jack.

HAIG, légèrement gris, joue en grand seigneur. A la fin de la nuit, il a perdu deux mille cinq cents dollars, payés cash.

Le pli est pris.

Haig s'est mis sur ma route. Il est effrayé par les proportions qu'a prises son club et m'a parlé à maintes reprises de réduire le jeu. Il n'en est pas question! Il faut donc qu'il s'endette auprès de nous, afin de m'assurer de son concours, ou du moins de sa neutralité dans nos affaires.

Pendant une semaine, il va se battre contre le destin. Chaque soir, vers trois heures, quand les invités diminuent, il vient s'asseoir, fébrile, pour tenter de récupérer ses pertes de la veille. Le jeu est un vice qui vous possède vite. Rapidement, il ne fait plus bonne figure. Sa vieille main tremble quand il pose une pile de jetons devant lui. Un dix, un trois, un dix. Il a encore perdu, il s'éponge le front avec un grand mouchoir à carreaux que, dans son trouble, il range à la place de sa pochette. Il s'énerve facilement, appelle les bonnes cartes, fait des signes de croix sur la table.

Lorsque, pour les besoins de la vraisemblance, on le laisse gagner quelques coups, il rameute toute la salle par ses exclamations. Au craps, c'est du délire. Petit de nature, il prend plus de place que n'importe qui. Il parle aux dés, me fait souffler dessus, fait souffler ses voisins, s'essouffle lui-même, et les lance très fort à demi couché sur la table. Je m'attends à l'y voir grimper pour s'assurer du résultat. Il est pris dans l'engrenage. Immuablement, chaque matin, il me lance la même phrase : « Demain, c'est mon jour de chance, demain. »

Dès le troisème jour, il ne peut plus payer ses dettes. Il a déjà perdu dix mille dollars, payés cash, toute sa réserve. J'ai refusé de prendre ses bagues et autres gages et le laisse jouer à crédit. Je sais qu'ainsi il va plonger plus sûrement. Tant que l'argent n'est pas sur la table, un joueur ne réalise pas vraiment ses pertes. Haig, emporté par sa frénésie, ne fait pas exception à la règle. Au bout d'une semaine, il a perdu plus de quatorze mille dollars sur parole. Je le stoppe.

« Haig, ça suffit. Il faut penser à payer tes dettes.

— Mais, Cizia, tu sais bien que je n'ai pas d'argent.

— Je sais, et c'est justement ce qui m'inquiète.

— Mais il faut que je me refasse. Laisse-moi jouer.

— Non. Il est temps de payer. »

J'ai quitté le ton du copain et lui parle durement. Je n'ai pas besoin d'en faire trop pour l'impressionner. Il s'éponge avec son habituel mouchoir à carreaux. Il est retombé sur terre, sa folie le quitte.

« Mais Cizia, je n'ai rien, tu le sais. Je n'ai que ma maison.

— Combien vaut-elle ? »

Il sursaute, une main sur le cœur.

« Non ! Pas ça. S'il te plaît, pas ça ! »

Il en a les larmes aux yeux. Il réalise dans quel merdier il s'est fourré et le contact avec la réalité est trop dur. Il a perdu toute sa superbe. Ce n'est plus qu'un petit vieux égaré dans un jeu trop dur pour lui.

« Cizia, je n'ai que ça. C'est toute ma vie. Tu ne peux pas faire ça à un ami.

– Haig, ne cherche pas à me prendre par les sentiments. L'amitié n'entre pas en ligne de compte. Tu connais la règle : tu perds, tu paies.

– Mais je ne peux pas! »

Mon Dieu, que c'est dur parfois d'être un intégral fils de pute! Je le fixe quelques instants, semblant chercher une solution.

« Bon, on va s'arranger. Mais fais-moi une promesse.

– Tout ce que tu veux, Cizia.

– Promets-moi de ne plus jouer.

– Je te le jure, je te le jure! »

Il crache par terre, lève la main gauche, la droite, crache à nouveau et propose d'aller chercher une Bible.

« Non, je te crois sans peine. Alors tu gardes ta maison mais... »

Il est suspendu à mes lèvres, une lueur d'espoir au fond des yeux.

« ... Je prends la direction du club. Tu restes propriétaire des murs, je garde le fonds. Tu t'occupes de la gérance sous ma direction et on partage les bénéfices. »

Il est presque soulagé. Son affaire avait pris des proportions qui l'inquiétaient. Tant que c'était un booze-can normal, il était efficace. Maintenant il est largement dépassé. J'ai oublié que le club est illégal. Emporté par mon désir de grandeur, j'ai dans la tête des images du temps de la prohibition : le jeu jour et nuit, les femmes, l'alcool et la drogue à volonté. Un monde parallèle.

Aucun booze-can n'avait pris une telle ampleur.

Maintenant, il est à moi. Je vais en faire ce que je veux. Haig, qui me voit rêver, s'inquiète un peu.

« Tu vas quand même faire attention, cela peut devenir dangereux. »

Je passe de plus en plus de temps avec Harry, mon nouveau garde du corps. Paolo, après son stage auprès de moi, a bien gagné sa place de manager adjoint à La Strada. Avoir un seul métier au lieu de deux lui permettra de récupérer plus rapidement.

Les cheveux courts, rasé, habillé de neuf par mes soins, Harry n'a plus sa tête de clochard. Avec sa bonne gueule, ses traits réguliers, il a l'air de sortir d'un campus. Son regard rêveur accentue sa ressemblance avec un prof de gymnastique.

Il est très costaud et il sait se battre, mais il est loin d'être une brute sans cervelle. Il parle peu mais il nous arrive souvent, depuis qu'il travaille pour moi, de discuter et je me suis aperçu qu'il est assez fin, et cultivé, car il aime lire. C'est un adorateur de Steinbeck. Triste, parfois distrait, il lui arrive de sourire, mais il ne rigole jamais.

Le lendemain de son entrée à mon service, j'ai compris qui il était en remarquant une légère claudication qui gêne sa démarche. Son genou gauche est abîmé.

Il a senti mon regard et m'a confié :

« C'est une blessure. La guerre... »

C'est un « vet », un vétéran de la guerre du Viêt-nam. Comme la plupart d'entre eux, il est paumé, déclassé, ballotté entre un paquet de souvenirs durs et les avanies subies depuis son retour.

Né en Oklahoma, dans un trou où tout le destinait à devenir fermier, il est parti directement pour la jungle. On lui a ordonné d'y aller, de tuer, et il a obéi. A son retour, on lui a craché dessus en le traitant de bourreau et en lui reprochant, à lui personnellement, le napalm, les bombardements, toutes les atrocités commises là-bas par les deux camps.

Il en a vite eu marre et a de nouveau disparu de son bled de bouseux pour s'exiler au Canada. Il hait les Etats-Unis et ne veut plus en entendre parler. Outre sa blessure et tous ses ennuis, la glorieuse US Army lui a offert un dernier cadeau, l'héroïne, dont il n'arrive pas à décrocher complètement.

J'aime bien ce type. Il m'a invité à passer chez lui, un tout petit appartement minable dans le downtown, où il vit avec sa famille. Sa femme est une toute petite blonde très pâle, presque diaphane, aux immenses yeux très clairs qui lui mangent le visage. Ils ont un gamin, un petit bonhomme costaud de quatre ans qui s'appelle Marlon, sympa et bourré de vitalité.

Je leur ai donné de l'argent pour qu'ils puissent changer de quartier et se trouver un logement plus grand. Il faut qu'ils changent de décor.

Harry a vingt-sept ans. Avec son intelligence et le pognon qu'il ramasse en ma compagnie, il va pouvoir prendre un nouveau départ et ça me fait plaisir. C'est un copain.

Depuis une semaine, il neige sans arrêt et la ville est recouverte d'un épais manteau blanc. C'est la première fois que je vois vraiment la neige, qui n'a rien à voir ici avec la boue grisâtre de mon enfance à Bordeaux. Hélène serrée contre moi, tous les deux emmitouflés dans un manteau de fourrure, nous marchons tranquillement.

On sort du Maxwell Plum's, où nous avons bu du champagne. Le club n'est qu'à six blocs, Hélène aime marcher et l'air frais me remet les idées en place après l'abus d'alcool.

Tranquilles, amoureusement blottis l'un contre l'autre, nous faisons des projets d'avenir. Je lui fais part de mes nouvelles idées de décoration pour le club. J'ai confiance en ses goûts. Je veux également agrandir la salle de jeux, multiplier les tables, tout rénover.

Le club vient d'ouvrir, mais le parking est déjà encombré de limousines. C'est Louie qui s'occupe d'accueillir les premiers visiteurs maintenant. Je n'arrive que lorsque c'est plus intéressant.

Je frappe à la porte de derrière. Harry ne jette qu'un petit coup d'œil avant de m'ouvrir la porte. Il me salue toujours d'un petit sourire tranquille avant de débarrasser Hélène de son manteau. Je lui donne le mien.

« Ça va?

– Rien à signaler. »

Il s'est acheté plusieurs costumes gris, sport mais de bonne coupe. Un bouquin dépasse de la poche de sa veste.

« Du monde?

– Oui. Ils sont entrés par groupes de dix. »

Hélène doit se lever tôt. Elle va rentrer dormir chez elle.

Avant de la raccompagner au taxi, je prélève ma consommation de coke pour la soirée dans le paquet que je cache à sa place habituelle : un vieux poste de télé évidé, posé négligemment dans le débarras de meubles. La mallette de dés y est déjà en sécurité, je le vérifie d'un geste machinal.

Nous allons boire une dernière coupe avec Haig. Il est plus de deux heures du matin et il y a la foule des grands soirs. La table de jeu n'est pas encore ouverte mais cette nuit promet d'être fructueuse. Nous sommes prêts à partir quand un vacarme de bois brisé retentit dans l'antichambre, suivi de cris et de bruits de lutte. Un mouvement de foule me plaque contre la cheminée.

« Les flics, les flics! »

Merde, une descente.

« Hélène, ton herbe, vite. »

Je la lui arrache des mains et la jette au feu en même temps que ma provision de coke. Autour de nous, les fenêtres éclatent, défoncées... Les types qui ont tout à craindre d'une vérification ont choisi le moyen le plus expéditif pour sortir.

J'aperçois Chuck qui plonge, une chaise à la main pour se protéger et disparaît dans un bruit de verre brisé. C'est la panique et chacun essaie de s'en tirer.

« Ton mouchoir! »

J'essuie rapidement la crosse de mon 38, avant de le glisser entre le siège et le dossier d'un fauteuil, pendant que des flics en uniforme se répandent dans la pièce, pourchassent les fuyards.

« Police. Que personne ne bouge! »

Ils hurlent en brandissant leurs cartes de flics. Deux d'entre eux ont rattrapé un type qui enjambait une fenêtre et le traînent au milieu de la pièce. Certains montent les escaliers quatre à quatre, d'autres pénètrent dans toutes les pièces, enfonçant les portes à coups de pied.

« Au fond! Tout le monde! Vite! »

Je m'éloigne lentement du fauteuil, tenant Hélène enlacée, dans l'attitude du couple sans problème, surpris par tant de violence. D'Amour a disparu, Bananas et Harry aussi.

Le chef, un immense détective en civil, fend la foule et se dirige vers le barman qui a juste le temps de lâcher son plateau.

« Toi! Viens ici! »

Il l'attrape par le col et l'entraîne. Comme le jeune proteste, il lui balance une gifle...

« Ta gueule, petit con. »

... et le jette dans le couloir.

« Embarquez-le. »

Notre serveur est un jeune immigré dont les papiers ne sont pas en règle. Il n'a pas fini d'avoir des problèmes. Les représentants de la loi paraissent passablement énervés.

« Arrêtez cette musique, bordel! »

Comme personne ne bouge, un flic s'approche et tâtonne en vain entre les amplis. En deux enjambées, le chef le rejoint, l'écarte et, arrachant les fils, jette l'appareil sur le sol. Dans le silence soudain revenu il gueule :

« Qui est le propriétaire? »

Haig s'avance, très droit, un peu pâle. Il arrive à peine à la poitrine de l'immense policier.

« C'est moi.

– Alors, tu as sans doute une explication à me donner? »

Je dois reconnaître que Haig se conduit bien. Il n'a pas l'air impressionné quand il répond et arrive presque à se mettre en colère.

« Je ne comprends pas cette irruption. C'est une fête privée avec des gens respectables!

– Une fête privée, mon cul. Et ceux qui ont sauté par les fenêtres sont eux aussi respectables? Te fous pas de notre gueule! Les gars, prenez les noms de tout le monde. »

Ils s'égaillent dans la maison. Quand ils découvrent les jetons et la table de craps, le chef n'est pas très content.

« Et ça, ça fait partie de la fête privée, connard! »

Cela le démange de taper sur Haig, mais il ne peut pas frapper un type qui fait la moitié de sa taille et le double de son âge. A coups de pied, l'un d'eux fracasse la table de dés, déchirant le tapis et balançant les jetons par les fenêtres.

Dans la cuisine, trois détectives vident les placards et répandent leur contenu par terre. Quand ils ressortent, ils ont les poches pleines de paquets de cigarettes et les bras chargés de bouteilles.

Le chef a fait aligner dos au mur ceux dont la gueule ne lui revenait pas. Les bras en l'air, ils sont fouillés méthodiquement. Les flics distribuent des convocations à comparaître le lendemain devant le juge. Un consommateur, qui s'était permis un sourire goguenard en donnant ses papiers, se prend une paire de gifles.

« Que faites-vous ici ? »

C'est mon tour.

« J'ai été invité à cette fête, c'est tout. »

Il examine mes papelards de l'immigration.

« Quelle est votre occupation au Canada ? »

Prendre de l'argent aux pigeons et emmerder les flics, connard. Si tu savais que tu parles au patron et qu'à quelques centimètres de toi, il y a mon 38, que j'ai encore un rasoir sur moi... Mais ce n'est pas ton jour de chance, minable.

« Rien de spécial, je suis ici en touriste, venu voir ma fiancée. »

Hélène lui fait son sourire le plus charmeur. L'autre hausse les épaules et n'insiste pas. Il relève les noms puis nous rend nos papiers.

Cela dure bien deux heures pendant lesquelles les flics retournent la maison. Ils ne trouvent ni la mallette de dés ni la coke. Le colt 25 est chez Hélène. Quant au 38, s'ils le trouvent, c'est leur problème. J'espère seulement qu'ils n'ont pas foutu trop de bordel dans mon appartement ni volé trop de choses. Finalement, quand ils nous ont bien fait chier, ils nous mettent à la porte.

Je retrouve D'Amour, plus tard, chez Fran's. Il est grave, encore sous le choc, mais content de me revoir.

« J'étais inquiet.

– Ça va. J'ai juste une convocation au tribunal.

– Merde! Quelle connerie! Qu'est-ce qu'ils sont venus nous faire chier! Fils de putes!

– Ça devait arriver, Louie. C'était obligé. »

Chuck et Bananas sont rentrés chez eux sans avoir été inquiétés. Harry nous a retrouvés chez Fran's. Je le sens gêné quand il vient s'asseoir à côté de moi.

« Je les ai vus entrer. Deux s'étaient mêlés à un groupe. Dès qu'ils ont passé la porte, je les ai vus sortir leur carte et j'ai senti du mouvement dans le parking. Je ne vois pas ce que je pouvais faire. Je me suis barré aussitôt.

– Bien sûr, Harry. Il n'y avait rien d'autre à faire. C'est entièrement de ma faute. »

Il est rasséréné. Il a bien réagi, et vite! Se faire prendre n'aurait servi à rien. Je ne lui ai jamais demandé de filtrer tous les clients. Il y a des têtes nouvelles tous les soirs. Dans mon ascension, uniquement soucieux de faire les choses en grand, j'avais oublié la notion d'illégalité et que ce genre de descente était possible.

« Et de la leur! Ils sont venus tout gâcher. On ne peut plus s'amuser, alors!

– Cizia, comment c'est, chez nous?

– Je ne sais pas. Ils ont tout bouclé et je n'ai pas pu aller voir. »

Il jure un moment, puis me raconte comment il s'est tiré. Il a eu de la chance. Il était près de l'escalier quand cela s'est déclenché et il a eu le temps de monter, de ramasser Diana et les « enfants ». Ils sont passés par le toit du garage, puis ont sauté dans la rue.

Diana est encore paniquée. Il lui a fallu du cran pour s'enfuir par les toits, en talons aiguilles, avec ses deux chiens. Elle m'en devient presque sympathique. Elle console ses deux horreurs qui ne quittent pas ses genoux.

« Ils ont été traumatisés. Ils ont eu peur les pauvres. Vilains policiers qui ont choqué mes petits ! »

Hélène a trouvé ça très excitant. Dans son monde, ces scènes se vivent devant les caméras. C'est son premier contact avec la police et elle n'en a retenu que le côté positif d'une « rencontre » inhabituelle.

Louie veut dormir à l'hôtel, mais cela m'ennuie de laisser ma maison ouverte, sans savoir ce qui peut s'y passer. Je veux aller y faire un tour. D'Amour, inquiet de naissance, refuse tout net mon projet.

« C'est de la folie ! »

J'y suis allé.

La porte d'entrée pend dans le couloir, à moitié arrachée de ses gonds. A l'intérieur, le spectacle de désolation me fait mal au cœur.

Une tornade est passée par là. Les chaises sont renversées, des verres traînent un peu partout, la table de craps brisée a été tirée au milieu de la pièce, des morceaux de bois jonchent le sol. Par les fenêtres éclatées s'engouffre un vent glacial et de la neige fondue macule le parquet. Je ne peux même pas entrer dans la cuisine. Cela pue l'alcool et tout est brisé.

J'ai l'impression que la maison a été abandonnée après qu'une bande de vandales s'est défoulée. Car c'est du vandalisme ! Avaient-ils besoin d'éclater des bouteilles de Ketchup sur les murs et de vider le réfrigérateur sur le sol?

A l'étage, les dégâts sont moins importants que je ne le craignais, mais ma maison a été souillée. Des traces de chaussures boueuses maculent la moquette blanche et la literie. Les placards ont été vidés et mes costumes sont entassés pêle-mêle sur le sol. Toutes mes bottes ont été éparpillées à travers la chambre : un petit malin y a trouvé le rouleau de billets, le cash de sécurité, que je gardais pour pouvoir prêter aux pigeons. Mon bar a été pillé et renversé, les bouteilles de champagne ont, naturellement, disparu. C'est dégueulasse. Ils n'étaient pas obligés de saccager. Je n'ai plus envie de dormir ici. Je ne supporte pas que quelqu'un pénètre dans mon intimité et, avec ce bordel, je ne me sens plus chez moi.

Le débarras est le seul endroit qui n'a pas été visité, sans doute parce qu'il n'y avait rien à voler. La télévision, où sont cachés les dés et ma coke, n'a pas bougé. Je prends une petite provision, quelques affaires de rechange et je vais dormir à l'hôtel. Ce spectacle m'a cassé le moral.

Trois heures plus tard, je suis au tribunal sur King Street, au nord de Toronto. Je n'ai pas d'inquiétude. Comme consommateur, je n'aurai qu'une petite amende à payer. C'est surtout par curiosité que je m'y rends.

J'y reconnais les clients de la veille, une trentaine de personnes. C'est une curieuse assemblée. Ces gens n'ont sans doute jamais eu affaire à la justice et détonnent complètement dans ce cadre. Des businessmen en complet-cravate, des gens de la bonne société. Ils sont détendus, prenant l'aventure du bon côté, et me font des clins d'œil complices. Cela leur fera toujours un souvenir à raconter à leur famille.

A mes côtés, Hélène, fatiguée, se force à sourire. Je serre quelques mains pendant que les types me racontent leurs attitudes héroïques d'hier.

« Alors, Cizia, ils t'ont pincé ? »

C'est un gros médecin qui me parle. Bon père tranquille, il s'efforce de prendre le ton blasé d'un voyou à sa dixième arrestation.

« Non, pas de problème. Je suis ici comme vous, en tant que consommateur.

– Mais qu'est-ce qui va se passer maintenant, le club est fermé ?

– Provisoirement, messieurs. Pour quelques jours seulement, le temps de réparer les dégâts. Mais je rouvre prochainement, vous pouvez en faire part à vos amis. »

D'abord rassurer cette clientèle, fruit de deux mois de travail.

« C'était une petite erreur, une réaction imprévue. Maintenant tout va s'arranger.

– Comment ça s'arranger ?

– Je ne peux pas tout vous dire, mais sachez qu'il n'y aura plus de problèmes. »

Et je termine :

« Tout se passera bien désormais ! »

Quinze minutes après, nous pénétrons dans la salle où nous attendent les juges. J'ai assisté à beaucoup de procès dans ma vie, mais à un comme celui-là, jamais. Un juge nous lit quelques articles du Code pénal concernant les débits de boissons et les licences, puis donne la parole à Haig qui commence par saluer la cour et faire quelques plaisanteries. Puis il explique qu'il ne s'agissait en rien d'un bar clandestin, mais d'un « stag », une fête privée.

« Vous comprenez, messieurs les juges, j'ai travaillé toute ma vie. Le moment est venu pour moi de m'amuser. Je l'ai bien mérité. Vous ne pouvez pas enlever ce dernier plaisir à un vieillard de soixante-dix ans !

– Mais enfin, vous faites des parties tous les soirs !

– Mais oui, j'aime ça ! Imaginez, messieurs les juges, soixante-dix ans de travail dur et acharné. Soixante-dix ans d'abstinence ! J'ai un énorme retard à rattraper. »

Les juges ne retiennent pas un sourire amusé.

« Mais vous faites payer les boissons ! »

Un type se lève et déclare, après avoir juré sur la Bible :

« Il y a deux jours, j'étais chez M. Haig, au 87, Bedford Street. J'ai demandé un whisky à monsieur. »

Il désigne le barman.

« Il me l'a apporté et j'ai payé quatre dollars cinquante. »

Le barman réagit aussitôt.

« Mais bien sûr, je me rappelle. Je lui ai demandé s'il était invité, il m'a répondu que non. Alors je l'ai fait payer, comme j'en avais reçu l'ordre. »

Haig confirme.

« Je ne suis pas millionnaire. J'ai beaucoup d'amis, je ne peux pas offrir à boire à tout le monde. Certains m'apportent des bouteilles. Aux autres je demande une petite participation. Je couvre mes frais, c'est tout. J'ai une retraite honorable qui me permet de vivre bien. Je n'ai pas besoin de gagner plus. Je veux m'amuser, rien de plus. Il ne me reste plus beaucoup de temps, messieurs les juges. Ne privez pas un vieux bonhomme de ses derniers plaisirs. »

Il achève de s'attirer la sympathie en insistant sur l'honorabilité de ses invités, ici présents, médecins, businessmen... Il est vrai que toutes les personnes louches se sont enfuies par les fenêtres au moment de l'irruption de la police !

Les juges, amadoués, se montrent cléments. Chaque consommateur est condamné à une amende de dix dollars. Le barman, pris en flagrant délit, en prend pour cinq cents dollars. Haig est libre.

Décidément, c'est facile de faire fortune ici !

Ce soir, l'ambiance est à la tristesse. Hélène et Diana sont allées se coucher tôt, après avoir dîné au Maxwell Plum's, nous laissant désœuvrés, D'Amour et moi.

« Que fait-on maintenant ? me demande-t-il.

– Je ne sais pas, vieux. C'est la merde. »

Nous sommes silencieux. Le cœur n'y est pas et la première bouteille de champagne ne parvient pas à nous dérider. Pourquoi m'ont-ils enlevé mon jouet ? Pourquoi faut-il toujours que quelqu'un se mêle de mes affaires ? Je prépare quelques lignes en douce sur la table pour me remonter le moral.

« Allez, Louie, il ne faut pas se laisser abattre. »

Je commande du champagne. Les bouteilles se succèdent, les lignes de coke aussi et, plus la nuit avance, moins elles sont discrètes...

C'est la grande défonce. Les Temptations hurlent dans les enceintes que leur père était un vagabond. Nous aussi, nous sommes des clochards, jetés à la rue par ce froid, et il faut combattre le blues qui nous prend à la gorge.

Champagne !

Je sniffe à même le paquet, écroulé sur la banquette. Suffoqué de rire, une coupe à la main,

184

Louie D'Amour crie des obscénités. Un défilé incessant de visages passent devant notre table.

« Alors Cizia, on oublie les copines ? »

C'est Kathleen, une blonde pulpeuse au cul très chaud.

« Depuis que tu sors avec Hélène, on ne te voit plus. Tu t'es fait pasteur ou tu peux plus bander ?

– Je suis MONOGAME ! »

Elle se serre contre moi. Elle a de gros seins. J'aime les gros seins. C'est une salope. J'adore les salopes.

Qu'est-ce qui m'a pris de jurer fidélité ? D'une main sans conviction j'essaie de repousser cette diablesse. Comment faire ? Si je ne la touche pas, juste une fellation, c'est moins grave. Je serais seulement demi-monogame. C'est pas si mal.

« Sam ! »

Le maître d'hôtel, un copain, est toujours à l'affût de mes désirs. Il accourt.

« J'ai besoin d'un service, c'est important.

– Tout ce que tu veux, Cizia.

– Trouve-moi un coin tranquille. Mademoiselle veut me sucer. »

Il jette un regard approbateur sur Kathleen, qui le gratifie d'un beau sourire.

« Bien sûr. Tu veux ma voiture ? Les clefs de mon appartement ? »

Je suis incapable d'aller si loin.

« Non, arrange-moi le coup dans les chiottes. »

Il s'est fait à tout, en quelques années de carrière, mais là il sursaute.

« Non. Excuse-moi, mais ce n'est pas possible...

– Hooo !... Allez... »

Il hésite entre l'envie de faire plaisir à un copain et le sens du devoir.

« Bon. D'accord, mais il faut faire vite.

– Je m'en charge, répond Kathleen.

– Hé! Sam! Pas les chiottes des hommes, ça pue. Celles des femmes sont mieux. »

J'ai d'ailleurs toujours été surpris de cette injustice. Les femmes ont toujours de belles toilettes, avec de l'espace, des glaces et toujours un tas de gadgets. Chez les hommes, c'est toujours deux mètres carrés qui puent la pisse. Pour ce que je vais y faire, je veux un minimum de confort.

Au point où il en est il ne peut que hausser les épaules. Quelques instants plus tard, je vacille dangereusement, tentant de rallier les toilettes. Le sol est tout mou sous mes pas, les lumières dansent devant mes yeux. Je franchis les quelques mètres, accroché au bar, renversant des verres et remorquant Kathleen, qui est dans un état plus avancé encore que le mien. L'escalier avec toutes ses marches s'avère un obstacle redoutable, et nous le gravissons à quatre pattes pour plus de sécurité. Devant les lavabos, Sam nous attend avec un magnifique panneau « En panne ». Kathleen glousse dans mon dos et nous fermons la porte à clef derrière nous.

L'endroit est spacieux et il y a de grandes glaces rondes sur les murs. C'est coquet, presque intime.

Dans le miroir devant moi, le type que j'aperçois me fait peur. Mes pupilles dilatées me mangent le visage et la main qui tient le paquet de coke tremble convulsivement. Je dois me cramponner à la table qui danse devant moi pour l'empêcher de s'envoler. Pendant que ma fiancée, agenouillée devant moi, s'applique à me faire oublier ma tristesse, le nez dans mon sac je sniffe de la coke à grandes inspirations. Régulièrement, des coups sont frappés à la porte et j'entends des voix féminines se plaindre.

« Cizia, tu exagères! »

C'est Sam qui râle à travers la porte.

« J'arrive, vieux. »

Kathleen, écroulée dans un coin, secouée par un fou rire, est incapable de se relever. Je réussis à la traîner jusqu'à la porte en vacillant. Nous faisons une sortie triomphale, accrochés l'un à l'autre, mais je ne recueille pas les acclamations escomptées. Une foule de pisseuses, la vessie gonflée et douloureuse me fusillent du regard. Je leur fais mon plus beau sourire. Sam me soutient dans l'escalier.

J'ai terminé la nuit avec quatre copines dans ma chambre du Hyatt Regency.

Je ne suis qu'un sale parjure.

J'ÉMERGE en début d'après-midi. Mon premier soin est de dévaliser le fleuriste le plus proche. Je lui achète deux cent une roses rouges et, cet imposant bouquet dans les bras, je sonne à la porte de l'appartement d'Hélène.

« Bonjour, ma belle. »

Elle est en kimono rouge, fraîche et, elle sent bon. Son sourire est merveilleux.

« Pourquoi toutes ces fleurs?

– Parce que je t'aime, ma belle. »

Ses beaux yeux plongent dans les miens. Il n'y a que de la tendresse dans ce regard. Je le sens qui m'ausculte. Est-ce qu'elle aurait des doutes? Je rejette l'éventualité. Ce n'est pas possible. Je m'efforce quand même de donner à mes yeux l'innocence, et la candeur du véritable saint, fidèle et amoureux, ce que je suis en somme.

« Tu as fait la fête, hier soir? »

Je lui raconte que j'ai discuté de plans d'avenir avec Louie D'Amour jusqu'à une heure avancée de la nuit. Mais elle veut tout savoir, où, avec qui, de quoi nous avons parlé et toutes sortes d'autres questions.

J'improvise et dissipe le doute que je sens s'installer dans son esprit. Menteur émérite, j'ai tôt fait de la convaincre et, câline, elle m'entraîne sur le lit où elle me prodigue ses caresses. Je me laisse aller vers l'extase. Sa bouche d'amoureuse me connaît parfaitement et elle ne tarde pas à m'extirper le plus doux des plaisirs.

Redescendu sur terre, j'ouvre les yeux. Son visage est au-dessus du mien.

« Salaud !

– Quoi, ma chérie ?

– Salaud, tu m'as trahie ! »

C'est la densité qui l'a renseignée. Je suis coincé. Je me relève et je crie que c'est vrai, qu'elles étaient trois, que c'était bon et que j'en ai marre de me taper le même cul.

Dans la grande tradition, je claque la porte en m'enfuyant.

Dehors, il fait gris et on se gèle. Je marche tête baissée, faisant voler la neige à grandes enjambées rageuses. Alors, voilà, je croule sous les problèmes et madame en profite pour m'accabler. Je ne la reverrai plus.

Après trois jours de silence, alors que je commençais à m'habituer au célibat, elle m'appelle au téléphone. Nous avons renoué le contact et elle m'a fait promettre de ne jamais recommencer.

« Comme tu veux, ma belle. »

J'ai re-promis.

Bedford Street me manque. J'étais bien dans ma peau, là-bas. Le confort de ma garçonnière, les pigeons qu'on n'avait pas besoin d'aller chercher puisqu'ils venaient d'eux-mêmes se faire plumer, tout cela me manque cruellement. Je mesure à quel point notre situation était idéale. Je ne peux pas rouvrir immédiatement. La police garde un œil sur la maison. Organiser quelque chose là-bas ne servirait qu'à provoquer une nouvelle rafle, et la récidive nous serait fatale.

Salopards!

Ils m'ont dépouillé et jeté à la rue comme un voleur. Je ne faisais au fond qu'égayer les nuits de Toronto. On n'a jamais forcé personne à venir et si on ratissait tout le monde, c'était le plus souvent sans méchanceté. De plus, à la vitesse où je dépense cet argent si mal gagné, je ne fais que redistribuer entre plusieurs les possessions d'un seul.

Salopards!

Me voilà donc obligé de continuer le travail à l'extérieur. Il faut maintenant se déplacer pour trouver l'action et les inconvénients sont multiples.

Avec D'Amour et Harry, toujours présent et direct, je recommence à fréquenter les bars à la mode. Un maître d'hôtel ou un barman est un rabatteur de premier choix. Un homme d'affaires nouveau dans une ville, ou simplement de passage, et qui s'ennuie, s'adresse toujours à l'un d'entre eux pour connaître les endroits où on s'amuse. S'ils manifestent le désir de jouer, ils sont aiguillés sur nous.

Il y a aussi les anciens du club, toujours partants pour se faire plumer, et qui me ramènent leurs amis. Je loue en permanence une suite au Hyatt Regency. C'est important que le client sente le luxe. Grâce au *Pager*, les membres de l'équipe peuvent se localiser rapidement. Lorsque j'annonce à un pigeon que je pense savoir où il y a une partie en cours, un coup de téléphone suffit pour lancer l'opération. Une heure plus tard, lorsqu'il entre, la pièce est enfumée, les cendriers sont pleins et les joueurs ont la tête de types concentrés sur la partie de poker depuis la veille.

Il y a du champagne et de la nourriture de qualité. Je pousse le vice jusqu'à louer les services de mes copines les poules de luxe afin que notre invité puisse se relaxer.

Avec cette méthode, on est à peu près sûr que le type ne quittera pas la table avant d'être parfaitement lessivé. En contrepartie, l'investissement est énorme, mange une partie des bénéfices et nous laisse juste assez pour que je ne me sente pas mal à l'aise.

Chuck et Bananas sont des professionnels expérimentés. Outre nos parties piégées du Hyatt Regency, ils ont repris leurs anciennes activités. Avec eux, je découvre d'autres mondes parallèles. La vie de tricheur n'est pas de tout repos. Les endroits où on trouve de l'argent à prendre sont parfois dangereux. J'ai désormais l'occasion d'admirer leur sang-froid. Ce sont des types valables.

Le plus facile est de s'inviter dans les stags. Ce sont de grandes fêtes privées où de futurs mariés enterrent leur vie de garçon. Là, pas de danger. La clientèle est gentille, un peu con, et à peu près soûle en fin de soirée. C'est l'heure à laquelle, en général, est organisée une table de craps. Chuck repère les dés. Au besoin, il joue une partie pour mieux les évaluer, puis il va à la voiture chercher les dés truqués du modèle correspondant. Comme au club, Chuck et Bananas font l'échange dès que Louie et moi prenons la place de lanceur, nous envoyant les dés pipés.

Il faut beaucoup plus de courage pour aller tricher dans les booze-cans du quartier noir. Beaucoup de ces clubs sont interdits aux Blancs, mais ils en connaissent un, une cave des bas-fonds noirs qui contredit la règle. Là, on ne s'amuse plus du tout. On gagne sa vie en essayant de ne pas la perdre.

La salle de jeux est planquée au fond d'un dancing, une grande pièce sordide, qui pue la sueur et la bière. Une foule serrée de Noirs se trémousse sur des rythmes de tam-tams. Des corps ivres sont écroulés dans les coins. Un énorme nègre en tee-shirt, coiffé d'un béret noir, garde la porte du fond. A l'intérieur, c'est minuscule. Il n'y a pas de fenêtres. L'atmosphère est enfumée et torride.

Autour de la table, des Noirs, des liasses de billets à la main, gueulent après les dés, se donnent de grandes claques et hurlent leurs enchères. Il y a quelques Blancs de la pire espèce, des gros trempés de sueur, minables, la gueule ravagée. Proxénètes, braqueurs, petits truands américains en « vacances », dealers de rue, les échantillons de la pègre la plus basse de la ville viennent risquer ici leur pognon. Ils se prennent tous pour Al Capone pendant les quelques minutes qui suffisent à les plumer.

Les femelles présentes sont toutes des putes du trottoir, des pétasses stupides et bruyantes, avec des gros culs et qui ricanent bêtement quand un type les coince dans un coin. Ça sent la crasse et les corps mal lavés. Le tapis de table est dégueulasse. Je n'aime pas l'endroit.

Mon genre c'est plutôt de recevoir des gens de qualité en grand nombre et de les plumer en douceur. Piquer quelques dollars à des rebuts de la société, auxquels il faut par-dessus le marché se mélanger, me déplaît souverainement. Le seul aspect instructif de ces soirées est de constater que ces minables crasseux sont capables de tuer pour quelques dollars. Ils se prennent tous pour de gros durs. Ils sont vicelards et dangereux.

On reste calme, mais tous nos sens sont aux aguets. On ne peut pas se permettre un manque de rapidité dans les échanges de dés; il faut ramasser les dés truqués aussitôt le coup joué. La foule des Noirs surexcités remue sans cesse. C'est la bousculade. N'importe lequel de ces joueurs, sans éducation et qui se moquent de la bienséance, peut se saisir tout à coup du jeu pipé, pris d'un doute, ou simplement par réflexe, sans idée préconçue. S'ils s'aperçoivent que des Blancs viennent tricher chez eux, c'est le massacre.

Le châtiment traditionnel, c'est de briser les doigts des mains du tricheur, à la tenaille, pour être bien sûr qu'il ne recommencera pas.

J'ai toujours mon 38 sur moi. D'autres ici sont armés et n'hésiteraient pas à tirer. La seule issue est bloquée par la montagne de muscles et de bêtise à béret noir. Dans cette ambiance, au milieu des nègres survoltés qui frappent sur la table à chaque fois que roulent les dés, le calme de Chuck et de Bananas est remarquable.

On ne peut pas gagner souvent. Ce simple fait éveillerait des réactions de racisme, toujours latent. On fait attention à n'avoir pas trop de chance. Les dés truqués sont envoyés quand il y a beaucoup de fric en jeu, soit trois ou quatre fois par soirée, et les nuits sont parfois longues.

C'est Chuck, le plus voyou de notre équipe, qui nous a amenés ici. Il connaît le propriétaire, une célébrité des rues downtown, maquereau et revendeur d'héroïne, du nom d'Isaac Jones. J'ai été présenté, sans aller plus loin. Ce type me débecte et il est clair qu'il ne m'apprécie pas non plus.

Isaac Jones est un métis, fanfaron, couvert de

quincaillerie en or de la tête aux pieds. Plus c'est voyant, plus ça indique la classe. Ses costards sont longs, la veste tombant aux genoux, très cintrée, le pantalon recouvrant des souliers vernis, le tout dans des tissus brillants, roses ou blancs. Les cols des chemises, de préférence à jabot, vertes ou jaunes, sont immenses, largement étalés par-dessus celui de la veste. Une paire de lunettes noires à cent dollars pend au bout d'une chaîne en or trop grosse et trop brillante. Il porte en permanence un feutre blanc à larges bords.

Les gardes du corps de ce guignol sont à eux seuls un dépliant touristique polychrome. Il y a du bleu turquoise, du jaune pour évoquer le sable et du vert palmier. La noix de coco qui leur sert de cerveau complète l'image. En ville, la bande se promène dans une Cadillac rose et verte, chromée de partout.

Le caïd a la réputation d'être violent en affaires. Les scrupules ne l'étouffent pas. Pour augmenter le poids de son héroïne, il la coupe avec d'autres produits. Il lui est arrivé de la mélanger avec n'importe quoi, pourvu que ce soit blanc et en poudre. Certains de ses clients, accrochés, obligés d'acheter leur dose et de se l'injecter, en sont morts. Cela n'empêche pas son principal commerce d'être florissant.

Heureusement, je ne suis pas totalement privé de champagne et de fêtes. Beaucoup de mes clients du club m'invitent à venir jouer chez eux. Un vendredi soir, un vendeur de voitures, gras et prospère, m'a convié à une partie chez un anti-quaire de ses amis.

J'accepte, c'est toujours bon à prendre. D'Amour m'accompagne, les poches remplies de jeux préparés de plusieurs marques, des *bees* et des *bicycles*. Hélène est là mais s'ennuie ferme. La

194

maison est quelconque, à part la boutique d'antiquités, assez belle, au rez-de-chaussée. Il n'y a rien
à boire de qualité, ni le gros commerçant ni
l'antiquaire ne prennent de coke.

Sa femme absente, l'antiquaire, un petit sec et
tout pincé, en profite pour se livrer à ses vices
favoris. Je lui imagine sans peine une mégère
acariâtre qui doit lui refuser son cul à chaque fois
qu'il commet une incartade. On coupe court aux
discussions à peu près poliment. On est là pour
jouer.

Ils utilisent des *bees*. D'Amour se charge des
substitutions et, dès huit heures, ils sont lessivés. Je
songe déjà à prendre congé quand le brocanteur,
voulant sans doute profiter au maximum de sa
soirée de liberté, me demande du crédit. Pour me
décider, il me garantit qu'il a de l'argent. Sa
boutique est réputée et il manie des sommes
importantes. Je cède et on se réinstalle devant la
table. Hélène, entre deux soupirs, somnole, repliée
dans un fauteuil.

C'est un piège. L'antiquaire mise petit, avec une
prudence qui nous oblige à jouer toute la nuit pour
le décourager. A sept heures du matin, quand il
décide d'arrêter les frais, il a perdu onze mille
dollars sur parole.

« Tu sais où trouver le cash pour me payer ?

– Pas de problème, Cizia, j'aurai ton argent
demain. »

Il faut qu'il place des marchandises et il en a
pour une journée. Le compte de monsieur à la
banque est vide. Comme il commence à s'énerver,
je décide de récupérer sur le terrain. Je descends à
la boutique. Il me suit, inquiet de me voir évo-
luer parmi toutes ses merveilles, et me prenant
pour une grosse brute incapable d'apprécier la
beauté.

Il y en a pour de l'argent. J'ai trafiqué dans les antiquités et je suis au courant. L'autre me propose, honnêtement, une théière en argent, époque victorienne, pour une valeur de cinq mille dollars. Je la prends dans mes grosses mains et je l'envoie à D'Amour, qui la rattrape mal et laisse tomber le couvercle. Je gueule :

« Tu vois bien que ce n'est pas solide, ta merde. Tu me prends pour un con ?

– Je t'assure, je connais bien, c'est mon métier. Ça vaut cinq mille dollars. Il y a des clients pour ça, tu sais...

– Putain ! Qui va m'acheter un débris pareil ? A ce prix-là, je te revends la cuisine complète ! »

Je lui pose une main amicale mais lourde sur l'épaule.

« Ecoute. Je sais pas combien valait ce truc à l'époque mais aujourd'hui, ça ne vaut pas cinq mille dollars.

– Mais ce sont des an-ti-qui-tés !

– Merde ! Antiquités, ça veut dire vieux. Je connais personne qui se sert de vieux trucs.

– Cizia, écoute-moi. On ne s'en sert plus. On les expose dans une vitrine, pour les regarder. Tu comprends ? C'est pour le plaisir des yeux.

– Mais elle est même pas belle, ta théière ! Je vais pas exposer un truc aussi moche. »

L'antiquaire essaie de prendre Hélène à témoin, mais elle est trop occupée à retenir son fou rire pour intervenir. Le concessionnaire de voitures s'en mêle et, finalement, je me laisse convaincre que les marchandises sont monnayables.

Je jette un regard circulaire.

« Ouais... Mais il va falloir un camion pour emporter toutes ces saloperies. »

Il a un sursaut indigné.

« Comment ! Mais ce ne sont pas des saloperies. J'en ai pour dix fois plus que ce que je te dois. »

Je m'approche.

« Ça, c'est toi qui le dis, vieux! Je peux pas vérifier. Je ne sais pas les prix qu'ils pratiquaient à l'époque. Ce que je sais, c'est que maintenant une théière ne vaut pas cinq mille dollars. »

Je le fais mariner comme ça quelque temps. Il se tord les mains de désespoir, essayant d'inculquer à la brute que je suis des notions d'art ancien. Je finis par charger les bras de Louie et d'Hélène de trucs divers apparemment choisis au hasard. En réalité, j'essaie de prendre ce qui me semble avoir le plus de valeur. Le vendeur de saloperies, qui a renoncé à ses explications, nous regarde faire, anéanti.

Dans la Lincoln, D'Amour observe l'amas de bibelots entassés.

« A part faire chier le vieux, pourquoi tu as pris toutes ces merdes?

– Ce ne sont pas des merdes, béotien... c'est de l'antique... Ça a beaucoup de valeur! Tu ne comprends rien à l'art. Il faut tout t'expliquer. »

On ne peut fourguer nos merveilles que chez les antiquaires et les collectionneurs. Louie D'Amour s'est occupé des rendez-vous et trimbale le trésor dans une petite valise.

J'essaie de me faire passer pour un riche héritier. Je parle de grande lignée, de souvenirs liés à l'histoire et de malencontreux ennuis passagers, mais nous ne sommes guère crédibles. Louie surtout n'arrive pas à traiter les objets avec respect, malgré mes leçons.

Au troisième rendez-vous, sans qu'aucun des marchands d'art visités, heureux de l'aubaine, ne songe même à vérifier mes mensonges, nous en avons tiré la somme de onze mille dollars.

Louie consulte son carnet.

« Prochain rendez-vous dans le centre, dans une heure. »

J'en ai assez. J'ouvre la valise, je prends délicatement les trois saloperies qui nous restent et je les balance par la portière.

Je suis souvent au Julie Mansion's, ce bar où les serveuses sont en sari. Ces derniers temps, beaucoup d'entre elles sont passées dans mon lit. Elles sont aux petits soins pour moi, toutes plus charmantes les unes que les autres. Sous leurs voiles légers et colorés, leurs formes sont parfaites. C'est beaucoup pour un seul homme et il m'a été impossible de tenir ma promesse, faite dans un moment d'égarement à Hélène.

Ce soir, désœuvré, je passe le temps dans la salle du haut, à jouer au *bumper ball*. C'est un minuscule billard, avec des petits champignons au centre, qui empêchent d'envoyer les boules directement dans les trous. Rien de sérieux, mais ça permet tout de même de s'échanger quelques dollars avec un habitué. Mon adversaire est même un professionnel, le seul de la discipline. En une journée, il doit ramasser de quoi se payer un verre ou deux.

« Cizia?
– Oh! Ciao Greg!
– Ça va? Le club est toujours fermé? »

On a eu le plaisir de plumer Greg Johnson au poker deux soirs de suite au bon vieux temps du booze-can. On échange quelques courtoisies puis sa voix se fait plus feutrée.

« J'organise une partie dans ma maison de campagne ce week-end. Ça te dit de venir prendre l'air ? On va jouer gros.

– Toujours partant.

– Si tu as des amis que ça intéresse, ils sont les bienvenus.

– Peut-être. Je vais voir. »

Le samedi suivant, je pars avec Harry. Tout est arrangé avec l'équipe. J'ai pensé qu'un petit week-end campagnard ferait du bien à tout le monde. Il fait gris. La route est enneigée. Il y a des voitures accidentées sur les bas-côtés. Les bagnoles américaines, si confortables, ne valent rien sur un terrain difficile. De plus, elles sont très mal pilotées par leurs propriétaires.

Les forêts, au loin, sont noires et dépouillées. Harry a poussé le chauffage à fond.

Un bon client, ce Greg Johnson. Il travaille dans les voitures et les pièces détachées. Il lui arrive de se remplir beaucoup avec son commerce. A chaque gros coup, il joue et, avec nous, il perd. C'est donc un bon joueur. On aime l'avoir dans nos relations.

Après une demi-heure d'autoroute, il faut s'enfoncer dans un dédale de chemins pour dénicher la maison de campagne. C'est une petite baraque entourée de dépendances en tôle. Une grande cour, boueuse en été, voit son sol dur et gelé en hiver. Un peu partout s'entassent des blocs de ferraille recouverts de neige et des carcasses de voitures plus ou moins désossées. Deux costauds en salopette, à l'allure préhistorique, nous regardent arriver.

Greg est un receleur, un des caïds du marché des voitures volées. Il a jailli de la maison, souriant, la main tendue, pour nous accueillir.

« Salut ! Entrez, il fait plus chaud ! »

A l'intérieur, Chuck et Bananas sont déjà là, attablés. On se salue. Greg me présente les autres participants du week-end, deux gros types, au cou épais. Eux aussi sont commerçants. Ils me serrent la main avec jovialité. Greg me tape sur l'épaule et leur affirme que je suis un grand joueur.

« Pas vrai, Cizia? Allez, qu'est-ce que tu bois? »

La pièce est négligée. Des verres sales traînent, les cendriers sont pleins et rien n'est tout à fait net. Ça sent l'humidité. Greg et ses copains plaisantent. Le jour est sombre et les lumières sont allumées.

Louie D'Amour et Diana arrivent peu après, le teint rouge, emmitouflés et joyeux. En mini-robe rouge et en cuissardes de cuir noir, très maquillée, elle a, comme toujours l'air d'une pute. Elle a tenu à venir pour aérer ses deux bestioles, qu'elle tient serrées contre elle.

Ça ne démarre pas bien. Greg et les deux autres jouent avec leurs cartes. Ce ne sont ni des *bees* ni des *bicyles*. Les jeux préparés par Chuck resteront dans sa veste, inutilisables. C'est un désavantage, mais cela nous est déjà arrivé. Mes partenaires sont assez habiles pour, à partir de n'importe quel jeu, s'arranger pour changer l'ordre des cartes en les battant et nous distribuer de bons jeux. Les trois autres gagnent les premiers pots. Comme toujours, on laisse les pigeons se remplir un peu d'abord.

Cela se complique bientôt. Nos adversaires ont de la chance. On ne peut rien faire contre ça. Chuck et Bananas m'envoient du jeu, mais les autres se défilent à chaque fois. On ne rattrape pas les mises qu'on leur a laissées prendre. Après une heure et demie de jeu, on est dedans de quelques milliers de dollars. Ça ne me plaît pas, je m'efforce de garder mon calme et de me concentrer mais je suis mal à l'aise dans cette maison. Depuis le début de la partie, les deux débiles en salopette sont entrés et n'ont pas quitté la pièce. Leur présence dans mon dos accroît ma suspicion.

Une demi-heure plus tard, Bananas demande une pause. On a encore perdu. Pendant que tout le monde se relaxe dans la pièce, il s'approche de moi.

« Cizia, ce sont des professionnels.

– Quoi?

– Les deux américains, ce sont des tricheurs. »

Tout s'explique, nos pertes et mon malaise. Je choisis la solution la plus calme.

« On va leur reprendre l'argent en douceur. Préviens les autres. »

On ne peut plus faire confiance à personne! Ça me paraît évident, maintenant. Ce week-end est un coup monté, un piège préparé pour nous prendre notre fric. Et nous, les champions de la comédie, avons foncé dans le panneau têtes baissées. Les mains des deux Américains sont fines et blanches, comme celles de mes tricheurs. J'aurais pu le remarquer plus tôt...

Diana se met à crier dans son canapé. Un des balèzes en salopette s'est levé précipitamment. Diane piaille qu'il a voulu la peloter. Harry s'est redressé. Louie veut intervenir. Du regard, j'invite tout le monde à rester calme.

Ces deux musclés abrutis font partie du scénario, dans la version où ça tournerait mal. On est égaux en nombre, mais inférieurs en muscles et loin de tout. On n'aura jamais le dessus.

On continue à lutter à la table pendant cinq heures sans rattraper notre retard. Les hommes de Greg se défilent quand on monte les enchères. Maintenant que nous sommes prévenus, on se retire quand ils attaquent. Personne ne gagne. On n'arrivera à rien comme ça. Je demande une nouvelle pause.

Je m'étire et souris à un des deux gros.

« C'est bon de se reposer un peu. La chance est avec vous, on dirait.

– Oh! tu sais, l'important, c'est qu'elle continue. »

Et il me dit ça à moi. J'ai l'impression de parler à un autre Bananas.

Je me poste à une fenêtre, à côté d'Harry. Je vérifie dans le reflet des vitres que personne n'est à proximité puis, comme si je lui commentais le paysage :

« Dans une demi-heure, tu sors normalement. Tu crèves les pneus de toutes les bagnoles qui ne sont pas les nôtres. Fais gaffe qu'on ne te voie pas. Prends le riot-gun dans la voiture de Louie, sous la banquette arrière, planque-le sous ton manteau. Quand tu reviens, tu attends mon signe. »

Il reste impassible.

« Pourquoi?

– C'est des tricheurs. On les braque. »

La partie a repris. Sans préoccupation d'argent maintenant, je monte sur des pots que je sais préparés d'avance, juste pour le plaisir de surprendre les sourires involontaires de Greg.

Harry met du temps à rentrer. J'espère qu'il n'a pas eu de problèmes. Enfin, il revient, apportant avec lui une bouffée d'air glacial. Il est revêtu de son grand manteau. Le flingue est invisible.

« Bordel, ça caille dehors! »

Parfait de naturel, il tape des pieds par terre pour en faire tomber la neige et se frotte les mains face au mur.

« C'est vrai qu'il fait froid. Ça me donne envie de pisser, tiens! Excusez-moi... »

Je me lève et me dirige vers les chiottes.

Une ligne de coke, rapide. Je vérifie mon 38, et que le rasoir joue librement dans ma botte. Un petit signe d'encouragement à mon reflet dans la glace et je sors.

A deux mètres de la table, je sors le 38.

« *Stick'em up, suckers!* »

Tout le monde sursaute. Derrière moi, le chargement du fusil à pompe. Je saute de côté pour laisser le champ libre à Harry qui hurle :

« *Freeze, assholes!* »

Le riot-gun est encore plus impressionnant. Les deux mongoliens s'immobilisent, la bouche ouverte. Ma bande au complet a disparu de l'aire de tir. Dès mon premier cri, ils ont plongé par terre. Harry oblige les types en salopette à rejoindre Greg et ses deux potes. Tous les cinq lèvent les mains jusqu'au plafond. On domine la situation.

« *So, Greg?* Tu voulais me prendre mon argent ? C'est pas gentil... »

Ils sont immobiles comme des statues.

« Diana, fouille-les. »

Elle les palpe rapidement, avec un sourire moqueur. Elle empoche un petit paquet de coke que Greg, l'égoïste, avait gardé pour lui et d'épaisses liasses de billets.

« Louie, ramasse le fric, celui de la table et les réserves de ces messieurs. »

Il y a bien des tentatives de protestation, mais du mauvais côté du fusil.

« Vos gueules! Tous! A genoux, mains sur la tête, *mother-fuckers*! »

C'est le repli général. D'Amour, Diana et ses deux chiens, Chuck et Bananas courent vers les voitures. Je couvre leur sortie avec Harry. Quand les trois moteurs ont démarré, je montre le salon.

« Harry, vas-y, amuse-toi. »

Pas besoin de lui dire deux fois.

204

Boum! La télé vole en éclats et tombe du buffet dans une pluie de débris. Boum! La chaîne stéréo explose. Une troisième décharge fait un énorme trou dans la porte de la cuisine et va fracasser les piles d'assiettes sales. Des débris de plâtre tombent du plafond. Ahuris, tous les cinq à genoux, ils assistent au massacre, le dos voûté. Greg a les mains sur les oreilles.

Boum! Un coup dans la cheminée éparpille des braises sur la moquette. On décroche pour se ruer dans la voiture, dont le moteur tourne déjà.

Pour la forme, Harry tire un dernier coup de fusil sur la voiture de Greg. Le pare-brise se volatilise. On s'engage à toute allure sur les chemins gelés. Plus loin, sur l'autoroute, Harry ralentit puis s'arrête. Il sourit, l'air détendu. Il sort un *jug*, un de ses petits paquets d'héroïne, et se prépare une grande ligne sur le tableau de bord en sifflotant.

« Ça va, Harry? Content?
– Tu m'étonnes! On rigole! »

Il s'envoie sa poudre dans le nez et pousse un soupir d'aise. Une minute plus tard, un fou rire nous prend qui ne s'arrêtera pas avant Toronto.

Je lui donne une prime de cinq cents dollars et je vais rejoindre les autres pour le partage.

J'AI initié D'Amour au plaisir des combats de boxe et il m'accompagne souvent, le soir, quand j'ai décidé d'aller parier autour d'un ring. Il n'y connaît rien. Il écoute mes pronostics et il nous arrive ainsi de prendre quelques billets à des malchanceux.

Ce soir, nous avons assisté à une série de petits combats au Bagnatas Boxing Club et j'ai repéré un champion lors de la présentation. C'est un Noir, très grand, maigre, aux longs bras, dont le nom de guerre est Spider, l'Araignée. Je n'ai plus aucun doute quand je découvre l'adversaire qu'on lui a trouvé, un nabot court sur pattes, aussi raide que mon champion est souple et rapide.

Je me suis levé dès l'arrivée de mon poulain. D'Amour, entièrement convaincu, crie son enthousiasme avec moi. On a gagné sur tous les matches de la soirée et placé tous les bénéfices sur l'Araignée.

Spider semble voler, entraînant le nain tout autour du ring. Il a un magnifique gauche avec lequel il assène des coups répétés et précis. Le petit est solide et ne bronche pas, mais sa garde ne lui sert à rien. Tous les coups de Spider portent.

A la fin du premier round, c'est dans la poche.

« Louie, je crois qu'on tient un champion.

– Ouais. Tu as vu comme il est grand, par rapport à l'autre ?

– Et l'allonge ? Et le jeu de jambes ? Il traverse le ring en trois pas. Et puis il fait un combat intelligent ! »

Au troisième round, le nabot réussit à toucher Spider, qui s'écroule dans les cordes. Pendant que l'arbitre entame le compte, D'Amour est pris de doute.

« C'est juste un mauvais coup. Pas de problème. »

A quatre, Spider se relève et fonce, remonté et en colère. Il attaque en directs du gauche magnifiques, forçant le nabot à déporter sa garde, profite d'une percée, lance un direct du droit et se ramasse un formidable uppercut au menton qui l'étale bras en croix, définitivement K.O.

Quand nous avons quitté la salle, il gisait toujours sur le ring, comme une araignée écrasée.

Peut-être que la chance m'abandonne. Elle a dû quitter Toronto sans me prévenir, me laissant démuni face aux ennuis. Il fait terriblement froid. Mon copain le soleil ne se montre plus. A cinq heures de l'après-midi c'est déjà la nuit.

Tout se ligue contre moi.

« Depuis quelque temps, tu n'es plus le même. »

Ça y est, Madame a décidé de faire chier. En me réveillant à midi dans la bonbonnière rose d'Hélène, j'étais déjà de mauvaise humeur. Puis elle m'a vu shooter dans Minette, son roquet, qui passait par là. Ses protestations chagrines n'ont rien arrangé. Et maintenant, elle prétend diriger ma vie !

« Cizia, tu as besoin de repos. Puisque le club est fermé, pourquoi n'irions-nous pas au soleil pour quelque temps? Personne ne reste à Toronto l'hiver. »

C'est vrai qu'en ce mois de janvier 1973, le premier hiver que je passe depuis longtemps dans la froidure, Toronto n'a rien d'attrayant. Je regarde par les fenêtres les nuages gris et maussades qui recouvrent la ville comme une chape de plomb.

Il fait un froid terrible et une neige sale encombre les trottoirs.

« On pourrait aller aux Caraïbes une quinzaine de jours. J'ai des amis qui ont une maison là-bas. »

Pourquoi pas, qu'est-ce qui m'en empêche? J'ai de l'argent et du temps. L'Office d'immigration a bien mon passeport depuis mon arrivée à Vancouver, mais je peux aisément passer pour un Canadien et trouver de faux papiers ne pose aucun problème. Mais les Caraïbes, je connais déjà.

Hélène poursuit sa tentative, essayant de me prendre par les sentiments.

« La Jamaïque, c'est pas mal. Ils ont de la bonne herbe... »

C'est vrai ça, mais ils ont aussi Jah et, lui et moi, on n'est pas très copains.

Finalement, puisque Madame voulait du soleil, je l'ai emmenée à l'hippodrome de Greenwood, à l'est de la ville, où le climat est tropical, si on en juge par la tenue des serveuses.

Il y a bien deux, trois semaines que je n'y suis pas venu. Depuis la fermeture du club en fait. A l'époque, on y allait très souvent lorsque l'après-midi nous paraissait trop long. J'aime bien cet endroit où tout est organisé de manière à vous faire perdre votre pognon avec le sourire.

Les premiers étages des tribunes sont fréquentés par le peuple et je n'y ai mis qu'une fois les pieds, une erreur du début! Des centaines de personnes se pressent autour d'une enfilade de guichets. Le sol est jonché de papiers et cela tient du hall de gare au moment des grands départs.

Mais au troisième étage, le décor change. Construit en haut des tribunes, un restaurant accueille les parieurs fortunés. Un des côtés n'est qu'une immense baie vitrée dominant la ligne d'arrivée. Une fois installé, on ne se dérange plus. Des serveuses, en minijupes, culotte courte, décolleté profond et sourire perpétuel, viennent à la table chercher les paris pour aller les faire enregistrer. Tranquillement attablés, de la coke plein les narines, un verre de champagne à la main, nous parions tout l'après-midi.

En cas de succès, ces mêmes serveuses apportent, toujours avec le sourire, le montant des gains sur un petit plateau. Elles ont l'art et la manière de gagner leurs pourboires. Comment pourrais-je refuser de donner une bonne somme à ce petit cul qui s'agite à quelques centimètres de mon nez? Lorsqu'elles posent le plateau sur la table, en se penchant exagérément, la perspective prodigieuse du décolleté n'offre qu'une alternative : plonger jusqu'aux oreilles, ou glisser un billet. La deuxième solution est plus appropriée à l'endroit et nous sacrifions royalement à la coutume. Du moins quand nous gagnons. Ce qui arrive malheureusement très rarement du fait de l'heureuse initiative de Louie qui, rendu confiant par l'excès de coke, se pique de professionnalisme.

Il disparaît régulièrement pour descendre au pesage et ramener des tuyaux confidentiels et infaillibles, provenant de la bouche même du frère du gardien de la selle du jockey. Lesdites informations s'avèrent invariablement des tuyaux crevés et nous sommes presque contents lorsque nos chevaux terminent la course. Nous sortons pratiquement toujours lessivés de l'hippodrome mais le sourire aux lèvres.

Aujourd'hui, je suis avec Hélène et je sais que l'après-midi n'aura pas la même saveur.

D'entrée, à la première course, je gagne sept mille dollars sur le cinq placé, un numéro qui va me porter chance tout l'après-midi. Je m'assois toujours à la même table et ma serveuse préférée, une petite brune aux longues jambes, habituée à mes pourboires royaux, ne manque pas de me faire son show, moitié par intérêt, moitié par complicité.

Hélène n'apprécie pas du tout. Elle la fusille du regard et me lance des coups d'œil suspicieux.

« Tu as couché avec elle. »

Ce n'est pas une question mais une affirmation.

« Mais non! Elle m'aime bien, car je me montre généreux. C'est tout. Elle a un beau cul et elle le montre, c'est son boulot, tu comprends.

– Tu n'as pas à la regarder avec tant d'insistance!

– Ecoute, ne m'énerve pas. Elle a un beau cul, c'est agréable à regarder et pour être franc, il m'attire. »

Hélène se lève, indignée.

« Tu n'es qu'un goujat! »

Et merde, c'est pas bientôt fini! Je suis en train de jouer et elle me dérange avec une scène de jalousie. Qu'est-ce que ça veut dire? Je lui ai juré fidélité, d'accord; je n'ai pas tenu ma promesse, d'accord, mais ça elle ne le sait pas. Et de toute façon, ce n'est pas une raison pour empiéter sur ma liberté élémentaire. Cette jalousie, qui m'amusait un peu au début, m'irrite à présent de plus en plus.

Elle s'est assise, la mine piteuse, silencieuse. Je ne la regarde même plus, occupé à prendre le pari suivant. Et la chance me sourit tout l'après-midi. Négligeant les favoris, je ne joue que des tocards et ils arrivent!

Quand je quitte Greenwood, en fin d'après-midi, j'ai des liasses plein mes poches. Hélène, gagnée à ma joie, a complètement oublié l'incident et c'est bras dessus, bras dessous que nous prenons un taxi.

En ville, je téléphone à D'Amour. Nous avons rendez-vous au Marple Leaf Garden, un grand complexe sportif, pour visionner en direct, sur écran géant, la retransmission d'un spectacle de choix. Ce soir, le champion du monde poids lourds, Joe Frazier, va tenter de conserver son titre face au challenger, George Foreman.

« Amène tout ton cash, lui dis-je, sors tes économies, c'est le moment. Je suis en veine aujourd'hui et il faut en profiter. Ce soir, on se remplit. »

Il est habitué à mon optimisme permanent et se montre un peu réticent. Je lui raconte l'épisode du champ de courses pour le convaincre et le laisse avec des chiffres plein les yeux.

Hélène est rentrée chez elle et nous nous retrouvons au Hot Stuff Lunch, le bar du Marple Leaf. Dans la salle, où est installé l'écran, le public, surexcité, a déjà pris place. Louie D'Amour a une pile de billets presque aussi grosse que la mienne. Bien qu'il suive mon rythme de dépenses, il arrive toujours à économiser mille dollars par-ci, par-là. C'est son côté anxieux que je n'ai pu vaincre.

« On va tout parier sur Joe Frazier. »

Il sursaute.

« Tout ?

– Pas de problème, mon vieux Louie! Fais confiance à mon flair. C'est un bulldozer, ce type. Il a un gauche en béton armé. Il va te prendre le George Foreman et en faire de la compote. »

Et fanatique de boxe, je lui explique :

« Mohamed Ali, tu connais ?

– Ouais, bien sûr.

– Alors, ouvre tes oreilles et écoute. En 1971, j'ai perdu une petite fortune car j'avais parié sur Ali. C'était au Madison Square Garden, le combat du siècle, Frazier lui en a mis plein la tête!

– Oui, mais...

– 1972, Terry Daniels, tu l'as vu le match ?

– Non.

– Ça s'est passé à New Orleans, au Super Bowls. Il lui a foutu une pêche qui l'a éjecté du ring.

– Ouais, d'accord, mais...

– Et Ron Stander, t'en as entendu parler ?

– Non.

– K.O. technique au cinquième round!

– Et Oscar Bonavera, le taureau argentin, Chuvalo, Ramos, Ellis... tous démolis en règle. Assassinés par Joe Frazier! »

Il est impressionné par l'étendue de mes connaissances en la matière.

« On ne peut pas perdre, Louie, c'est du velours! »

Il grimace.

« Tu as dit la même chose pour l'Araignée, hier soir. »

Je prends encore le temps d'expliquer à cet avare la différence entre une série de petits combats régionaux et la classe d'une rencontre poids lourds. Joe Frazier est un vrai champion. Il a prouvé sa valeur plus d'une fois. Personne ne s'y trompe et pratiquement tous les paris se portent sur lui. Les bookmakers présents sont obligés de le prendre à trois contre un.

« Trois contre un ? C'est du suicide ! »

Ce qui ne lui plaît pas, c'est qu'il faut lâcher beaucoup pour un bénéfice minime. Engager trois mille dollars pour n'en ramasser que mille de plus, ça décourage plus d'un parieur.

« La cote devrait te rassurer. Personne ne s'y trompe. Tu fais ce que tu veux, moi je mets tout sur Frazier.

– Bon... merde, allez, je te suis. »

Seul problème, trouver des bookmakers sérieux qui ne vont pas se faire la valise en cas de grosses pertes. J'en connais quelques-uns de confiance avec qui je prends des paris sur le NFL, le championnat de football américain. L'un d'eux accepte une mise de six mille dollars, un autre neuf mille dollars et, bon gré mal gré, on finit par placer tout notre pognon sur plusieurs bookmakers.

Quand, ivres de champagne, titubants, nous entrons dans la salle pour nous asseoir tranquilles, c'est déjà terminé.

L'arbitre a arrêté le match au deuxième round, après que George Foreman, nouveau champion poids lourds, a envoyé Joe Frazier, ex-champion poids lourds, six fois dans les cordes.

Et on a perdu tout notre argent.

Louie D'Amour tourne lentement la tête vers moi, hébété. Je le regarde, à peine moins choqué que lui et lui dis :

« *Partner*, nous rouvrons le club demain. »

DEUXIÈME PARTIE

DEUX mois ont passé. Je me suis habitué au froid qui, certaines nuits, atteint les moins vingt-cinq degrés. Protégé par ma fourrure, je n'y fais même plus attention.

J'ai ouvert une salle de jeux dans le Chinatown, en me servant de Li-Han, mon ami le Chinois. Les Asiatiques, même les plus modestes, adorent jouer de l'argent et le quartier n'avait pas encore son casino clandestin. Li-Han a assisté à mon ascension et c'est lui qui est venu me voir avec des propositions précises. Il avait repéré le marché. Petit dealer, maquereau, il avait juste besoin de capitaux.

J'ai accepté parce que l'affaire était rentable. Mais j'ai posé deux conditions : je prends cinquante et un pour cent des bénéfices, et c'est moi qui commande.

Depuis le début, la salle draine cinquante amateurs par jour. N'allez pas imaginer les bouges enfumés d'Orient, emplis de Chinois fourbes et de tueurs cruels. Jouer est un acte courant pour mes clients, une distraction normale et ils sont ravis d'avoir un endroit où s'amuser. Tout se passe dans une chambre, au-dessus du restaurant de Li-Han. Ils s'entassent et jouent à des jeux dont je ne comprends même pas les règles. C'est à base de dés, de jetons et de dominos. Les systèmes de mise sont embrouillés à souhait. Ce que je sais, c'est qu'au bout du compte la banque est gagnante. J'ai délégué Harry pour la sécurité et pour garder un œil sur mon nouvel associé que j'ai bien prévenu.

« Li-Han, il ne faut pas tricher. »

J'ai toute confiance en Harry. Il a prouvé son courage. Il est intelligent et il connaît déjà les Asiatiques. Je lui ai laissé une relative indépendance. Il a engagé lui-même ses propres assistants et organisé son travail. Je le sais fidèle et sa présence à Chinatown me permet de ne pas trop me montrer là-bas.

Je suis content de cette salle. Elle s'est montée sans difficulté et a rapporté tout de suite. Le secteur chinois est vierge et offre peut-être d'autres possibilités. Chinatown sera une excellente base de repli quand le booze-can de Haig tombera.

J'ai en effet rouvert la vieille maison du 87, Bedford Street. Haig a repris ses fonctions de maître de céans, attentif et accueillant. Sous la surveillance de D'Amour, le club a repris son rythme de croisière en quelques nuits. Précaution supplémentaire : les jeux ont lieu dans une petite pièce contiguë à la cuisine. En cas de descente, les joueurs et les tricheurs n'ont que quelques mètres à franchir pour atteindre la porte de service.

Chuck et Bananas s'occupent des tables de jeu.

Bref, j'ai placé les types valables aux postes où ils peuvent me rapporter. Je fais la tournée le soir, pour ramasser l'argent. J'ai décidé de me placer en retrait. Je veux qu'on me voie moins pour pouvoir agir dans l'ombre. Je me suis fait une nouvelle clientèle, sur un marché intéressant, sans concurrence, et loin des regards des autorités.

Attirés par mon image de mafioso, mes liens avec les Italiens, les racontars et ma réputation de violence, des gens du milieu du jeu sont venus à plusieurs reprises me demander de récupérer pour eux une dette qu'ils n'arrivaient pas à encaisser.

Cela se passe ainsi. Quelqu'un a perdu sur parole et refuse de donner ce qu'il doit. Pour cinquante et un pour cent de la somme due, je vais convaincre le débiteur d'ajuster ses comptes. Quand l'histoire m'intéresse et que mon client et moi tombons d'accord sur le prix, j'avertis poliment la personne concernée, une fois, en lui disant qu'il faut payer. Pour la suite, j'use de l'intimidation, bien plus contraignante que la simple violence physique quand la pression est bien dosée.

C'est un commerce qui se développe rapidement. Je m'y engage sans complexes, avec toute la positivité dont je suis capable. Les débiteurs sont des marginaux, pas des enfants de chœur. Je suis donc un bandit qui traite avec les bandits.

Pour ces expéditions, j'emploie des hommes de main occasionnels. Harry m'en a rabattu quelques-uns. Ce sont des travailleurs de force, appliqués, raffinés jusqu'au bout de leur batte de base-ball. J'en change souvent car ils sont très occupés. Ils viennent casser les têtes avec moi quand leurs employeurs habituels, les pénitenciers de la région, leur laissent un peu de temps libre.

Ma réputation prend du poids. Dans les milieux underground, je suis un dur, qui ne fait pas de cadeaux et à qui tout réussit. Je suis le mafioso. J'ai retrouvé les attitudes et les paroles des truands de mon enfance, parodiant les gangsters. Je porte maintenant constamment mon 38, dans un holster, au-dessus de la hanche, caché par une veste, incommode mais très esthétique.

Je dois dire que je soigne le look. J'ai maintenant une voiture correspondant à mon standing, fournie par ce cher D'Amour. Il s'est acheté une limousine Lincoln Continental qu'il comptait rentabiliser en la louant pour les soirées des vedettes du show-business de passage à Toronto. Je la lui ai gagnée en une rapide partie de *bullshit poker* et détruit du même coup ses petits calculs. Ses protestations et les longues descriptions de ses sacrifices ne m'ont pas ébranlé. C'est la voiture qu'il me faut. Télévision, téléphone, bar, espace arrière prévu pour six personnes, Louie D'Amour a bien fait les choses.

Pour compenser, je lui permets quand même de la conduire quand je n'ai pas d'autre chauffeur, bien qu'il refuse de mettre la casquette. En guise de promenade de santé et pour voir un peu le jour, je me promène en limousine une heure par jour dans la ville, écroulé sur la banquette arrière et complètement défoncé.

J'ai bombardé D'Amour manager du club. Pour lui, c'est une promotion, pour moi un moyen d'y apparaître moins souvent. Je n'y habite plus. Depuis la rafle, je n'aime plus mon appartement. Je loue une suite au Hyatt Regency.

Physiquement, je vais mal. Je le sens à chaque réveil. La coke m'épuise. C'est pis depuis que j'ai découvert le speed-ball, une nouvelle recette : deux tiers de cocaïne, un tiers d'héroïne. C'est de la folie.

C'est Lynn qui me l'a fait découvrir, une grande fille blonde avec d'immenses yeux noirs, des cheveux coupés court autour d'une jolie petite figure de moineau. Très féminine, c'est un roc, un être dur et égoïste, excité et insatiable. Elle aime la bagarre, la violence et le sang. Elle raconte, sur le ton d'une plaisanterie, comment elle a retrouvé son fiancé ensanglanté dans sa voiture, une balle dans la tête, victime d'un règlement de comptes. Ses avant-bras sont tailladés des traces de rasoir d'une ancienne tentative de suicide, entreprise dans un moment de lucidité.

C'est ma nouvelle compagne, depuis que j'ai jeté Hélène, selon sa propre expression. Elle me reprochait d'être devenu trop sérieux, à juste titre, de son point de vue. Sur le ton d'une pique, elle m'a lancé :

« Tu te prends pour Lucky Luciano ! »

J'ai sauté sur l'occasion et je lui ai claqué la portière au nez, la laissant sur le trottoir. Elle n'y a pas cru pendant deux jours puis, dans un geste de violence désespérée, elle a jeté mes habits par la fenêtre.

Il était grand temps que je parte. Je ne voulais pas la blesser, et il ne fallait pas qu'elle s'attache davantage. Je dois vivre à fond, à chaque instant, et ce n'est pas une vie possible pour elle. La monogamie m'est insupportable. Je ne pouvais plus l'entendre se préoccuper de ma santé, des quantités de drogue que je m'envoie et de l'état de mon caractère.

Je sais pourtant qu'elle a raison. Lorsque je marche, le simple fait de respirer l'air froid me fait saigner du nez. La drogue me bouffe les narines, en plus de la tête.

Et puis je suis un être nocif. Elle ne doit pas être mêlée à cette nouvelle ambiance. Je l'aime bien, c'est une bonne copine. On n'est pas faits pour vivre ensemble, c'est tout.

Lynn, au moins, ne tombera pas amoureuse et convient mieux à l'ambiance du moment. Elle ne me demandera pas de lui être fidèle. Elle se fout de mes plaisirs pourvu qu'elle reste la tenante du titre. Elle travaille de temps en temps pour une agence de mannequins mais son business principal est un trafic de coke entre Toronto et la Floride. Elle y a un ancien amant, gros fournisseur, et elle entre au Canada par le poste frontière des Niagara Falls, où le défilé incessant des touristes rend le contrôle symbolique.

Déchargé de mes clubs, je passe mon temps entre plusieurs points de la ville, arrivant à heures fixes dans mes quartiers généraux. Là, les informations me parviennent et je donne mes ordres.

Comparé à mes autres business, la récupération de dettes est le secteur le plus passionnant.

« Mauvais, Cizia! Mauvais! »

Louie D'Amour déboule, affolé, à ma table. Autour de moi, le club ronronne paisiblement. Assise en face de moi, Lynn me dévore du regard.

« Qu'est-ce qui se passe?

– Il y a Bobby Thompson! Il vient d'entrer! Il est avec Don Caruso! Ils veulent te parler. Oh! c'est mauvais, Cizia. Fais attention. »

Il me désigne les deux types, dont j'ignorais jusqu'à présent l'existence. Il y a un gros, trapu, la pipe à la bouche. Il a le crâne rasé, ses mains sont énormes, les yeux vides. C'est un méchant. L'autre a une sale gueule. Petit, maigre, un regard de fils de pute. Son visage est couturé de cicatrices. Son nez est cassé et de travers.

« C'est ça, tes mauvaises nouvelles?

– Oui! Le gros, c'est Bobby Thompson. C'est un tueur. Je l'ai vu descendre quatre mecs avec sa batte de base-ball. Il est entré dans leur bar, il les a massacrés et il est ressorti sans que personne ose bouger. C'est une mécanique, ce type. Le pire cogneur de Toronto. »

Il a baissé le ton et sa voix tremble. La peur qu'il éprouve semble bien réelle.

« Et l'autre?

– C'est Don Caruso! C'est un enculé qui passe son temps à faire des aller et retour en taule. Je le connais, Cizia. C'est un coriace!

– Pas d'inquiétudes, *partner*. Je vais m'en occuper. »

Les deux épouvantails s'approchent de ma table. C'est moi qu'ils viennent voir. Le petit couturé me toise, une sorte de sourire mauvais sur les lèvres.

« Elle marche bien ton affaire. »

Le gros reste en retrait, la pipe à la main. Aucune expression ne passe dans ses yeux bleus.

« Ouais, ça marche très bien. Allez, dépêche-toi, dis-moi ce que tu viens faire ici. »

Calme. Tranquille. Je suis juste curieux de savoir ce qu'il va me proposer.

« Je pense qu'il y a un point faible à ton business.

– Raconte-moi ça.

– C'est que tu n'es pas protégé. »

Ils commencent à devenir lassants. C'est la troisième tentative de racket depuis que j'ai rouvert le booze-can. Toutes se sont naturellement soldées par un échec. D'où débarque ce nabot? Il devrait être au courant, pourtant.

« C'est très intéressant. Qu'est-ce que tu proposes? »

Lynn s'est penchée. Le visage dans sa main, un sourire sur les lèvres, elle fixe le nain qui me chante une vieille et éternelle rengaine. Moyennant une part importante – et cet abruti est gourmand – il m'assure une protection efficace.

Le gros ne bouge pas. C'est une brute au cerveau simple, uniquement motivée par l'argent. Le petit dirige. C'est le cerveau. Je me mets au niveau, jouant l'imbécile.

« Contre quoi tu me protèges?

– Contre l'arrivée de méchants, qui pourraient

faire beaucoup de dégâts ici. Les réparations coûtent cher... »

Lynn explose d'un rire sauvage :

« Et vols et incendies, tu ne fais pas par hasard ? Allez, casse-toi, trou du cul ! »

Je m'amuse énormément. Ce pois chiche vient me menacer, moi ! Je récupère les dettes et, dans ce milieu de marginaux ma réputation fait frémir, je tyrannise les populations et le voilà qui se pointe pour se frotter à moi ! Il est inconscient, ou vraiment trop bête pour faire ce métier.

J'ouvre ma veste et dégage le 38 de son holster.

« La voilà ma protection, connard ! Pourquoi tu te casses pas dans une maison de retraite ? Pourquoi t'arrêterais pas de faire chier le monde, nabot ! »

Je me tourne vers le gros, la main sur la crosse.

« Eh, gros méchant ! Tu veux t'exercer ? Vas-y, c'est le moment. »

Il ne bouge pas, l'œil fixé sur ma main. Abruti mais pas fou.

« C'est toi Bobby Thompson ? »

Il se redresse avec un sourire de gamin étonné, content qu'on parle de lui.

« Tu me connais ?

– On m'a parlé de toi. Paraît que tu fais du bon travail. »

Son sourire s'élargit et il se rengorge, touché par mes compliments.

« Mais là, tu m'étonnes, Bobby. »

Son sourire s'estompe. Il fait des efforts pour comprendre.

« Que fais-tu avec un minable comme celui-là ? Faut pas travailler avec des *loosers*. C'est pas bon pour la réputation. Tu comprends ? »

Son regard va de moi au nain.

« J'ai besoin de types comme toi. Si tu veux, j'ai un bon job pour toi.

– *Yeah ?* »

Son intérêt est éveillé. Caruso sent le danger et essaie d'intervenir.

« Ta gueule, petite tête ! Bobby, je te paie cent cinquante dollars par jour. »

C'est beaucoup. Caruso s'affole.

« Bobby, c'est moi le *boss*. C'est moi qui te paie. Ne l'écoute pas. »

Je pose cinq billets de cent dollars sur la table.

« Et moi je te donne cinq cents dollars tout de suite si tu mets une claque à ce minable et que tu me le jettes dehors. »

Bobby réfléchit, pesamment. Il regarde les billets sur la table, me dévisage puis son regard sans expression se pose sur le nain.

« Bobby, NON ! »

Une énorme baffe le propulse quelques mètres en arrière. Bobby se penche, le ramasse et, sans effort apparent, va jeter l'affreux dans la rue. Lynn ricane, collée contre moi.

Bobby revient toucher ses cinq cents dollars. Lynn lui dit qu'il est très fort, ce qui le fait rougir. Je lui confirme qu'il est engagé comme force de frappe. Lynn s'accroche à mon cou et me chuchote dans le creux de l'oreille :

« Cizia, je suis toute mouillée. Il faut me baiser. »

Sa voix n'est bientôt plus qu'un murmure. Je n'ai jamais entendu autant de propos orduriers dits avec une telle douceur. La simple musique de sa voix rauque et sensuelle me bouleverse. Je ne tiens pas longtemps, et on s'éclipse tous les deux.

Lynn habite les deux derniers étages d'un vieil immeuble tranquille. Peu de meubles y laissent beaucoup d'espace. Le sol est couvert de moquette blanche. On trouve encore une balustrade et un escalier de bois clair. Encadrées de métal et disposées au hasard sur les murs, une dizaine de très belles photos de jeunes femmes, ses amies, en noir et blanc, accentuent l'ambiance masculine de ce vaste et luxueux loft.

Lynn est un soudard. Elle dirige un réseau de hookers et plusieurs filles, toutes très belles, travaillent à son trafic de coke.

Aussitôt arrivée, elle s'est déshabillée. Les seins nus, en petit slip blanc, elle est presque maigre. Elle s'affaire à nous préparer plusieurs lignes de notre mélange favori, le speed-ball. Ce mélange de coke et d'héroïne est diabolique. Le *horse*, l'héroïne, ôte toute envie de bagatelle. Lorsqu'on en a pris une quantité suffisante, il est presque impossible d'éprouver une jouissance et de parvenir au terme. Au contraire, la coke excite. Le mélange dcs deux rend les hommes puissants et capables de se retenir des heures.

Cette drogue a dû être inventée pour Lynn. Je n'ai jamais rencontré de femme aussi insatiable. Depuis que je la connais, ma vie est une succession de tentations. A peine s'approche-t-elle de moi que son aura érotique m'entoure et me fait sombrer dans une sorte d'enfer divinement agréable. Je ne peux pas rester à côté d'elle quelques instants sans que sa main ne vienne me caresser sous la table, ou remonter le long de ma colonne vertébrale jusqu'à la nuque pour un attouchement léger et insupportable.

Sollicitant à tout moment mes sens, elle est bien partie pour me pomper toute mon énergie. Son regard noir posé sur moi contient plus qu'une invite : une demande pressante, une exigence.

Telle une pieuvre, elle se repaît de mon fluide vital de toute la force de ses ventouses. Si je parviens à m'échapper en rampant, un de ses bras vient me ramener à mon devoir. C'est une bête vorace et inassouvie, un véritable vampire. Lynn est une mangeuse d'hommes, dans tous les sens du terme et par tous les orifices. Avec elle, c'est toujours et encore de plus en plus fort.

Je ne peux pas m'en passer.

J'ai lu quelque part que les hommes vivaient moins vieux que les femmes en raison de l'effort fourni pour faire l'amour. Chaque matin, je me réveille étonné d'être encore en vie.

Bobby Thompson est devenu mon garde du corps permanent. Il m'accompagne partout et conduit la Lincoln. Je n'aurai décidément jamais de chauffeur à casquette, car je n'en ai pas trouvé d'assez grande pour le tour de tête de ma nouvelle recrue. C'est une force de la nature. Son aspect n'est pas effrayant, surtout revêtu de son éternel pardessus et d'un pull à col roulé. Sa pipe accentue son apparence de père tranquille. Même son crâne rasé et son cou de taureau ne paraissent pas impressionnants. Seules ses mains, d'énormes battoirs, sont inquiétantes et trahissent sa force. C'est une boule de muscles durs enrobés de graisse.

Il n'a pas vieilli depuis son adolescence. Son âge mental ne dépasse pas seize ans, alors qu'il en a plus de quarante. L'argent est la seule chose qui compte pour lui. Il porte un amour immodéré aux dollars et cette affection démesurée est son unique sentiment. A part ça, jamais d'émotion, c'est une vraie machine.

Il est bête et méchant, c'est-à-dire excellent quand il est bien dirigé. A force de casser des têtes, je commence à avoir beaucoup d'ennemis en ville. A l'âge adulte, ce sont des choses que les gens oublient difficilement. Je sais que certains rêvent de me faire la peau. La présence de Bobby à mes côtés, qui vient à point remplacer Harry, dissuadera les moins rancuniers.

Dès le lendemain de notre rencontre, point de départ d'une longue et fructueuse collaboration, j'ai eu l'occasion de vérifier ses qualités.

C'est la faute de Louie d'Amour. Cet imbécile joue au mafioso et s'est fait avoir comme un débutant sur un *deal* de coke. C'est une vague histoire, embrouillée et un peu sordide, qui ne m'intéresse pas. D'Amour me tanne depuis plusieurs jours en me demandant d'intervenir.

« Aide-moi. Tu sais y faire, toi.

– Je ne me mouille pas dans les histoires de drogue, je te l'ai déjà dit. Je n'ai rien à voir avec ça.

– Mais *partner*, ce n'est pas une magouille! C'est juste une récupération de dettes. C'est ton business, non?

– Les dettes de jeu. Pas la dope. »

Il me fait valoir qu'il va perdre sa réputation, en plus d'un maximum d'argent, mais ça m'est égal. Il veut jouer au bandit, il n'a qu'à s'assumer tout seul, comme un grand.

« Cizia, je vais perdre la face. Si on sait que tu es copain avec un vulgaire pigeon...

– Arrête-toi, Louie. N'essaie pas de me manger la tête. Je vais m'en occuper, mais c'est la dernière fois. Compris?

– Oui, oui. La dernière fois. Promis. »

Personne n'est plus têtu ni insistant que Louie D'Amour quand son pognon est en jeu. Il profite de ma sentimentalié et puis j'ai envie d'essayer ma nouvelle acquisition.

J'ai pris Bobby avec moi et j'ai fait revenir Harry de Chinatown pour cette première expédition. Louie remâche son plan depuis une bonne semaine et il m'a donné tous les renseignements nécessaires. Notre cible traite le plus souvent des affaires dans un bar de Yorkville Avenue. Nous nous y rendons au début d'après-midi, heure à laquelle on devrait le trouver. Harry vérifie et nous attendons dans la Lincoln qu'il sorte du bar. Mes deux gardes du corps sont à l'avant. Louie d'Amour, nerveux, tripote la télévision avec des soupirs de regret. Il n'aime pas les embrouilles, le grand Louie D'Amour.

Dehors, un chasse-neige jaune et rouge passe lentement, suivi d'une file de voitures prudentes. Sur le trottoir, une procession de fidèles de Krishna, gelés, dont les chants lancinants me parviennent à travers les vitres de la voiture, bravent le froid, montrant que la vraie foi ne connaît pas d'obstacle.

Ils ont quand même sorti la tenue d'hiver, des épaisseurs de pulls, des calbards en laine, des bonnets, des trucs et des machins, le tout recouvert par leur bout de drap orange. Dégonflés, va! Seuls les deux qui tapent sur leurs instruments, plus croyants ou plus actifs, ont l'air réchauffés.

Décidément, il y en a partout. Je les ai rencontrés dans tous les pays que j'ai traversés, en Europe, en Asie et sur le continent américain. Je ne sais pas où est leur gourou, mais ça m'étonnerait qu'il se gèle les couilles dans le coin. Je l'imagine plutôt sur une plage, entouré de krishnettes, se tapant sur le bide en pensant à tous ces abrutis qui marnent pour lui.

Finalement, à notre époque, le plus sûr moyen de faire du fric, c'est encore de créer une secte. Particulièrement aux Etats-Unis. C'est curieux comme le peuple nord-américain a besoin de croyances. Les gens productifs et efficaces doivent se sentir perdus d'une manière ou d'une autre!

Je n'ai jamais vu d'endroit où il y ait autant de

religions différentes. C'est simple, elles y sont toutes. Catholiques, protestants, bouddhistes, krishnas, baptistes, témoins de Jéhovah, adventistes du Septième Jour, adorateurs du Vingt-Huitième Jour, du Troisième Œil, de la Seconde Couille, et j'en passe.

Je ne vais pas critiquer, moi aussi j'ai cherché la voie... En Asie, des copains devenus grands prêtres du Troisième Œil m'ont reproché mon manque de spiritualité.

« Tu es un type bien, Cizia, mais tu es encore trop attaché aux choses matérielles. Il te manque la communion d'esprit avec tes frères. Joins-toi à nous, nous te guiderons sur le chemin de la vérité et de la lumière... »

Alors, par curiosité, je suis allé voir. Mais en fait de vérité lumineuse, c'était de l'assassinat pur et simple. Réveillé à l'aube, douche glacée sous la cascade, méditation trente-cinq heures par semaine, interdiction de sortie, défonce uniquement spirituelle.

Quand ils ont voulu me faire bouffer des graines et m'interdire de baiser, je suis parti en vitesse en emportant la caisse pour payer mes frais de déplacement.

Je veux bien faire des efforts, mais faut pas exagérer!

C'est bien loin tout ça!

Pour l'instant, je commence à m'énerver. J'en ai marre d'attendre dans la voiture. Et Harry qui ne sort pas du bar! Je n'ai pas que cela à faire, j'ai des rendez-vous importants, des copines à honorer aujourd'hui.

Fait chier D'Amour avec ses histoires à la con! Je sniffe ligne sur ligne pour tromper mon attente.

« *Klin' klong! Hare Krishna!* »

Les autres abrutis se sont rapprochés avec leur musique et m'en collent plein les oreilles. Sans gêne, l'un d'eux tape à la vitre. Il tient un paquet d'encens dans une main, une sébile dans l'autre. Et il insiste, ce con. Il cherche maintenant à regarder à travers les vitres fumées. Je baisse la fenêtre, lui crie de se casser et de se coller ses bâtons quelque part. Je n'aime vraiment pas ces types qui n'ont rien compris à la vie.

Je referme la vitre mais il reste là, bientôt rejoint par son collègue qui joue du tambourin. Et klin' et klong, quelle musique à la con!

Excédé, je baisse ma vitre et, un billet à la main, je fais signe au bruyant de s'approcher. Il se penche vers moi, un sourire béat aux lèvres.

« Bonjour frère, me dit-il. Puis-je t'aider? »

Je l'attrape par le col et lui crache en pleine gueule. Voilà ma contribution!

« Bobby, Harry! Qu'est-ce que vous attendez? Que je fasse tout le boulot! Virez-moi ces minables! »

Ils n'attendent que ça, et jaillissent de la voiture en poussant un cri de guerre, tels les archanges du Seigneur face à l'Antéchrist. En deux secondes, c'est la panique dans le poulailler, mais les deux côtés sont bloqués. Rapidement, frère Bobby prend l'avantage. Il en tient déjà trois par la mèche de cheveux et les tire derrière lui pour en attraper un quatrième qui s'enfuit à quatre pattes. Harry, qui a réussi l'essai, tente la transformation à grands coups de pied dans le cul. Puis les deux ensemble s'entraînent au lancer du krishna et, dans un magnifique envol de robe orange, le joueur de tambour va s'écraser dans un tas de neige. Novice, la lévitation ne devait pas être inscrite à son programme. Et le combat cesse faute de combattants.

Butin : trois queues de cheval et une brassée de robes orange déchirées que Harry range dans le coffre.

« C'est ce qu'il y a de mieux pour faire briller les chromes de la voiture », me dit-il en connaisseur.

Je suis plié de rire, les larmes aux yeux, le souffle coupé, quand D'Amour me prévient que son débiteur vient de sortir du bar. Encore secoué par des quintes de rire, je descends de la limousine et vais à sa rencontre, Bobby et Harry me suivent.

« Bonjour. »

L'autre me toise, surpris, et répond à mon salut.

« Bonjour! »

Il a une bonne tête de fils de pute, bien rapace et sournois, et je me demande comment Louie a pu faire confiance à un type pareil.

« On ne se connaît pas, cherche pas. Tu devais cinq mille *bucks* à D'Amour, maintenant tu les dois à moi. Je n'ai aucune haine contre toi, mais il faut que tu me rendes cet argent, et vite. »

Il est estomaqué mais se ressaisit.

« Pour qui tu te prends, mec?

– Je te donne jusqu'à demain une heure pour régler tes dettes. »

Il ne répond même pas, hausse les épaules et continue sa route. Ma foi, il semble que monsieur n'ait pas beaucoup de psychologie. Tant pis pour lui.

Le lendemain, à midi, nous passons à l'action. Depuis le matin, Harry le suit afin de pouvoir le localiser. A midi et demi, je reçois un message. Ma victime déjeune dans un restaurant sur Bloor Street. Je me rends avec Bobby à l'adresse indiquée. C'est un bar minable et crado, à l'ouest du centre-ville. Je donne quelques directives à Bobby et nous entrons.

Un barman, au regard éteint, s'agite mollement derrière son comptoir. Quelques consommateurs isolés mangent en silence. Assis au bar, nous tournant le dos, notre client regarde des niaiseries à la télévision, une assiette de spaghettis à la main.

Les consommateurs les plus proches de l'entrée nous dévisagent, flairant l'embrouille. Harry, avec sa taille, les impressionne. Je le laisse à la porte contre laquelle il s'appuie nonchalamment et me dirige vers mon débiteur.

De l'index, je lui tapote l'épaule. Il se retourne.

« Hello, c'est moi, et il est une heure cinq. »

Il me regarde avec de grands yeux sidérés, des spaghettis plein la bouche. Il ne comprend pas d'où je surgis.

« Cinq minutes de retard. Bobby, à toi. »

Bobby s'approche et de ses deux battoirs attrape le type par le col de sa veste, le descend du tabouret. Il resserre les deux poings, étouffant l'autre à moitié, paralysant ses mouvements, et l'amène vers lui.

D'un mouvement rapide en arrière, il prend son élan et lui fait sauter le nez d'un terrible coup de tête.

J'en suis moi-même surpris. Je ne m'attendais pas à tant de rapidité de la part du gros Bobby. Je suis un cogneur, mais je n'ai jamais vu quelqu'un taper avec une force pareille. Toujours dans la même position, il soutient le type à moitié dans les pommes.

« Quand le patron dit '' Paie! '' tu dois payer! Répète. »

Et avant que « Nez cassé » ait le temps d'ouvrir

la bouche il lui éclate une arcade sourcilière d'un autre coup de tête.

« Répète! »

Et vlan! c'est l'autre arcade qui saute. Je stoppe Bobby d'un léger coup de pied derrière la jointure du mollet avant qu'il ne le défigure complètement.

« Arrête, bordel, ça suffit. »

Il lâche le type qui, la gueule en sang, s'écroule sur le sol. Avant de sortir, je lui glisse :

« Demain, et à midi. »

Dans le bar, règne un silence consterné. Personne n'a bougé.

Pendant que la voiture nous ramène, j'essaie d'inculquer à Bobby quelques-unes des notions de psychologie dont j'use habituellement. Je n'ai pas toujours besoin de taper ou de faire tabasser. Il m'est arrivé, au début, de me trouver, pour les menacer, seul en face de types de plus de deux mètres. Je me disais que s'ils se rebiffaient, je devrais leur taper dessus avec la table si je voulais les assommer.

Tous ont payé, généralement sans violence. Peut-être sentaient-ils une détermination froide de ma part, le fait que je n'avais rien à perdre et que, à longue échéance, à moins de me tuer, ils sortiraient perdants de l'embrouille.

« Il ne faut pas taper comme ça.

– Pourquoi? »

A Bobby, il faut parler doucement, comme à un petit gamin, pour qu'il comprenne.

« Tu n'as pas besoin de l'abîmer comme ça. »

Pour être sûr qu'il saisisse bien, j'en rajoute un peu et utilise le seul argument qu'il comprenne.

« Si tu le tues, il ne peut plus payer!

– Oh! pour trois petits coups de tête... »

Le lendemain à midi, l'esquinté, convaincu par

notre récent entretien, m'a payé la dette. J'ai jeté sa part à D'Amour en le prévenant :

« C'est la dernière fois. Ne me mêle plus à tes petites combines, compris? »

Depuis que je l'ai nommé manager du club, D'Amour se prend pour un roi, sans avoir compris ce que signifie réellement ce titre. Ses goûts vestimentaires, déjà peu discrets, sont devenus tapageurs. Il se paie des collections de costumes trois-pièces, au gilet ajusté, dans les teintes les plus invraisemblables. Il répète sans arrêt « Pas de problème, *don't worry* ». Une petite moustache a vu le jour et je me demande s'il ne va pas bientôt se mettre à apprendre l'italien. Son admiration et son application à m'imiter me touchent, certes, mais ce manque de classe, révélé par sa nouvelle attitude, me tape sur les nerfs.

Ce n'est qu'un petit tricheur, anxieux et radin. Depuis qu'il me connaît, le monde des gangsters le fascine et il se lance dans des magouilles sans intérêt ni noblesse, pourvu qu'elles soient illégales. Il est venu plusieurs fois me proposer des combines, trafic de coke, de cartes de crédit volées, prostitution... Un tas de combines minables qui ne m'intéressent pas du tout. C'est une autre image qui m'attire et il n'arrive pas à le comprendre.

Je me demande si j'ai bien fait de le débarrasser de Diana. Lorsqu'il était avec elle, il enviait mes succès féminins et je sentais sa tristesse quand je partais avec une ou plusieurs déesses, alors qu'il allait retrouver sa poufiasse et ses deux petits cabots. Pris de pitié, je lui ai longuement, et plusieurs fois, expliqué que la vie est courte, qu'il faut prendre tous les plaisirs. On n'a aucune raison de se vouer à un seul vagin.

Malgré ses envies, il tenait bon et, comme d'autres avant lui, il essayait de m'inculquer les joies simples de l'amour partagé, d'une liaison durable et de la communion féconde des esprits et des corps.

Pour lui ôter ces désespérantes idées de la tête, je me suis acharné à lui jeter des fille dans les bras. J'ai envoyé au front des modèles de toutes sortes. Des belles, des brunes, des blondes, des basses du cul, des grosses. J'ai même essayé une octogénaire pour le cas où il m'aurait caché des goûts bizarres.

Devant cette avalanche, il a craqué. Diana est de nouveau tenancière de bordel à New York avec ses deux horreurs, et D'Amour a recommencé à vivre. Trop, à mon goût...

Il ressemble à un maquereau, pour lui le symbole de la réussite, ce qui ne me plaît guère. C'est toujours un bon copain et je l'aime bien. Cela ne m'a pas empêché de lui dire qu'il était le roi des cloches, ce qui l'a profondément vexé. Il fait bien son travail et respecte la règle : ses combines ne passent pas la porte du club. Son quartier général est au Julie's Mansion.

Ce sont de drôles de gens, ces tricheurs. J'en ai appris une bonne sur Chuck et Bananas, toujours responsables de la table de jeu.

Ce sont des copains d'enfance. Pendant leur adolescence, ils étaient trois inséparables. Le troisième n'a pas dévié du droit chemin. Quand il a hérité de la fortune paternelle, Chuck et Bananas l'ont initié au jeu et l'ont plumé progressivement en quelques années, tout en gardant d'excellentes relations personnelles avec lui. Ce sont de grands hypocrites.

Au booze-can, nous avons en ce moment un pigeon régulier, gros perdant, qui nous laisse tout ce que lui rapporte son trafic de cocaïne. Jusque-là, rien que de très courant. Ce qui l'est moins c'est que Peter, ce gros dealer, a été introduit au club par son propre associé, Jan. Ce dernier, qui connaît bien Chuck et Bananas et est parfaitement au courant de leurs agissements, a intentionnellement jeté son associé Peter entre nos mains. C'est le financier de leur association, et Peter prend les risques. En poussant son copain à venir perdre son argent, il le contraint à rester en état de dépendance financière, ce qui l'arrange pour le business.

Je ne comprends pas que des gens puissent agir ensemble, prendre des risques ensemble et se doubler en même temps. Je suis moi-même dénué de scrupules, mais la trahison d'une amitié me dépasse.

Un soir, un couple de riches Japonais, les honorables M. et Mme Tanaka, de passage à Toronto, sont venus s'amuser au booze-can. M. Tanaka perd très rapidement tout son cash. Un serveur vient me voir.

« Les Tanaka n'ont plus de dollars. Ils veulent acheter des jetons avec des yen. Sais-tu si on pourra les changer ?

– Ils en ont pour combien ?

– L'équivalent de cinq mille dollars, au cours actuel.

– Qui t'a donné les cours ?

– Eux. »

Et voilà ! je vais à la table de jeu. Devant l'honorable M. Tanaka, il y a une pile de billets. Je fais le compte rapidement et je m'aperçois qu'il n'y en a que pour deux mille cinq cents dollars.

L'honorable famille Tanaka, qui ignorait que je

venais du Japon, avait simplement essayé de doubler son capital.

Je leur dis bonjour, en italien, qu'ils se sont trompés, en anglais, et que je les remercie de leur visite, en japonais. Ils n'ont pas bronché. Cela a été une bonne leçon pour mes employés. Ils ont appris ce jour-là à se méfier de la *pokerface* des fils du Soleil Levant.

Lynn prépare un nouveau voyage aller et retour à Miami pour son commerce de cocaïne. Elle ne sera de retour que dans cinq jours et elle exige, pour ses dernières heures à Toronto, que je sois en permanence à ses côtés.

Lorsque je vais la rejoindre à son appartement, elle est en train de s'entraîner pour le passage de la frontière et elle en profite pour initier une fille de son équipe, une beauté métisse de dix-neuf ans, Ginger.

Lynn se sert beaucoup de jolies filles pour le transport de la drogue. Sa méthode est très au point et Ginger, très attentive, suit tous les détails de la démonstration que sa patronne est en train de faire.

Comme beaucoup, Lynn passe la coke enveloppée dans des capotes, qu'elle avale, mais avec une variante. De nombreux passeurs ont achevé leur carrière par une magnifique overdose lorsque, maltraité par la digestion, un des préservatifs s'est ouvert dans leur estomac, leur offrant la plus grande défonce de leur vie, puis la mort.

Pour éviter ce genre de désagrément, Lynn a une technique bien spéciale, qui demande beaucoup d'entraînement. Elle relie toutes les capotes entre elles par un fil de pêche, très résistant. La dernière du chapelet est attachée à un autre fil, très fin, qui se termine par une boucle nouée autour d'une de ses molaires. La longueur de ce mobile est calculée de façon à ce qu'il reste dans l'œsophage sans qu'aucune des capotes ne soit soumise au broyage acide de l'estomac.

Une longue préparation est nécessaire car, à la façon des avaleurs de sabre, il faut s'habituer à ce corps étranger dans le gosier. Elle s'entraîne une fois par jour avec des capotes remplies de farine. Si c'est impressionnant de la voir ingurgiter son chapelet, c'est encore plus étonnant quand elle tire sur le fil et que les sachets sortent les uns après les autres, dans de grandes quintes de toux.

Dès qu'elle a congédié Ginger, Lynn se rue sur moi, pour des caresses osées.

« Elle te plaît, la petite Ginger ?

– Oui. Elle est très jolie. »

Aussitôt, elle me mord cruellement et me déclare que je peux coucher avec toutes celles que je veux, sauf Ginger, qui est sa meilleure copine. Dans la position où je suis, j'aurais du mal à lui refuser quoi que ce soit. Je promets.

Les élans de Lynn me paraissaient merveilleux au début, mais elle est partie pour me pomper toute mon énergie. Même avec le secours du speed-ball, j'ai du mal à fournir. Je ne suis pas joueur de golf et le parcours complet, six fois trois trous, répété plusieurs fois par jour, finit par être au-dessus de mes forces. Elle va me tuer.

Nos étreintes sont des batailles dont je sors vaincu, sans souffle, exténué, rompu, le corps en sang, le dos labouré, et le cœur battant à tout rompre dans ma poitrine. Je vais sortir définitivement perdant de ce combat surhumain, les pieds devant. Mon honneur de mâle m'interdit pourtant d'abdiquer et je me laisserais tuer à la tâche plutôt que d'abdiquer !

Je réussis à m'échapper, après une empoignade ravageuse, et je file à la cuisine récupérer des forces. Je vide le contenu du frigo dans une énorme assiette. Je saupoudre de poivre, de tabasco et de petits piments mexicains, le tout destiné à me donner le coup de fouet nécessaire pour repartir à l'assaut.

Mes muscles sont raides et douloureux. La tête vide, nu dans la cuisine, je rêvasse. Tout à coup, je manque de sauter en l'air. D'un geste machinal et bien masculin, je me suis gratté entre les jambes et mon pauvre sexe déjà bien éprouvé est soumis à la brûlure du piment, dont une infime parcelle était restée sur mes doigts.

J'essaie tout. Je frotte, je me passe de l'eau, je refrotte, rien n'y fait. Je ne peux que sautiller sur place en me retenant de gémir. De la chambre me parvient la voix langoureuse de Lynn.

« Cizia, qu'est-ce que tu fous? Viens me baiser! »

C'est pas vrai! Il faut que je me débarrasse de celle-là! Alors que la douleur commence à se calmer, une idée diabolique me vient et me remet aussitôt le moral en place.

« J'arrive, ma belle. »

Je plonge le doigt dans le pot de piments et je cours la rejoindre.

Allongée sur le lit, cuisses écartées, Lynn s'active seule en m'attendant. Je me précipite sur elle, enlève sa main et la remplace. Lynn manifeste son enthousiasme pour ma caresse puis s'immobilise tout à coup, le regard paniqué. Elle arrache ma main d'où elle se trouvait et bondit du lit en hurlant avant de disparaître, en larmes, dans la salle de bain.

Enfin tranquille, pour la première fois depuis longtemps, je suis bien content qu'elle ait le feu au cul.

Elle est partie pour Miami sans me dire au revoir, sans doute fâchée. Le soir même, dans la Lincoln, je cherche à travers toute la ville. La tournée des bars habituels ne donne rien et c'est tristement que je me résigne à aller boire quelques verres seuls.

Le Maxwell est bondé. Toutes les tables sont occupées, une foule serrée danse sur la piste surélevée. Les play-boys sont alignés au comptoir, le coude sur le bar, la cigarette allumée, un whisky à la main et l'air mystérieux. Seuls trois Africains en boubou, sans doute des ambassadeurs, ne respectent pas les règles du genre.

Sam, le maître d'hôtel, est surpris de me voir.

« Cizia, ça faisait longtemps. Tu veux ta table? »

C'est vrai. Je ne sors plus beaucoup. Il y a plusieurs personnes à ma table. Je refuse l'offre de Sam, qui me fait aussitôt une place au comptoir, à côté des ambassadeurs noirs, et débouche une bouteille de mon champagne.

Un des Africains se tourne vers moi et, avec un grand sourire :

« Cizia! Comment tu vas? »

Comment je vais?

« Hé! Ça fait longtemps, *man*. Où tu étais? »

Où j'étais! Je ne le connais pas, moi. Je suis en train de rassembler mes souvenirs et les personnages de mes aventures précédentes quand ses yeux rouges me renseignent. C'est Stew, un danseur, bon copain, et deux de ses amis, de la même troupe que lui. En vaste djellaba orange et vert, un gros collier autour du cou, la tête surmontée d'un fez rouge vif, je ne l'avais pas reconnu. Il m'a fallu son regard, abîmé par la coke, pour comprendre que c'était lui. Les deux autres aussi sont déguisés en Africains.

« Ça va Stew ? Vous êtes superbes. Ça vous va très bien. »

On boit un coup ensemble et Stew m'explique que, pour le peuple noir, le moment est venu de rechercher ses racines.

« Retour aux sources, camarade ! Et pour ça je pars en Afrique !

– Super, tu vas où ?

– Au Dahomey. C'est là que sont mes racines, *man.* »

Il a étudié son baobab généalogique et découvert que le premier de sa lignée est arrivé en Amérique comme esclave il y a deux cents ans, et qu'il venait du Dahomey. C'est son esprit qu'il va chercher là-bas.

Je leur souhaite un bon voyage et on continue de discuter. Excellents danseurs, ce sont des petits rois de la nuit. Adorant s'amuser, au courant de toutes les fêtes, ils ont beaucoup de talent et leur compagnie me réconforte. L'un des deux autres m'explique que le retour aux sources est important et qu'il a hâte d'arriver en Afrique. Ici, en boubou de coton, il se les gèle sérieusement.

Tout à coup, je la vois. Ginger, ma jolie métisse, que je cherche depuis le début de la soirée, danse sur la piste, à quelques mètres de moi. Elle est souple comme une liane. Elle rit, visiblement aux anges, et c'est un vrai plaisir de la regarder.

Son seul défaut : une jeune andouille qui danse en face d'elle et lui raconte des histoires qui ont le don de la faire rire. Je profite d'un creux entre deux morceaux de musique pour me rapprocher. Elle me voit et me salue d'un grand sourire. Je viens lui dire bonjour. Je la prends par le bras pour la détourner de l'abruti et lui demande, avec un sourire que je crois innocent :

« Ça va, Ginger ? »

Elle se recule et, sur le ton d'une réprimande :
« Cizia! Lynn, c'est ma copine! »

Chez Ginger, c'est simple et confortable. A part une pièce qui reste fermée, tout évoque la jeune femme sans problèmes, aisée et sage. C'est l'appartement d'une étudiante, ou d'une fiancée.

Ginger est ravissante, ses jambes sont incroyablement longues et fines. Sa peau mate et brillante possède un grain d'une douceur exceptionnelle. Elle est jolie de visage, la bouche grande et toujours prête à rire, le nez un peu épaté, un flot épais de cheveux noirs et ondulés.

Son regard est fantastiquement clair, dans un visage foncé de quarteronne. Ses yeux sont de couleurs différentes, l'un vert l'autre bleu limpide, ce qui ajoute un mystère à son air enfantin. Auprès d'elle, je me sens bien. J'ai passé ces cinq jours, pendant l'absence de Lynn, à ses côtés. C'est un éclat de rire qui entre dans ma vie.

La première nuit, nous avons fumé beaucoup d'herbe et rigolé jusqu'au matin. Elle a pris soin de moi, mais nous n'avons pas fait l'amour cette fois-là. Ginger n'est pas un volcan. Le sexe n'est pour elle qu'une chose amusante, parfois professionnelle. C'est une experte, mais sans la voracité de Lynn. C'est reposant.

Elle adore me soigner, se plier à tous mes caprices et me traiter avec délicatesse. Elle m'apporte mon petit déjeuner le matin, avec mon menu préféré et la gâterie qui s'y rattache. Puis elle me prépare des bains fabuleux, chauds, moussants, délassants. Elle fixe une bougie sur une planche qu'elle laisse flotter dans l'eau. Dans l'obscurité, la petite flamme danse et dessine des reflets tout autour de moi. C'est agréable et relaxant; c'est tout Ginger.

Elle danse pour moi. C'est un régal pour les

yeux. Souple, animale, elle épouse la musique et m'improvise des ballets sur des musiques sud-américaines. Elle adore la salsa, très à la mode en ce moment.

Travaillant occasionnellement comme mannequin, son appartement est aussi le point de rendez-vous de cover-girls débutantes, avides de tout, marrantes et jolies comme des cœurs.

Son seul défaut : c'est une pute. De grande classe, certes, mais quand même une pute. Elle m'a raconté, avec de grands éclats de rire, ses anecdotes professionnelles. Sa clientèle est constituée de couples de la haute, dont les vices l'amusent beaucoup. Tout se passe dans une pièce noire, fermée le reste du temps.

« Et alors le *dude* (micheton) m'a demandé de lui pisser sur la tête. Et il m'a donné cinq cents dollars pour ça! »

Elle m'a montré ses accessoires, d'un genre inquiétant, et a cru me faire plaisir en m'annonçant qu'elle gagnait beaucoup d'argent. Dans un tiroir sont entassés, en nombre impressionnant, de gros billets de banque dont elle m'a affirmé, toute contente, qu'ils étaient pour moi.

« Je n'ai pas besoin d'argent, et je n'aime pas ça. Si tu désires rester avec moi, plus de clients. »

Pas de *dudes* chez moi. Il n'est pas question d'amour ou de possession. En bon égoïste, je ne comprends la liberté que dans un sens, le mien. Elle fait ce qu'elle veut. Je n'ai pas l'intention de diriger sa vie, mais je ne resterai pas avec une compagne qui s'en tape d'autres, y compris pour de l'argent. C'est tout. Même si ses clients se contentent de se faire insulter et taper dessus et ne la touchent pas, cela me gêne quand même.

Ginger a dix-neuf ans. Elle vient de Tobago, une île des Caraïbes. Elle est née dans des conditions difficiles dont elle ne parle pas. Elle a beaucoup souffert. Blasée, il ne lui reste plus qu'à rire de tout. Une demi-heure plus tard, elle a jeté tous ses gadgets.

Lynn a piqué une colère terrible quand elle est revenue et qu'elle a découvert que je vivais avec sa meilleure copine.

« Tu me plaques pour une sale négresse! »

Elle a hurlé et dévidé tout son répertoire d'injures racistes et sexistes. Pour la consoler, je lui ai acheté cash toute sa cargaison de cocaïne, qu'elle m'a fait payer au prix fort.

Le plus grand plaisir de Ginger est de sortir à mes côtés. C'est sa meilleure récompense. Quand nous faisons le tour des night-clubs, elle se cramponne à mon bras et ne me lâche plus, toisant les autres filles d'un air supérieur.

Maintenant, le club est fermé le dimanche. Les lundis et mardis je n'y fais que de brèves apparitions. Les gros joueurs ne viennent qu'en fin de semaine et attendre toute la nuit pour plumer un pigeon de quelques centaines de dollars ne m'intéresse plus. J'ouvre en début de semaine pour Haig qui est intéressé par la vente de boissons. Je ne peux pas le lui refuser, bien que je sache que c'est là une erreur.

Les flics ont forcément un œil sur nous et je sais qu'ils vont revenir. Il est impossible d'être discret avec toutes ces voitures dans le parking chaque jour de la semaine. Le club n'en a plus pour longtemps. Je préfère ne pas y penser.

La maison abrite trois nouveaux habitants : un couple de filles et un enfant, tombés dans mes bras par hasard. Je jouais, comme d'habitude, dans la pièce du fond, lorsque des cris dans la pièce principale attirèrent mon attention. Il se passait quelque chose là-bas. Je m'y rendis en vitesse, suivi de près par Bobby.

Au milieu d'un cercle de consommateurs, une grande fille blonde, que j'avais déjà aperçue dans le club, essayait d'en retenir une autre, presque une gamine, qu'un Noir entraînait de force vers la porte malgré ses efforts. Les deux filles hurlaient, mais personne n'intervenait.

Qu'est-ce que c'est que ce bordel! Je fends la foule en gueulant et attrape le Noir par le bras.

« Ça va pas, non? Qu'est-ce que c'est que cette histoire? »

Devant mon intervention, il lâche la fille qui se réfugie aussitôt dans les bras de la blonde.

« Ce n'est pas ton affaire! »

C'était le Noir new-yorkais typique, vêtu de couleurs vives et criardes, les lunettes noires et un bonnet de laine vissé sur la tête.

« Comment ça, pas mes affaires! Merde, tu es chez moi et tu fous le bordel!

– *Fucker!* Toi tu viens chercher du pognon chez Isaac Jones, moi je viens chez toi rechercher ma gagneuse. Te mêle pas de ça. »

Encore un de ces maquereaux noirs qui traînent dans ce club de merde, et cette racaille veut faire la loi chez moi!

« O.K. Dégage!

– Pas sans ma gagneuse.

– Casse-toi, *bastard!* »

Je m'avance, suivi de Bobby, et le type bat en retraite. Il recule jusqu'à la porte puis s'arrête et gueule des insultes.

« Bobby! »

Bobby fait un pas, mais l'autre, sentant le danger, disparaît.

Normalement, je n'interviens pas dans ce genre d'histoire sordide. La prostitution est un mal nécessaire, parfois bien agréable. Mais je hais les macs, les plus minables à mon avis des truands. Pour finir, je n'aime pas les esclandres chez moi.

J'envoie les deux filles dans mes appartements pour les soustraire à la curiosité des consommateurs et retourne à ma partie interrompue.

Deux heures après, je monte chez moi. Le mac a dû se lasser et il est temps de les foutre dehors. Elles sont dans ma chambre, la blonde au chevet de la petite qui est allongée sur mon lit, enveloppée de couvertures.

Je m'approche. Elle est mignonne cette gamine, brune avec de grands yeux en amande, et des pommettes saillantes. Mais pour l'instant son visage est défait, son front est trempé de sueur.

« Qu'est-ce que t'as, t'es malade maintenant ? »

Elle hoche la tête sans répondre. Pris d'un soupçon, je dégage son bras et retrousse sa manche. Comme je m'y attendais, les veines sont constellées de points rouges, des marques de shoot, *white horse*, l'héroïne.

La blonde a une moue d'excuse, gênée.

« Elle est en manque.

– Quel âge tu as ? »

La blonde va proférer un mensonge, je le devine à sa tête.

« Non, je veux la vérité. Toi, réponds-moi, dis-je à la brunette. Tu as quel âge ?

– Dix-sept ans, mais bientôt dix-huit », dit-elle d'une petite voix.

Et mineure en plus ! Exactement ce qu'il me fallait ! Bravo, c'est gagné sur toute la ligne, ça m'apprendra à jouer au bon Samaritain. J'ai sur les bras une mineure, prostituée, droguée et, de surcroît, en pleine crise de manque ! J'avais vraiment besoin de cela. Il faut que je m'en débarrasse, j'ai déjà assez de problèmes sans y ajouter cette embrouille.

« Vous avez un endroit où aller ?

– Non.

– Du fric ?

– Non. »

C'est la blonde qui parle en secouant la tête. La brune me regarde, effrayée, de l'espoir dans les yeux, tremblant convulsivement. Pourquoi a-t-il fallu que cela tombe sur moi !

« Ne me regarde pas comme ça, je ne suis pas le Père Noël. »

Je me lève et marche de long en large dans la pièce. La gamine tremble de plus en plus fort et la sueur recouvre son visage. La blonde la tient par la main, essuie son front et lui caresse la joue d'un geste tendre. Elle est également très jolie. Ses cheveux blonds, coupés très court, dégagent un visage dur aux traits masculins d'une grande beauté.

Elle la rassure du regard et la petite lui sourit faiblement. Elles sont touchantes ces deux-là. On sent entre elles un immense amour, auquel je ne suis pas insensible. Je vais me mettre de nouvelles emmerdes sur le dos.

« O.K., vous pouvez rester ici le temps que tu te soignes. Toi, c'est quoi ton nom ? dis-je à la blonde.

– Jo. Et elle c'est Roxanne.

– Jo, tu vas t'occuper d'elle. Va dans la salle de bain, il y a des somnifères quelque part. »

Pendant ce temps, aidé de Ginger qui m'a rejoint, je sors toutes les couvertures. Roxanne va transpirer énormément et tout tremper : inutile qu'elle attrape froid par-dessus le marché.

Vingt minutes plus tard, Roxanne, assommée par la dose massive de somnifère que je lui ai administrée, dort d'un sommeil agité, en geignant doucement.

« Ça fait longtemps qu'elle se défonce ?

– Non, seulement quelques mois.

– Tu connais l'héro?

– Non, j'en ai jamais pris. »

Je lui donne une rapide leçon sur l'héroïne et les erreurs à ne pas faire pour aider quelqu'un à décrocher. Tant qu'à faire, autant que cela serve à quelque chose.

« Un autre point. Je ne veux pas vous voir en bas. Vous restez dans la chambre, c'est bien compris?

– Compris.

– Si vous avez besoin de quelque chose, tu le demandes à Haig, le vieux qui habite en bas. Je vais le prévenir. Je reviendrai demain. »

Avant de sortir j'aperçois Jo penchée sur Roxanne endormie, qui lui embrasse le visage. Dans l'escalier, Ginger me prend par le bras.

« C'est bien ce que tu as fait, Cizia.

– Ouais, mais c'est une connerie.

– Peut-être, mais c'est bien quand même », dit-elle en m'embrassant.

Avant de retourner jouer, je préviens Haig de la présence de Jo et de Roxanne et de leurs problèmes. Il accepte de s'en occuper, bon cœur. Savoir Roxanne si jeune et déjà accrochée à l'héroïne le bouleverse.

Le lendemain, sitôt réveillé, je retourne là-bas. Rien ne m'y oblige mais puisque j'ai commencé, autant faire les choses jusqu'au bout.

Roxanne, sur qui les somnifères ont cessé d'agir, est en pleine crise de manque. Recroquevillée sur le lit, trempée d'une sueur aigre et nauséabonde, elle gémit sans interruption, en proie à des crampes atroces dans tout le corps. Elle pleure et réclame d'une voix larmoyante un shoot.

« Le dernier, juste un petit », supplie-t-elle.

Elle se tourne sans cesse vers Jo qui, le visage en

larmes, tente de la calmer. A mon apparition, c'est la crise de nerfs.

« Et puis je ne veux pas décrocher, je suis très bien comme ça. Et d'abord qui tu es, toi, pour me faire ça! T'es pas mon père, je ferai ce que je veux! » me hurle-t-elle, à genoux sur le lit.

Puis elle retombe, prostrée, les yeux rouges et gonflés.

Le plus terrible quand on décroche, c'est une impression de faiblesse, d'impuissance et le dégoût de vivre. Penser qu'il suffirait d'un tout petit shoot pour revenir à la surface n'aide en rien. Quelques joints lui permettent de se décontracter.

Une semaine passe. Supplications et crises de nerfs se succèdent. Les douleurs durent deux jours supplémentaires avant que n'intervienne une période d'abattement. Puis elle retrouve peu à peu le sourire et commence à trottiner dans la maison, au grand bonheur de Haig. Elle est vraiment adorable, un petit bout de femme, au corps parfait, qui a avec moi des timidités de gamine.

Jo reste encore froide et sort lentement de sa réserve. Elle se méfie, se demandant sans doute quelles sont mes intentions. Par expérience, elle ne croit pas à l'acte gratuit. Mais je reste la bouée de secours et elle s'efforce d'être aimable. Toute son attention se porte sur Roxanne qu'elle cajole sans arrêt.

Je connais leur histoire maintenant. C'est la sinistre banalité d'un roman de hall de gare. Roxanne vient des forêts du Nord. C'est la fille d'un bûcheron indien, alcoolique et dégénéré, qui entretenait des relations incestueuses avec ses filles aînées. Pour échapper au sort de ses sœurs et de sa mère, réduites à l'état de loques humaines, elle s'est enfuie il y a cinq mois. Arrivée à Toronto sans argent, elle a été raccolée par un jeune voyou blanc qui l'a initiée à l'héroïne. Sans savoir comment ni pourquoi elle s'est retrouvée entre les pattes d'un maquereau noir qui a commencé à la maltraiter. Les corrections, puis l'héro l'ont réduite à l'état d'objet sexuel. Et le Noir, pour briser l'ultime résistance et annihiler toute volonté, l'a fait sauter plusieurs fois par tous ses frères. Elle en est arrivée au tapin.

Jo, call-girl de luxe dilettante, l'a rencontrée dans un supermarché. Elle en est tombée amoureuse. Depuis, elle essaie de la sortir de son enfer. Un jour, avec deux doses dans la poche, Roxanne a eu le courage de s'enfuir. Alors qu'elle était réfugiée chez Jo, le *pimps* les a retrouvées et, en le fuyant, elles sont arrivées chez moi.

Je pensais avoir fait mon devoir mais l'histoire ne s'est pas arrêtée là.

Cela fait deux jours que Roxanne a retrouvé le sourire quand je remarque que c'est au tour de Jo de tirer la gueule. Je finis par lui en parler.

« Qu'est-ce qu'il y a encore ? »

Elle hésite un peu et, mise en confiance, lâche le morceau :

« Je n'ose pas aller voir mon enfant, je dois trop d'argent à la nurse.

– Tu as un enfant ? »

Je tombe des nues, j'ai du mal à imaginer Jo en maman.

« Oui, un garçon de quatre ans. »

Cette fois-ci, il semble que j'aie vraiment décroché le gros lot !

« O.K. Bobby, prépare la voiture. »

Au point où j'en suis...

On est allé chercher l'enfant, un petit garçon rieur et blond, qui s'appelle Tommy. Les retrouvailles entre la mère et le fils ont été touchantes. J'ai emmené tout le monde déjeuner à La Strada, histoire de présenter le gamin à la famille. C'est ainsi que ma garçonnière s'est transformée en nursery.

Puisqu'il paraît que le Père Noël est de retour, je vois ce qu'il me reste à faire.

Il semble que cette histoire n'ait pas de fin.

Peut-être par esprit chevaleresque, peut-être aussi parce que mon équipe se rouillait un peu, mais surtout parce que ce type est un salopard et qu'il faut écraser les salopards, je prépare l'acte final.

Isaac Jones, le tenancier du bouge où on jouait aux dés, patron des Noirs, m'a courtoisement fait dire de ne pas me mêler des affaires de ses hommes et fait sous-entendre que nous risquions la guerre. Courtoisement, j'ai fait répondre qu'il aille se faire foutre et il n'y a pas eu de réaction. Alors...

« Roxanne, tu sais où on peut le trouver, ton mac ?

– Oui. C'est un *pool shark*, un pro du billard. Il joue tous les soirs dans une salle de Yonge Street. »

Quelques heures plus tard, Bobby gare la voiture dans un parking à quelques mètres de l'endroit et nous nous hâtons vers le billard, courbés sous les rafales de vent glacé. Jo nous accompagne pour nous indiquer le type, ainsi que Harry.

La salle surchauffée est remplie par la faune habituelle. Une sono crado diffuse une musique à plein volume. L'atmosphère est enfumée et une odeur de sueur et de bière me prend tout de suite à la gorge. C'est bruyant. On entend à peine le bruit des boules qui s'entrechoquent.

Autour de la dizaine de tables de billard, des billets changent de mains. Dans un coin, une Noire se trémousse de façon obscène, ébauchant un strip-tease, encouragée par une demi-douzaine de types. Quelques clodos sont écroulés sur les bancs, une bière à la main. Très peu de gens jouent. La plupart sont là parce qu'il y fait chaud et qu'il y a du bruit. Aux tables les coups sont commentés par des « *Fuck!* », « *Hey man!* » et autres conneries. Le sol poisseux colle à mes semelles.

Jo louvoie vers le fond de la salle, cherchant à repérer le mac. Nous suivons à quelques mètres, mêlés à la foule. Son rôle est de l'attirer sans méfiance vers les chiottes au fond de la salle. Elle tourne entre les tables, détaillant chaque joueur. Pourvu qu'il soit là, cet enfoiré!

Enfin elle accoste un Noir vêtu d'une veste en cuir et coiffé d'un bonnet de laine. Elle lui dit quelques mots puis, ensemble, ils se dirigent vers les lavabos. C'est le bon. Nous pressons le pas discrètement, à leur suite. Ils tournent juste derrière le paravent qui masque l'entrée des toilettes quand nous arrivons à leur hauteur.

Avant même qu'il nous ait remarqués, Bobby lui fait voler son bonnet, l'attrape par ses cheveux crépus et nous nous engouffrons tous les quatre à l'intérieur.

Aussitôt Harry bloque la porte pendant que Bobby, qui a coincé la tête de sa victime sous son bras, lui éclate le nez à coups de poing. Puis, pivotant sur lui-même, rapidement malgré sa corpulence, il lui fracasse le crâne contre le mur de faïence.

A ce moment, dans un grand bruit de flotte, un

poivrot sort d'un chiotte en se reboutonnant péniblement dans une odeur de merde. Il s'immobilise devant le spectacle. D'un geste brusque je le repousse à l'intérieur.

« T'as sûrement pas fini de chier. Reste là-dedans, tranquille. »

Il ne se le fait pas dire deux fois et j'entends même le bruit du loquet. D'un grand coup de pied dans la porte, je m'assure que le deuxième chiotte est vide.

Pendant ce temps, Bobby a plongé la tête de l'autre dans l'urinoir collectif. A grands coups répétés, il lui termine le portrait sur le fond en zinc. Le sang se mélange à l'urine. Il ne crie même plus.

Je fais signe à Bobby de stopper un instant et me penche vers la loque.

« Ecoute bien, *asshole*, à partir de maintenant tu oublies Roxanne, tu ne sais plus qui c'est, tu ne l'as jamais connue. Si tu la touches, si je te prends à tourner autour du club ou si j'apprends que tu prépares quelque chose contre elle, je te tue! »

J'accompagne chacune de mes phrases de grands coups de pied dans les côtes.

« Tu as bien compris, *bastard*? »

J'interprète le vague son qui sort de sa bouche massacrée comme une affirmation.

« Ce n'était qu'un simple avertissement », lui dis-je avant de me relever.

Pour bien marquer le sérieux de mon discours, Bobby relève par les cheveux la tête dégoulinante de sang et d'urine et d'un grand élan lui éclate définitivement la mâchoire sur le rebord de la pissotière.

Avant que j'aie eu le temps de l'arrêter, il lui attrape un bras à deux mains, l'appuie sur son genou et d'un seul coup, tirant vers lui avec un han de bûcheron, lui casse net le coude.

« Ça suffit Bobby, on se tire. »

Dans la salle, personne n'a rien remarqué et nous nous hâtons vers la sortie. Ce n'est que lorsque la porte se referme derrière moi que retentissent les premiers cris. Au chaud dans la voiture, Jo nous attend. Elle ne pose aucune question, le sourire de Bobby est suffisant.

Depuis, Jo et Roxanne me donnent un coup de main au club comme serveuses. La maison s'est humanisée. Chaque dimanche, j'organise des sorties familiales en limousine pour faire prendre l'air à Tommy. Lorsque le temps le permet, j'emmène tout le monde à la campagne jouer dans la neige.

Ginger à mon bras, Jo, Roxanne et Tommy à mes côtés, nous faisons de grandes promenades dans la forêt enneigée, suivis à quelques pas de Bobby et Harry qui portent le panier de pique-nique et les thermos de café.

Lorsque Tommy est fatigué, je le perche sur les épaules de Bobby, au grand plaisir du gamin qui le dirige en lui tirant les oreilles. J'ai craint un instant qu'avec sa douceur coutumière, Bobby ne le casse en deux sans même le faire exprès mais, à ma grande surprise, il s'est avéré capable de gentillesse, bien que ce rôle de nounou ne le réjouisse aucunement.

Intelligent pour ses quatre ans, Tommy est un enfant très agréable que j'aime beaucoup. Roxanne et Jo, qui filent le parfait amour, sont occupées à aménager leur nouvel appartement, un beau duplex dans le quartier Est. Pendant leurs absences, je me charge du petit que j'emmène partout avec moi.

Nous allons souvent manger des glaces à La Strada, où le personnel l'adore. Lorsque mes activités de la journée ne sont pas aussi innocentes ou « interdites aux moins de dix-huit ans », je le confie à la garde de la Mamma qui le gâte et lui laisse faire tout ce qu'il veut dans la cuisine. Il commence à ponctuer son anglais de quelques expressions italiennes, au grand plaisir de la famille Gucci.

Jo est ravie de le savoir en bonnes mains, mais ne peut se départir d'un fond d'anxiété. La maison n'est pas des plus sûres et les activités qui s'y déroulent la nuit l'inquiètent un peu. C'est un véritable arsenal et depuis que Tommy m'a confié, en montrant mon revolver, que plus tard lui aussi sera gangster, Jo m'a demandé de faire gaffe avec mes armes.

Ce conseil, je devrais d'ailleurs le suivre pour moi-même.

Un message m'arrive sur le *Pager*, en fin d'après-midi, un jour de février. C'est Harry qui cherche à me joindre.

C'est inhabituel et je téléphone aussitôt chez lui. Sa femme me répond. Avec beaucoup d'excuses, d'une voix inquiète, elle m'explique que Harry est malade et ne pourra pas assurer son service ce soir.

Le casino de Chinatown, comme le booze-can, ouvre six soirs par semaine. Tous les jours, Harry apporte là-bas la réserve de la banque, qui s'élève à dix mille dollars. Il veille sur la bonne tenue des jeux, ce qui n'est pas un problème, puis partage la recette : ma part, celle de Li-Han, son salaire et les dix mille dollars de réserve du lendemain. Cela fait beaucoup de responsabilités, impossibles à confier au premier venu. Mon installation chez les Chinois est un secret. Personne dans mon entourage n'est au courant.

La seule solution, c'est de m'en occuper moi-même.

« Bobby, on va chez Harry. »

Quand il a pu quitter sa piaule de downtown, Harry s'est installé en banlieue avec toute sa petite famille. Il habite un lotissement. Toutes les petites maisons se ressemblent. C'est enneigé et silencieux.

Bobby m'attend dans la Lincoln. Joan, la jeune femme de Harry, m'ouvre la porte. Son accueil est poli mais son sourire de bienvenue est visiblement forcé. Elle semble avoir encore maigri depuis notre dernière entrevue. Je dois couper court à un nouveau flot d'excuses gênées.

Le gamin a passé la tête par la porte de sa chambre. Précipitamment, sa mère l'a obligé à rentrer se cacher d'une caresse sur la tête.

Odeurs de cuisine. La maison est propre et triste, les meubles sans intérêt. La radio marche en sourdine. Des souvenirs d'Asie traînent un peu partout. Un chapeau pointu en osier et des statuettes grimaçantes. Un long sabre de samouraï orne le mur.

Dans un cadre, les photos de la famille. Je découvre Harry, un grand sourire joyeux aux lèvres, jeune et baraqué, devant une petite maison ensoleillée. Sur une autre, il est avec Joan, alors encore une jolie petite blonde, radieuse d'être dans les bras de ce beau gars aux cheveux courts. Des images du bébé, puis des petits vieux gentils et souriants. A la ressemblance, je repère le père de Harry, un gaillard typiquement *yankee*, avec sa casquette de base-ball sur la tête. Une famille américaine, tranquille, un peu stupide et heureuse. C'est étrange de regarder ce côté de la vie d'un type qu'on ne connaît que dans l'action. Se trouver en présence de cette intimité me met d'autant plus mal à l'aise que je sais que c'est un monde qui n'existe plus pour lui.

Je l'entends qui râle dans la pièce d'à côté. Sa femme est en train de le réveiller.

« Putain de merde! »

Il a l'air mal en point. C'est un type qui ne parle pas beaucoup et surtout pas de ses problèmes, mais il nous est arrivé de discuter. Il m'a appris que sa relation avec Joan se cassait la figure. Elle ne le comprend pas : elle lui reproche sa manière violente de gagner de l'argent. Il en a assez de tout. Il économise pour émigrer en Nouvelle-Zélande ou en Australie. Il a demandé à sa femme de patienter quelques mois avant de prendre une décision définitive.

Son job à Chinatown est pourtant tranquille. C'est pour ça que je l'y ai placé quand j'ai découvert qu'il avait une famille à charge. Il risque moins sa peau qu'à d'autres boulots que je peux offrir.

Joan revient. Ses yeux lui bouffent le visage et elle a l'air abattue. Je sens sa réprobation à mon égard. La vie de Harry a cessé de lui plaire à celle-là. Sans doute un rêve de petite ferme et d'existence droite, envolé depuis que quelque chose s'est cassé.

Son mari vit dans une pièce à part, seulement meublée d'un vieux canapé. Une couverture masque la fenêtre, des vêtements sales traînent par terre. Il a vomi dans une cuvette et sur le carrelage. Il essaie de se mettre debout pour m'accueillir.

« Cizia! Bienvenue... Excuse-moi... »

Il retombe avec un gros soupir. Se lever est au-dessus de ses forces.

Il arrive juste à attraper la mallette de fric, à côté de lui sur le divan, et à me la tendre. Sur l'accoudoir, une poignée de petits sachets d'héroïne traînent, la plupart éventrés sans précaution. C'est un arrivage direct d'Asie. Les paquets portent le *Curved Dragon*, un cachet rouge représentant un monstre cracheur de feu enroulé sur lui-même. C'est de la numéro trois, grise, à cinq pour cent d'héroïne pure. Ces paquets n'arrivent d'habitude qu'aux revendeurs en gros. Il y a de quoi être défoncé.

« Harry, ne te rendors pas.

– Hmmm... »

Il m'adresse un soupir épuisé puis, en se grattant sans arrêt, il essaie de m'expliquer à quel point il s'excuse. Les mots ont du mal à venir. Il traîne sur toutes les syllabes, cherchant la suivante et, tout à coup, il se met à se gratter les mollets, de toute la force de ses ongles.

La poudre provoque des démangeaisons soudaines et violentes. Elle attaque le foie, déclenchant des nausées que rien ne peut stopper. C'est une vraie saloperie.

« Harry, ça va? Tu t'es fait sauter la tête?

– Yeah... Excuse-moi, Cizia.

– Tranquille. Je vais te remplacer ce soir.

– Ahan... je...

– Harry, si tu veux bosser demain, il faut ralentir. Arrête pour aujourd'hui et repose-toi. Je t'appelerai. O.K.?

– Yeah... Merci, merci, merci... Tu sais... »

Il a un hoquet et je m'éclipse. Je ferme la porte pendant qu'il se vide. Entre deux rots pénibles, il maudit la dope.

« Bordel! Cizia! C'est cette saloperie de *scag*! *Tomorrow*... »

Joan me regarde d'un air désolé et dur.

« Ne vous inquiétez pas. Quand il redescendra, dites-lui bien que ce n'est pas grave. Il n'y a pas de problème. Je veux juste qu'il soit à son poste demain. »

Parce que moi, je n'ai pas envie d'y retourner tous les jours. Je quitte Harry un peu dégoûté. Je l'aime bien mais je supporte mal ce stade de défonce. Quelqu'un qui récupère n'est pas un spectacle agréable. Quand on cuve, c'est en solitaire, pour ne pas imposer sa présence aux autres. Il était d'ailleurs aussi gêné que moi.

J'espère sincèrement qu'il va se refaire, d'une manière ou d'une autre. Il est travailleur, de toute confiance, discret, et j'ai découvert qu'il savait même être généreux. Certains de ses copains ont débarqué au Canada, déserteurs de l'armée américaine. Des vétérans. Il est venu me demander un coup de main pour eux et je les ai dépannés.

En attendant, me voilà avec une nouvelle corvée sur les bras. Je caresse un moment l'idée d'envoyer Bobby à ma place à Chinatown mais j'y renonce. Il n'a pas bougé du siège du chauffeur, sa pipe éteinte à la bouche et le regard vide. On ne confie pas dix mille dollars en cash à un abruti intéressé. Et puis je n'ai pas envie de le mettre au courant.

Je me fais déposer en ville, à quelques rues de Chinatown. C'est un caprice et peut-être même une imprudence mais, sans savoir exactement pourquoi, je tiens à préserver le secret sur cette partie de mes activités. A part Harry, personne n'est dans la confidence. J'aime bien l'idée d'avoir cet endroit préservé. Ça me fait une planque dans l'Orient mystérieux, le genre d'image qui m'amuse.

Je traverse le petit restaurant. Le serveur, qui regardait la télé derrière son comptoir, me salue d'une courbette. Je gravis le petit escalier. Le « casino » est installé dans une chambre, à l'étage même où je fus pensionnaire. Il me semble qu'il y a longtemps. En fait, c'était il y a cinq mois.

Li-Han est surpris de me voir.

« Harry ? Des problèmes ? »

Je le rassure et lui confie l'argent. Installé au poste de Harry, une simple chaise dans un coin, je n'ai plus qu'à garder un œil distrait sur la soirée et essayer de tuer le temps.

Les clients se déchaussent tous, y compris les quelques femmes présentes, avant de pénétrer dans la salle. Les premiers venus se sont installés en tailleur, les autres sont debout, appuyés au mur. Li-Han fait le croupier.

Il est assis, les jambes croisées, devant un drap sur lequel est peint un carré. A l'intérieur, des diagonales dessinent quatre triangles. Au centre, un autre petit carré. Les mises s'entassent sur les triangles. Li-Han, la banque, a un triangle réservé. Certains des billets qui atterrissent sont pliés en deux ou en quatre, selon ce que veut jouer leur propriétaire, le quart, la moitié ou la valeur entière de la coupure.

La banque se remplit. C'est tout ce que je comprends. Pour le reste, je suis perdu. Harry, après avoir eu lui-même du mal à tout saisir, a tenté de m'expliquer mais ce n'est pas un jeu pour moi.

Cela va très vite. Des dominos, mélangés à chaque tirage, sont répandus par terre, face cachée. Les joueurs achètent le droit d'en choisir deux. Saisis dans le creux de la main, les deux dominos sont examinés, étudiés avec attention. Si le type est chanceux, il pousse un cri bref de karatéka et claque ses deux rectangles sur le parquet. Selon des critères qui m'échappent, Li-Han leur remet une somme d'argent. Pour compliquer le tout, on lance deux dés, qui déterminent l'ordre dans lequel les clients choisissent leurs dominos.

Tout le monde s'amuse sans trop s'exciter. Les femmes rient autant que les hommes. Ce sont de petits travailleurs paisibles, pour qui le jeu est une distraction normale et nullement répréhensible. A part un vieux en robe, qui doit claquer sa pension, ils sont tous habillés à l'américaine. Ce sont des clients tranquilles, sans histoires, et je m'ennuie.

Au bout de deux ou trois heures, Li-Han s'est fait remplacer et s'est approché de moi.

« Ça va ? Tu veux manger quelque chose ?

– Oui, je te remercie.

– Je te fais envoyer un plateau tout de suite. »

Il disparaît pour aller faire son tour de manager. Il a grandi, Li-Han. Il s'habille en gris maintenant, trois-pièces et de bonne coupe. Il a remplacé son énorme chronomètre par une montre de platine plus discrète, plus plate et plus chère. Son autorité et sa confiance en lui ont grandi, déjà adaptées à sa nouvelle condition. En ville, sa Cadillac dernier modèle, flambant neuve, atteste de sa réussite.

C'est un travailleur de longue haleine, plus sérieux que je ne le pensais. Il dort aussi peu que moi, pris par ses affaires. Il m'est arrivé de le croiser à toute heure.

Quand il m'a proposé cette salle, j'ai investi plus pour l'image que par réel intérêt financier. Sa positivité et sa réussite m'ont agréablement surpris. Li-Han a aussitôt réagi en réinvestissant ses gains. Il possède maintenant, outre son hôtel-restaurant, un autre boui-boui dans le quartier et des parts dans une laverie. C'est la méthode asiatique : profiter au maximum de l'illégalité tant qu'elle est possible et s'en servir pour établir une base légale à d'autres activités. Pour eux, dans les conditions où ils grandissent, seule compte la survie. Ils ne sont pas foncièrement malhonnêtes mais si, pour acquérir une place au soleil, il faut se placer quelque temps hors la loi, ils n'hésitent pas longtemps.

Ils sont imbattables pour trouver leur place dans une ville sans faire de vagues, en douceur, depuis leurs arrière-boutiques. On ne les remarque pas et, tout à coup, on les découvre, bien installés dans les murs.

Li-Han m'a proposé quelques commerces, très lucratifs, *via* l'Asie. J'ai décliné son offre et il n'a jamais insisté. C'est un type régulier et gentil, qui n'a pas fait d'erreurs.

Yac-Minh passe régulièrement dans la salle, pour servir les consommations aux clients, thé et bières. Elle ne manque jamais de me saluer d'un sourire. Brave petite. Désormais, depuis que je suis le patron de Li-Han, les massages et autres soins sont gratuits.

Le barman du restaurant m'apporte un plateau surchargé de soupes, de bols de riz et de morceaux de canard. Il a gardé le souvenir de mes fringales au sortir de l'opium, quand j'ai débarqué ici, et me traite toujours comme un gros mangeur. Le temps que je picore un peu dans chaque bol, il reste dans la salle, en veste blanche, pour jouer machinalement quelques quarts de coupures.

Je comprends que Harry ait craqué pour un soir. Il ne se passe rien. La banque s'enrichit régulièrement, l'assemblée s'échauffe sur quelques coups, mais il est difficile, sans comprendre le jeu, de participer à l'enthousiasme. Les clients se renouvellent, toujours aussi discrets, et je m'ennuie toujours autant. Quand Li-Han revient de sa tournée des compteurs, je lui demande d'accélérer le mouvement.

« On va fermer plus tôt ce soir. Je dois partir. »

Pas de problème. Li-Han respecte à la lettre les accords que j'avais fixés. C'est moi le patron. Il m'a connu à mon arrivée. Il m'a dit qu'il avait alors cru que j'étais un marin débarqué. Ensuite, il m'a découvert entouré de gardes du corps, d'apparence de plus en plus riche. Il connaît ma positivité et l'apprécie. Il ne me trahira pas.

CE matin, j'ai fait du bruit.

Depuis quelque temps, je porte mon 38 en permanence dans un holster d'épaule. L'ajuster, vérifier le barillet et m'admirer dans le miroir font partie des rites matinaux.

Je me sens bien. Je suis le plus beau, le plus fort, et ce truc froid sous mon aisselle, c'est la puissance. C'est la mort aussi, et j'en suis conscient. C'est mon choix.

Porter une arme, c'est réduire son espérance de vie, c'est un défi permanent, un autre stade dans l'illégalité. Si parfois elle peut sauver la mise, elle peut aussi la compliquer. Etre en mesure de tuer signifie aussi devoir affronter de la part de l'adversaire une réaction beaucoup plus forte. Une arme, il faut l'assumer. Mais j'ai décidé que cela faisait partie du personnage que j'ai créé et je m'en servirai quand il le faudra. J'en accepte d'avance tous les risques.

J'ai vingt-trois ans, la folie de la jeunesse et tout me réussit. Chaque matin, je m'offre mon petit défi personnel. Je joue à la roulette russe avec moi-même. Une seule balle, un geste du poignet et clic !

Mais je sais quel mouvement je dois donner quand je fais tourner le barillet avec le doigt pour faire en sorte que la balle se retrouve vers le bas. Puis j'appuie le canon sur ma tempe.

Fou, peut-être. Mais inconscient, pas du tout. Je relève toujours le canon de quelques centimètres une fraction de seconde avant d'appuyer sur la détente. Le clic matinal du chien qui frappe à vide me confirme dans la pensée que j'ai encore gagné et que la journée sera belle.

Ça m'a servi à impressionner Bobby et Harry, réellement admiratifs devant tant de courage. Ils ignorent que, grâce à un geste répété des centaines de fois, je sais pertinemment que je ne cours aucun danger.

Cela, ils n'ont pas besoin de le savoir. C'est pour cela que je suis le chef !

Mais, ce matin, la balle, en se logeant dans le plafond, m'a rappelé que je n'étais pas infaillible. Ce n'est ni la détonation ni la brûlure sur la peau de mon crâne qui m'ont abasourdi, mais le retour à la réalité.

DimANCHE pourri! Il n'y a rien à faire à Toronto. Personne ne sort le dimanche soir. C'est pour cela que j'en ai fait le jour de fermeture hebdomadaire du club.

J'en profite pour faire un tour dans d'autres endroits et ce soir je vais boire un verre chez Mikis, dans le centre-ville, avec D'Amour et Bobby, qui ne me quitte plus. Mikis est un booze-can discret, sans envergure. Il suit les normes, c'est le mien qui est trop important. Une vingtaine de personnes se bousculent dans deux petites pièces dont les lampes sont couvertes de papier de couleur. Un bar mobile, quelques tables et chaises complètent le décor. On y rencontre les noctambules invétérés, ceux qui se doivent d'être dehors tous les soirs de la semaine.

Assis à une table, j'aperçois Peter, le dealer de coke, notre pigeon préféré, jeté dans nos pattes par Jan, son associé et copain d'enfance. Je lui pose ma main sur l'épaule. Il fixe sur moi un regard embrumé affecté d'un début de strabisme dû à l'abus de dope. Il a du mal à me reconnaître.

Je l'aime bien. Il est synonyme de pognon. Je lui présente Ginger qu'il regarde à peine, trop abruti par la défonce.

« Le commerce va bien?

269

– Ça va, me répond-il d'une voix pâteuse en appelant la serveuse d'un geste fatigué. Dis à ton garde du corps de s'asseoir, il me rend nerveux.

– On ne te voit plus au club, Peter. Que se passe-t-il, tu n'aimes plus jouer?

– Si! Mais le jeu, le jeu... J'ai pas la chance avec moi en ce moment, je laisse tomber. Dès que je pose de l'argent sur une table, je suis sûr de le perdre. Je claque tout mon bénéfice. Ce mois-ci, rien que chez toi, j'ai dû laisser quarante mille dollars. »

Comment ça, rien que chez moi? Il va donc jouer ailleurs? Décidément on ne peut avoir confiance en personne.

« T'es dans une période de malchance, ça arrive. Ça va bien se terminer un jour.

– Malheureux au jeu, heureux en amour, ajoute sentencieusement Louie D'Amour.

– Explique ça à Cizia, qui est heureux sur les deux tableaux », lance-t-il, remarquant enfin Ginger.

La conversation s'éternise quand il réclame l'addition. Chez moi, je lui offre toutes ses consommations. Avec l'argent qu'il m'abandonne, je peux bien me permettre cette folie, et ce soir il tient à me rendre la politesse.

« Laisse, c'est pour moi.

– On la joue aux dés? » dis-je en souriant.

Je sors une paire de dés de ma poche. Ses yeux éteints s'allument soudain. Les dés ne sont pas truqués et il gagne.

« Bon Dieu, pour la première fois que je gagne contre toi, c'est pour payer! » dit-il en plaisantant.

Il sort de sa poche une épaisse liasse. Par habitude, je jette un coup d'œil. A part quelques *banknotes* de cent dollars, il n'y a que des billets rouges de mille dollars canadiens. A première vue,

270

il y en a pour environ quarante mille dollars et mon intérêt est soudain éveillé.

« Peut-être que l'endroit te porte chance.

– Peut-être !

– Allez, je te joue cent *bucks* sur un coup de dés, rapide, pour vérifier.

– Ça marche, envoie les dés ! »

Il s'est animé, repris par le démon, et il gagne les cent dollars.

« T'es chanceux ce soir. On joue la prochaine tournée ? »

On fait encore un peu rouler les dés puis, profitant du départ de Peter sorti pisser, je dis à D'Amour :

« On a le jeu de black-jack dans la voiture ?

– Oui, bien sûr.

– Bon, on va le nettoyer. »

Accompagné de Ginger, je me fraie un chemin vers l'autre pièce, Bobby sur mes talons. Il faut laisser reposer un pigeon et Peter ne doit pas sentir un intérêt trop grand autour de lui. Nous dansons quelques slows. Bobby fume sa pipe, appuyé contre le mur.

Quand, une demi-heure plus tard, je reviens à la table, à ma grande surprise, D'Amour est assis, seul.

« Où est Peter ?

– Il est parti.

– Comment ça, il ne veut pas jouer ? Ce n'est pas possible.

– Moi aussi, j'ai été étonné. Mais il a dit qu'il était fatigué, qu'il n'était pas en forme pour jouer.

– Tu as insisté ?

– Ouais, rien à faire. Il a refusé. Je ne pouvais quand même pas trop insister. Il vient de partir. »

Je suis surpris et déçu. Un joueur comme Peter

se laisse convaincre facilement. Je pensais pourtant l'avoir bien chauffé. Sa désertion me gâche la soirée. Je voyais déjà son argent passer dans ma poche, il me vole quelque chose. Peut-être qu'on l'a saigné trop fort les autres fois et qu'il est obligé d'être raisonnable. Je me lève, imité par Ginger :

« Je me casse, il n'y a plus rien à faire. Je dors au Hyatt. A demain, vieux. »

Il y a maintenant, en permanence, une chambre réservée au même étage que ma suite pour Bobby, qui ne me quitte que sur le pas de ma porte. Il en est très content. Il n'avait jamais pensé pénétrer dans un tel établissement autrement que par effraction. La réception a pour ordre de ne jamais passer de communication dans ma chambre avant mon réveil. Seuls mes intimes ont mon numéro de *Pager*. Je suis tranquille.

Le bip a dû sonner ce matin. Je l'ai vaguement entendu, mais pas assez pour qu'il me tire vraiment du sommeil, dont je n'émerge qu'à deux heures de l'après-midi.

En pardessus, assis à mes côtés, Bobby Thompson tente, de ses grandes mains d'étrangleur, de beurrer mes toasts. Je bois mon café. Ginger chante une salsa sous la douche. Je suis bien.

Louie D'Amour entre en coup de vent, décoiffé, après avoir vaguement frappé. A le voir débouler comme ça, je sens déjà que la journée est gâchée et je ne me trompe pas.

« Des ennuis?

– Il faut que je te dise... Tu ne réponds plus au *Pager*? J'ai essayé de t'appeler. En bas, à la réception, ils ne voulaient pas te déranger. C'est pour cela que je suis monté. Je te dérange? »

Aïe! Il me cache quelque chose. Son regard furète partout mais m'évite. Son gilet est de travers. Je n'aime pas du tout cet air paniqué qu'il s'efforce de cacher.

« Il y a des ennuis avec le club?

– Non, non! Tranquille, pas de problèmes, le club va bien.

– Alors, qu'est-ce qu'il y a?

– Peter, hier soir!

– Et alors? »

Alors D'Amour a embarqué le dealer pour une partie de vingt-et-un et lui a gagné toute sa fortune. Je trouve ça très bien. Ce qui me chiffonne, c'est qu'il me le dise. Comment Louie, tricheur et avide, ayant plumé un pigeon hors de ma présence, peut-il avoir le réflexe de venir m'en parler? Ce n'est certainement pas pour le seul plaisir de me donner ma part. Ce serait gentil, mais rien ne l'y oblige.

« Superbe. Et tu m'apportes ma part?

– Eh oui, c'est normal…

– Louie, qu'est-ce que tu me caches? »

Il essaie encore de m'embarquer dans une histoire. Pourquoi veut-il absolument se séparer de la moitié de ce pognon?

« Je te donne ta part, hein? On voulait le plumer ensemble, c'est normal. Si tu ne l'avais pas travaillé, hein? Il n'aurait peut-être pas joué. Tiens, je vais te la compter. »

Il déboutonne sa chemise, et prend les liasses dans la pochette fixée derrière son dos, indécelable lors d'une fouille rapide. Fébrile, il commence à me compter mes vingt-deux mille dollars. Je l'arrête.

« Attends. Dis-moi d'abord ce que tu veux.

– Eh ben… Je suis dans la merde, Cizia. »

Le pognon qu'il a extorqué à Peter appartient à Isaac Jones, le chef des Noirs. C'est lui qui l'avait confié à Peter pour que ce dernier serve d'intermédiaire dans un achat de drogue. Peter est allé dire à

Isaac Jones que D'Amour l'avait nettoyé. Maintenant, Isaac Jones menace Louie de lui faire la peau s'il ne rend pas l'argent.

Dernier acte : D'Amour accourt chez son grand frère Cizia, dont il comptait barboter la part, pour qu'il arrange les choses. Et pour arriver à ses fins, il veut lui refiler vingt-deux mille dollars, comptant sur le fait que si une partie de l'argent est à lui, il va se défendre contre Isaac Jones et le protéger du même coup.

« Tu me prends pour un con, Louie.

– Mais...

– Ta gueule. On va rendre le fric. »

Il s'en étrangle. Ce n'est pas possible. On ne peut pas faire ça. On ne peut pas se laisser avoir comme ça par les nègres... L'idée de rendre de l'argent est inconcevable pour D'Amour.

Je prends mes vingt-deux mille dollars.

« Donne le reste.

– Mais, Cizia... »

Je n'ai qu'un signe à faire et Bobby se lève. Louie le regarde s'avancer, affolé.

« Cizia ! Dis-lui de s'asseoir !

– Sors le fric. »

Il extirpe rapidement sa pochette, sous l'œil redoutablement proche de Bobby, qui prend les billets et me les apporte.

« Ecoute, ducon. Ce pognon est à eux. Tu as marché sur leurs plates-bandes sans le faire exprès. Une fois que tu es prévenu, il faut stopper le coup et s'expliquer. Inutile de se mettre les Noirs à dos pour cette histoire. Compris ?

– Ouais.

– Deuxièmement, j'en ai assez de me trouver mêlé à tes combines. C'est la dernière fois, compris ? *Capito* ?

– Ouais ! Ouais !

274

– Appelle-moi Isaac Jones au téléphone. Je vais lui parler. »

Cela s'est passé très vite. J'ai eu Jones au téléphone. J'allais lui expliquer qu'il y avait eu une erreur d'un de mes hommes et que j'allais lui faire parvenir son pognon, et que tout allait bien, quand il s'est mis à crier. Il m'a traité de cochon et je me suis retrouvé en train de hurler qu'il aille se faire enculer. J'ai gueulé mon répertoire d'insultes pendant trois minutes et j'ai raccroché d'un coup sec.

D'Amour, l'écouteur encore sur l'oreille, exulte.

« Bravo! C'est comme ça qu'il faut leur parler à ces nègres. »

Ne doutant de rien, il récupère aussitôt sur la table la moitié du fric et se déboutonne à nouveau pour atteindre sa pochette.

« Touche pas à ce fric! »

Je suis énervé, moi! Il n'arrête pas de m'attirer des ennuis. Il m'a obligé à insulter l'autre, qui ne le prendra pas gentiment. S'il continue, je le passe par la fenêtre. Je prends dix mille dollars supplémentaires. Le glapissement de D'Amour est déchirant :

« Tu n'as pas le droit! Qu'est-ce que tu fous? C'est ma part. Tu as déjà pris la moitié! »

Sacré D'Amour! Il tremble à la moindre embrouille, il se réfugie chez moi, mais il fait cavalier seul dès que les emmerdes ont disparu, ou du moins qu'il le croit.

« D'Amour, abruti, Isaac Jones va réagir. S'il te trouve, tu sais ce qu'il va te faire? Ces dix mille, c'est pour assurer ta protection. »

A la pensée de tomber entre les pattes des Noirs, il a pâli. Il me laisse empocher la liasse. Je reprends cinq mille.

« *Hey, partner.* Mais qu'est-ce que tu fous ? Pour qui tu te prends ? Laisse ce fric.

– Bobby ! »

Mon garde du corps se lève et Louie court à l'autre bout de la pièce.

« Ces cinq mille-là, c'est l'amende pour me foutre toujours dans la merde. »

Je lui laisse sept mille, ce qui n'est pas si mal. Le reste, je vais le dépenser rapidement. Après tout, ce fric était destiné à un sale trafic de drogue. Autant qu'il soit consacré à ma propre consommation.

Louie a son quartier général au Julie's Mansion d'où il dirige ses petites combines. A sa table, c'est un défilé de truands qui lui proposent les trafics les plus invraisemblables. La plupart du temps, cela n'a aucun intérêt. Ça rapporte peu, c'est dangereux et sans aucune classe. Mais qui sait, il est possible qu'une action intéressante arrive par là et je me tiens au courant.

Je viens parfois m'asseoir dans sa cour des miracles et lui rends quelque service en prodiguant des conseils. Bon nombre de personnes viennent me consulter sur des problèmes de toutes sortes. Je suis célèbre maintenant et beaucoup ne voient en moi que le gangster qui, derrière une façade respectable, tire les ficelles du crime. Des histoires invraisemblables courent sur mon compte. On m'attribue des actes que je n'ai pas commis. A la manière respectueuse dont ils me sont rapportés, je mesure mon degré de réussite. Il est arrivé que l'on me demande des services étranges.

Michael White est un industriel aisé. Joueur occasionnel, il vient au booze-can pour les filles qui s'y pressent. Une nuit, alors que le jeu s'est terminé plus tôt, grâce à l'entrain de Bananas qui a lessivé tout le monde en un temps record, Michael m'accoste.

« Cizia, il faut que je te parle sérieusement. J'ai une affaire à te proposer. »

Intéressé, comme toujours, dès que je sens l'argent, je l'emmène dans le bureau de Haig, devenu le mien depuis longtemps. Bobby se poste devant la porte, pour en interdire l'entrée. Après quelques verres et les banalités d'usage, l'industriel vide son sac.

« Tu vois, Cizia, j'ai travaillé dur toute ma vie. Maintenant, j'ai atteint une très bonne position sociale. J'ai pas mal de fric et encore de bonnes années devant moi pour en profiter. »

Il continue ainsi quelques instants à tourner autour du pot et il commence à m'ennuyer.

« Bon, c'est quoi ton problème ?
– J'ai tout pour être tranquille, mais ma femme me fait chier. »

Qu'est-ce qu'il me veut ? Je n'en ai rien à foutre de ses histoires de famille, je ne suis pas un conseiller conjugal.

« Et alors ? Lourde-la, divorce, je ne sais pas moi. »

Je ne comprends pas non plus ce qu'il me raconte ! Il ne m'a quand même pas demandé un entretien pour me parler de ses scènes de ménage. Je regarde la pendule, énervé. Qu'est-ce que je fous là à écouter ce con !

« Oui, mais elle veut me prendre un paquet de pognon. »

Il baisse la tête et reste silencieux.

« Ecoute, Michael, explique-toi clairement. Je ne suis ni un psychologue, ni un avocat, alors arrive au fait, j'ai pas que ça à foutre !
– Il y a cinquante mille dollars pour celui qui me débarrassera de ma femme et... »

Je l'interromps aussitôt.

« Silence ! »

Il me regarde sans comprendre. Je recommence, un doigt sur les lèvres.

« Chuuuut ! Ne dis plus rien. Plus rien ! »

Je me lève et lui tapote l'épaule.

« Je pense que tu es bourré. Je suis même sûr que tu es bourré, alors je vais faire comme si je n'avais rien entendu. Toi, tu vas faire comme si tu ne m'avais jamais parlé. Maintenant tu te lèves et tu disparais du club. Il se fait tard, il est temps que tu rentres chez toi. »

Je le prends par le bras et le raccompagne jusqu'à la porte du bureau.

« Bobby, tu raccompagnes monsieur à la sortie. »

Un ton plus bas, j'ajoute :

« A partir de maintenant, tu ne le laisses plus entrer… »

C'est bizarre comme, pour les gens honnêtes, une personne qui a un pied dans l'illégalité doit être capable de tout. Il leur est impossible de faire le distinguo. Pourtant un boulanger ne vend pas des casseroles. Je ne joue pas deux parties à la fois. Je suis un escroc, un tricheur, capable d'aller jusqu'au bout pour respecter le personnage que j'ai créé, mais seulement dans la voie que j'ai choisie. Michael ne l'a pas compris.

Marilyn non plus d'ailleurs qui m'a carrément pris pour un gros bras sans cervelle. Son apparition dans le club n'est pas passée inaperçue. Grande, cheveux châtain clair, très belle et soignée, elle a beaucoup de classe, trop peut-être pour le club de Haig. C'est elle qui est venue me chercher, dès le deuxième soir, avec beaucoup de distinction.

Elle m'a ensuite conduit chez elle dans sa voiture, un coupé Mercedes, symbole de réussite au Canada. Elle habite un immense appartement sur Clarendon Crescent dans le centre-ville; meublé avec un luxe inouï, cela respire le pognon, le très gros pognon.

Mais bien dissimulée derrière sa classe, je la sens dure et sans pitié. Son mari, un gros ponte en voyage d'affaires, est absent pour un mois. La première nuit, elle a commencé à me vamper. Et quand une femme veut vamper un homme et s'assurer une emprise sur sa volonté, le travail se passe toujours au lit, pendant et après l'amour.

Il n'y a rien de plus facile pour une femme que de jouer avec un homme si elle sait flatter sa vanité de mâle viril. L'ego masculin est le point faible de la majorité d'entre eux. Dès qu'une femme leur dit qu'ils sont des supermen au lit, ils sont conquis et déjà perdus.

Mis à part les habituels compliments qui sont toujours bien agréables à entendre, j'ai droit au grand jeu : hurlements, évanouissements, soupirs extasiés et regards mouillés admiratifs. Elle ne sait pas que j'ai quand même la chance de bénéficier d'une certaine expérience en la matière.

Chaque fois que nous couchons ensemble, c'est le même cinéma! Car c'est un vrai film et toutes les répliques hollywoodiennes y passent les unes après les autres. A l'en croire, depuis qu'elle me connaît, elle ne dort plus et sa vie est bouleversée.

« Les gangsters m'ont toujours excitée, m'a-t-elle dit la première fois qu'elle a vu mon holster. Pourquoi ne t'ai-je pas connu avant? » me répète-t-elle constamment.

Comme elle me traite bien et que sa maison est vraiment agréable, je me prête au jeu. Plus je suis goujat, et plus elle en rajoute. C'est agréable et même amusant. Elle me soigne comme un roi. Le moindre de mes désirs, vaguement formulé, devient un ordre immédiatement exécuté.

« Je suis ton esclave, ta chose, fais de moi ce que tu veux, Cizia. Tu me rends folle, jamais je n'ai connu ça. Je t'appartiens, tu peux tout me demander.

– Tu me fais un petit café, ma belle ? »

Je lui ai laissé entendre que j'étais amateur de foie gras et depuis, chez elle, je ne mange que le meilleur que l'on puisse trouver à Toronto. Quand je me réveille, mon costume m'attend, impeccable, au pied du lit, grâce aux bons soins de ses domestiques chinois silencieux et efficaces.

A notre cinquième rencontre, elle se dévoile enfin.

Ce soir elle a mis le paquet. Ses soupirs ont fait trembler les murs. En deux minutes, elle a joui six fois et s'est évanouie à deux reprises. Et maintenant, sa tête sur ma poitrine, elle me regarde de ses grands yeux qui ont vu l'extase.

« Cizia, c'est merveilleux, je n'ai jamais connu un tel plaisir, dit-elle en me caressant le torse. Quel dommage que mon mari soit en travers de notre route. »

Quelle route ? J'ai pas besoin d'auto-stoppeuses !

Un verre de champagne dans une main, un toast de foie gras dans l'autre, je la laisse délirer.

« Si seulement son avion pouvait s'écraser, s'il venait à mourir, quel bonheur pour nous deux ! »

Ça y est, on y est ! Tout ce cinéma pour en arriver là ! On croirait un mauvais film de série B. Amusé, je l'écoute dérouler son scénario devant moi.

« Surtout que, dans son testament, il me laisse toute sa fortune. Ce serait merveilleux, Cizia, on irait vivre une existence de roi dans le Sud. Au soleil, Cizia! »

Elle me prend vraiment pour une poire. Je suppose que dans la suite du script, je prends vingt ans de cabane, ou une balle dans la tête, pour qu'elle puisse se faire sauter tranquille. Autant s'amuser un coup.

« Tu veux que je le tue, chérie? dis-je d'un air dur désignant le holster accroché au bout du lit.

– Je ne sais pas, tu crois que tu pourrais? »

Elle a baissé la tête, vraisemblablement pour cacher son expression de triomphe. Quand elle la relève, elle prend en pleine gueule le choc de mes deux yeux rigolards et de ma main, le médius pointé en l'air.

« Dans le cul, ma belle! »

J'ai vidé ma coupe, posé délicatement mon toast, côté beurré, sur l'oreiller, me suis essuyé le sexe sur les draps de satin et je suis sorti, dignement.

Même Annie, la vieille serveuse de chez Fran's, m'a demandé de lui rendre service. Je ne vais plus dans cet endroit que très rarement. Ce matin, Annie est venue me voir alors que je m'apprêtais à partir.

« Monsieur Cizia, j'ai fini mon travail dans un quart d'heure et je voudrais vous parler. C'est très grave. »

S'est-elle enfin décidée à me faire sa déclaration? A peine libérée, elle vient s'asseoir à ma table. Effectivement son problème est très grave. Son neveu lui a volé cent cinquante dollars, une fortune. C'est un feignant, la honte de la famille, un voyou destiné à finir sur la chaise électrique ou poignardé dans une ruelle pour une histoire louche. Par respect pour sa belle-sœur, elle ne veut pas porter plainte.

Cent cinquante dollars, ce n'est rien, mais pour ces gens, c'est beaucoup : une semaine de travail. J'ai voulu les lui donner, mais ce n'est pas ce qu'elle attendait de moi.

« Je n'oserais jamais vous demander de l'argent, monsieur Cizia. Mais il faut que quelqu'un lui apprenne les bonnes manières une fois pour toutes, sinon il va mal finir. »

C'est pourquoi, moi, promis à la guillotine à l'âge de seize ans par un juge pour enfants de Bordeaux, je frappe à la porte du studio du gamin pour faire plaisir à sa vieille tante. J'ai mobilisé la cavalerie lourde et suis accompagné de Harry et de Bobby. Tant qu'à faire !

Je me sens vraiment ridicule, mais tante Annie a réussi à m'arracher cette promesse.

L'adolescent qui nous ouvre la porte est l'exemple type de la petite frappe vicieuse qui ne respecte rien. Mal réveillé, en chaussettes et calbard douteux, il est minable. Un Hell's Angel sans moto.

Une fois Bobby, Harry et moi dans la pièce, il ne reste plus beaucoup d'espace. Le gamin ne comprend pas mais commence à avoir la trouille. Harry, légèrement gêné, retient son envie de rire.

« Petit, tu as volé de l'argent à ta pauvre tante. C'est une amie. Je ne suis pas content. Il faut le rendre.

– Mais... mais c'est pas vrai, c'est un mensonge. C'est une vieille pute et...

– Bobby, une claque. »

Les gifles de Bobby défonceraient un mur d'épaisseur moyenne, mais il s'est modéré, et le gamin voltige simplement à travers la pièce. Maintenant, allongé sur le lit, tenant sa joue écarlate d'une main, il panique.

« Alors, petit, tu vas rendre l'argent ou je me fâche pour de bon?

– Oui, oui, c'est juré. »

Il est dépassé par les événements. Il a du mal à faire le rapprochement entre sa vieille tante et ces trois types surgis de nulle part.

« Et comment tu vas faire?

– Je ne sais pas, mais juré, je vais le trouver, dit-il en reniflant.

– Ne me raconte pas de bêtises. Tu vas venir avec nous. Je vais te donner du boulot, comme cela tu pourras rembourser. Habille-toi. »

Il est quand même gêné en enfilant son blouson dans le dos duquel est écrit en lettres de feu une devise de motard : « L'honneur ou la mort. »

Et c'est ainsi que, le jour même, il a nettoyé toute la maison, lavé les verres, ciré le parquet, astiqué les cuivres... sous la férule de Bobby qui lui balance régulièrement des coups de pied au cul pour se venger du ridicule de la situation.

La maison impeccable, Bobby lui fait nettoyer la voiture. C'est un boulot de fou, totalement inutile. Par cette température, même l'eau chaude gèle rapidement et il faut recommencer sans cesse. Enfin, il déblaie les mètres cubes de neige rejetés par les chasse-neige sur le trottoir, ainsi que la croûte verglacée qui recouvre le jardin.

Lorsque Bobby, qui n'aime vraiment pas jouer au baby-sitter, l'a bien pris en main je continue ma journée. Quand je reviens, vers une heure du matin, la moitié de la cour seulement est dégagée et le gamin est frigorifié. Au chaud, Bobby l'observe de la fenêtre de la cuisine.

Ce soir, les parties sont animées et se prolongent jusqu'au matin. Je me prépare à quitter le club lorsque Bobby m'intercepte.

« Qu'est-ce que je fais du gamin ? »

Merde, je l'avais complètement oublié celui-là !

« Il est toujours dehors ?

– Non. Il était en train de geler. Je l'ai fait rentrer et il finit de nettoyer les verres à la cuisine. »

C'est un gosse épuisé, abattu, les yeux gonflés de sommeil, titubant, qui me regarde. Il a les mains gercées, claque des dents et son nez coule. Il a tout oublié. L'honneur ou la mort, la frime de la rue, toutes ses habituelles raisons de vivre. Il n'aspire qu'à dormir et sortir de cette histoire de fous où il est plongé depuis plus de vingt heures.

« Le boulot a été bien fait. Tu as compris. »

Je lui tends cent cinquante dollars qu'il ramasse sans même les voir.

« Voici ton salaire. Tu vas l'apporter tout de suite à ta tante. N'oublie pas que je n'aurai aucun mal à te retrouver. »

Il acquiesce à tout. Alors qu'il s'éloigne, je le rappelle et lui donne cent cinquante dollars de plus.

« Un dernier conseil, petit, quoi que tu fasses, il ne faut pas voler ta famille. »

On m'a également proposé de braquer un cercle de jeu, de racheter une écurie de tapineuses, de cambrioler un entrepôt où se trouvait une cargaison de hachisch fraîchement arrivée sur le territoire, et beaucoup d'autres « plans » que j'ai toujours écoutés, avec ennui pour la plupart, et que je n'ai jamais mis en œuvre. En général ce sont de petites magouilles et c'est ainsi que j'ai retrouvé au Julie's Mansion le Russe qui cherchait à fourguer des cartes de crédit volées.

Je le revois avec émotion. Ma première récupération de dette! Mes débuts, brouillons certes, mais efficaces. Il a retrouvé son aisance et est redevenu le flambeur que j'avais connu avant notre entretien privé. Il ne me garde aucune rancune. Il m'aborde, sourire aux lèvres :

« Comment vas-tu, Cizia, ça fait longtemps!

– Je vais bien. Ça a l'air de marcher pour toi.

– Je me débrouille toujours, dit-il, me lançant un clin d'œil complice. Je peux t'offrir un verre?

– Champagne, avec plaisir. »

Il accuse le coup mais prend quand même la commande.

« Alors, tu vas revenir jouer au club?

– Ah! non, jamais! »

Il a presque crié. Ça lui a échappé, mais il se reprend rapidement et m'invite pour le soir même, ainsi que Louie, Ginger et Bobby, à venir voir un match de hockey sur glace : U.R.S.S. contre Canada.

« C'est mon pays, je me dois d'aller les encourager. »

Nous nous retrouvons au Marple Leaf Garden. Le Russe attend, les places à la main, et nous pilote à travers la tribune d'honneur.

Le match est agréable. J'aime les spectacles de sport. La saison de base-ball et de football américain est finie. La rapidité et la brutalité du hockey sur glace me séduisent. C'est un des seuls sports où l'on est à peu près sûr de voir les deux équipes se foutre sur la gueule. Ce qui m'a toujours étonné, c'est qu'en cas de bagarre, ils jettent leurs cannes et se tapent dessus à coups de poing. Il me semble que ce doit être pourtant plus facile, plus marrant et surtout plus instinctif de s'aider de la crosse.

Le Russe tient la grande forme. Il parle avec de grands gestes et nous joue à nouveau le coup de l'aristocrate en exil. Il blague Louie et fait rigoler Bobby. Galant et aux petits soins avec Ginger, il lui explique les règles du hockey. Il est intarissable sur l'équipe russe.

« Nous autres, les Russes, avons le sport dans le sang. Le brassage des races, le climat rigoureux et les conditions de vie très dures font du Russe un lutteur qui s'épanouit dans le sport. Cette équipe est la meilleure au monde et rien n'arrêtera son chemin vers la victoire. Chère madame, vous avez devant vous les futurs champions du monde de hockey sur glace. J'ai une confiance inébranlable en eux.

– Tu veux prendre un pari?

– Tout ce que tu veux, ma fortune entière!

– Attention, ne parie pas si tu ne peux pas payer. Souviens-toi!... »

Il a un geste désinvolte.

« Pfff! De la vieille histoire. Une légère erreur de calcul et d'appréciation, sans plus. Toute ma fortune, je te le répète!

– Contente-toi de ce que tu as dans les poches. Ça monte à combien?

– Mille dollars environ.

– Je mise mille dollars sur le Canada vainqueur.

– Tenu. C'est un placement sûr que je fais là. »

Le souvenir de notre petit entretien privé chez lui nous rapproche et nous parlons comme deux vieux copains au passé commun. Il plaisante en me narrant la scène. Et le Canada gagne!

« Ce sont des choses qui arrivent. Personne n'est infaillible. Il faut savoir perdre avec le sourire!

– Et payer avec le sourire!

– Bien sûr, le jeu comporte ses aléas, auxquels il faut sacrifier dans la bonne humeur, dit-il en me mettant la main sur l'épaule.

– Tu as raison, maintenant file-moi le fric! »

Il perd son self-control.

« Voyons Cizia, c'est évident. Donne-moi le temps. Nous avons passé un excellent moment tous ensemble, ne viens pas le gâcher avec des histoires bassement matérielles.

– Bobby! »

Bobby, qui, quelques minutes auparavant, devisait aimablement avec lui et riait de bon cœur à ses plaisanteries, l'attrape brutalement par le cou et commence à le secouer.

« Il faut payer, le patron a dit.

– Oui, oui, ça vient. Lâche-moi. »

Il sort des billets de toutes ses poches et me les donne, aidé de Bobby qui le secoue amicalement de temps à autre.

« Voilà, le compte y est. Franchement, tu exagères.

– Il en manque! Il n'y a que neuf cent quatre-vingt-dix dollars.

– Mais voyons...

– Il manque dix dollars.

– Mais c'est dix dollars. Dix dollars! Ce n'est pas sérieux. Dix dollars!

– Bobby! »

Le Russe, sa superbe envolée, dépassé par mon attitude, fouille ses poches, fébrile. Il réunit un dollar vingt-cinq en monnaie et me les tend.

Il me regarde, regarde Bobby et se tourne enfin vers D'Amour.

« D'Amour, prête-moi dix dollars. »

Louie, qui a vu mon clin d'œil, refuse, le visage fermé. Je laisse le Russe transpirer à grosses gouttes et s'agiter pendant quelques instants, avant d'arrêter la plaisanterie.

« Ça va, lui dis-je, lui collant une grande claque sur la nuque. C'était juste pour t'apprendre qu'il ne faut pas jouer avec moi, surtout si tu n'as pas assez d'argent. Quand comprendras-tu que le jeu est une vilaine chose ? Tiens, je suis bon prince ce soir. »

Je lui rends son dollar vingt-cinq pour qu'il prenne le bus. Il ne faut pas être trop salaud !

UNE semaine passe. Nos amis les maquereaux ne se sont toujours pas manifestés. Je n'aime pas ça. Ces types n'ont rien de simples pigeons qui se contentent de ruminer leur haine. Dans le monde sordide des ghettos noirs, ceux qui s'en sortent sont les plus méchants, et ceux-là sont vraiment dangereux. Ils ne vont pas se laisser entuber sans réagir. Par fierté et pour ne pas perdre leur crédibilité dans ce milieu, ils préparent quelque chose, j'en suis sûr. Ils doivent soigner leur vengeance, pour ne pas me rater. A moi d'être sur mes gardes.

Alors je suis prêt. J'ai même exagéré. On peut difficilement être plus armé que je ne le suis, la maison est un véritable arsenal. J'ai constamment à portée de la main un fusil de chasse à canon scié, un calibre 12 chargé à la chevrotine.

Sur la banquette arrière de la Lincoln, il y a le fusil à pompe acheté à Dany, le coiffeur receleur, et Bobby a rempli ses poches d'objets qui font très mal. Il m'a notamment montré le poing américain qu'il s'est fabriqué, adapté à la taille de ses énormes paluches.

Je ne quitte mon 38 que pour dormir et Louie D'Amour palpe machinalement le colt automatique 25 que je lui ai offert, glissé dans sa ceinture. Je sais qu'il s'entraîne devant la glace à prendre des mines farouches et à dégainer sans arracher sa chemise à chaque fois.

On a même acheté des *shurikans*, ces étoiles japonaises qu'on plante dans les portes, au grand désespoir de Haig, très préoccupé par cette nouvelle race de termites qui s'attaquent à ses boiseries. J'ai toujours le rasoir dans ma botte et des objets lourds ou pointus sont disséminés un peu partout dans la maison.

Je me demande parfois quelle serait la tête d'un flic qui tomberait sur cet arsenal. Ce ne sont pas vraiment les attributs d'un étudiant, même en psychologie de choc, et simple touriste de passage. La visite des chutes du Niagara ne nécessite pas un armement pareil!

Je pense plus souvent à eux car je sais qu'ils ont commencé à penser à moi. J'ai l'intuition qu'ils ne vont pas tarder à revenir.

Si je suis encore libre et vivant après tant d'années d'aventures, c'est grâce à mes intuitions qui ne m'ont jamais trompé. La vie marginale développe un sixième sens que je ne saurais expliquer. Il y a quelques jours, je sortais tranquillement de ma suite, comme chaque après-midi. En descendant, quelque chose m'a dérangé. Non, pas un pressentiment, mais la légère sensation que quelqu'un pensait à moi.

J'ai stoppé l'ascenseur et suis remonté. Je cache toujours ma coke à l'extérieur de ma chambre. Dans les hôtels, il y a des coins qui ne sont jamais nettoyés : l'intérieur d'un fauteuil sur le palier est une excellente cachette. J'y ai mis mon flingue et la coke et je suis redescendu.

Dans le hall, deux types se sont dirigés vers moi.

« Officiers de l'immigration! me disent-ils en sortant leurs plaques. Vous êtes mister Zikë?

– Oui. »

Je les avais oubliés ceux-là!

« Vérification de routine. Que faites-vous à Toronto?

– Du tourisme.

– Vous ne travaillez pas?

– Non. »

Ce n'était réellement qu'une simple formalité. Ils ne m'ont pas fouillé et m'ont laissé aller après quelques autres questions anodines. Ils n'ont rien à voir avec la police, mais les flics, c'est comme les malheurs, ça n'arrive jamais seul.

Je ne peux pas atteindre une position supérieure de cette façon. Ils ne peuvent pas continuer à me laisser bafouer les lois ouvertement comme je le fais.

Chaque aventure est un challenge et j'ai mené celle-là jusqu'au bout. Il y a bien sûr d'autres voies dans la marginalité, mais elles ne m'attirent pas, non par respect des lois, je m'en contrefiche, mais par respect de moi-même.

Il est temps que cela s'arrête. Dans ma vie, j'ai tout fait et je suis toujours allé au bout des personnages que j'avais créés en les poussant jusqu'à leurs derniers retranchements. Décorateur, j'ai pris le marché d'une ville entière et mes travaux ont été des réussites. Contrebandier, j'ai transformé des frontières en gruyère, et ainsi de suite. Aujourd'hui, je suis représentant de la Mafia.

Jusque-là, dans cette aventure, il n'y a pas eu de grandes violences : quelques claques, des coups douloureux, le minimum. Mais je dois jouer le jeu et fatalement arrivera un moment où, emporté par mon personnage, je vais franchir un cap.

Au fond ce n'est qu'une parodie et je ne veux pas que ce jeu devienne réalité. S'il est vrai que je ne me laisse pas marcher sur les pieds, j'ai quand même le respect de certaines choses.

Depuis quelques soirs, je sais que les flics vont débarquer. Malgré le froid et la neige, je sors souvent sur le pas de la porte et inspecte du regard la foule de voitures garées dans le parking et le long des trottoirs. Ils sont là, je le sens !

J'ai dit à mon équipe de venir avec très peu de cash. En cas de descente, il est confisqué si les joueurs sont pris à la table. Je ne veux pas fermer le club et laisse les choses suivre leur cours. Je tiens, par habitude.

Et ce soir, je ne suis même pas surpris quand Louie accourt à la table où nous venons de nous asseoir.

« Les *cops*, ils arrivent ! »

Notre réaction est immédiate. Je saisis Ginger par le bras et en deux pas je suis à la porte de service que Bobby vient d'ouvrir. Louie, Bananas et Chuck, qui ont raflé le fric qui traînait, suivent, imités par Jo et Roxanne.

Dehors, c'est le bordel. Il y a des flics partout. Une vingtaine d'entre eux prennent position autour de la maison. Trois voitures de patrouille bloquent la sortie du parking, dans un grand bruit de freins, gyrophares allumés, éclairant la scène d'une lumière bleu et rouge.

« A la bagnole, vite ! »

Courbés, moitié debout, moitié à quatre pattes, nous courons vers la Lincoln, zigzaguant entre les voitures garées. Derrière moi, j'entends le bruit de vitres qui éclatent. Nous atteignons rapidement la voiture et nous nous entassons à l'intérieur au moment où les flics cavalent dans le parking, à la poursuite des fuyards.

Les vitres teintées sont couvertes de givre. Nous sommes invisibles de l'extérieur. J'ouvre légèrement une fenêtre pour ne rien perdre du spectacle. Une dizaine de flics essaient d'enfoncer la porte d'entrée. Bobby, qui regarde par-dessus mon épaule, m'explique :

« Quand on a frappé, j'ai ouvert mais j'ai tout de suite reconnu un connard qui m'avait déjà chopé une fois. Je lui ai claqué la porte au nez et j'ai foutu la chaîne de sécurité. Ça va les occuper. »

Deux *cops* traversent la cour au pas de course, chacun une hache à la main. En quelques coups, la porte vole en éclats et ils s'engouffrent à l'intérieur.

Autour de nous, la corrida continue. Bon nombre de types ont sauté par les fenêtres, mais les flics, prévenus cette fois-ci, les attendaient, matraque à la main. Quelques-uns réussissent à passer et sont pourchassés entre les voitures. Je reconnais un Américain, que je sais recherché pour tentative de hold-up, traîné vers la maison, le visage en sang.

Tassés à l'intérieur de la voiture, nous ne faisons aucun bruit. Dans le noir, je distingue Ginger qui s'efforce de ne pas rire en regardant D'Amour qui grelotte en chemise et n'en mène pas large. Il n'a pas tort. Si les flics nous découvrent, ils auront gagné leur soirée.

Toutes les formes d'illégalité sont réunies dans cette voiture. Nous avons des armes et de la drogue. Louie, Chuck et Bananas sont fichés. Bobby a un casier judiciaire épais comme un bottin téléphonique et quelques condamnations en retard. Ginger et Jo sont connues comme entraîneuses, Roxanne est mineure et ma qualité de touriste ne justifie pas ma présence deux fois de suite dans un endroit interdit par la loi.

Les voitures de flics bloquent toujours la sortie. Nous attendons la suite des événements en silence.

Au bout de deux heures, les consommateurs commencent à sortir. Les flics embarquent deux types, menottes aux poignets. Peu à peu, les moteurs démarrent et ils libèrent la sortie. D'Amour a pris le volant et se mêle au flot des voitures.

Dans la nuit, Haig me contacte grâce au *Pager*. Il dort chez une amie et, au téléphone, il est trop abattu pour articuler un mot. Apparemment, cela s'est vraiment mal passé. Le procès est à neuf heures, comme la dernière fois. Je lui fixe rendez-vous dans le café le plus proche du tribunal. Louie et Bobby m'accompagnent, ainsi que Ginger, Jo et Roxanne.
Haig a besoin de réconfort et je sais que la présence des trois filles, qu'il aime bien, lui fera plaisir.

Il est bloqué et sa légendaire bonne humeur a disparu. Il n'a pas dormi et, sur sa chaise, les yeux fixés au sol, il offre l'image même du désespoir.
« Cette fois, c'est fini! Ils ont tout cassé, tout! Même mes meubles. Plus rien n'est intact. Quand ils ont trouvé ton fusil, ils sont devenus comme fous. Ils ont fouillé partout en brisant tout sur leur passage. Ils ont même retourné ma chambre et éventré mon matelas. En fouillant chez toi, ils ont crevé le water-bed qui a inondé tout l'étage. Ils ont découvert de l'herbe dans un des tiroirs de ta chambre et ils avaient là un prétexte pour ne plus rien respecter. Tu ne peux pas savoir comme ils étaient violents. Ils se sont même battus entre eux! »
Les larmes aux yeux, pitoyable, il a pris un sacré coup de vieux. Il fait vraiment son âge ce matin. Sa joue droite est enflée, marbrée de traces bleues.
« Je me suis même pris une gifle. Quand ils ont trouvé l'herbe, le chef, le même sergent que l'autre

fois, m'a dit que j'étais un trafiquant de drogue, que c'était fini de me foutre d'eux, qu'ils allaient me soigner. Comme je protestais, un autre m'a collé une baffe. C'est là qu'ils se sont battus. Un flic noir, que je connaissais, a pris ma défense, disant que je n'étais pas un truand et qu'il ne fallait pas me traiter de la sorte. Ils se sont engueulés et se sont foutu sur la gueule. Je ne sais pas ce qui va se passer au procès, mais je crains le pire!

– Voyons, Haig, tu ne vas pas te laisser abattre, cela ne te ressemble pas. Il faut lutter. La vie ne va pas s'arrêter parce que quelques types se sont défoulés. T'as encore de beaux jours devant toi. Crois-moi, tu n'as pas fini de faire la fête. Qu'est-ce qu'ils ont contre toi? Rien, comme la fois précédente. L'herbe ne t'appartient pas, ils n'ont aucune preuve. Cela m'étonne qu'un vieux renard comme toi s'inquiète pour ces détails. Je te fais confiance pour leur manger la tête. C'est pas aujourd'hui qu'ils vont t'avoir. »

Mes compliments l'ont touché et il se redresse. Je devine dans sa tête le discours qui se met en place et les arguments qu'il va tenir aux juges. Encore un coup de pouce et il sera fin prêt.

« J'ai de bonnes nouvelles pour toi. Je passe la main sur tes dettes. Tu ne me dois plus rien, tu peux reprendre ta maison. Et on te paie les dégâts. Fais un devis le plus tôt possible et je te donne l'argent. Tu pourras faire remettre en état et dans une semaine tout sera oublié. »

Mes propos ont un effet radical. Il retrouve le sourire et se risque même à plaisanter.

« Dès le procès fini, on boit le champagne. Téléphone-moi à l'hôtel. »

Ginger lui arrange son nœud papillon et redresse la fleur qu'il porte à la boutonnière.

« Toujours aussi beau, décidément », lui dit-elle avec le sourire.

Jo et Roxanne lui collent une grosse bise sur chaque joue. Quand il s'éloigne, il a retrouvé un pas assuré. Mais à présent, c'est Louie D'Amour qui tire la gueule.

« Merde ! Pourquoi lui as-tu dit qu'il ne nous devait plus rien ? Juste au moment où on va avoir besoin de cash ?

– Décidément, D'Amour, tu es indécrottable ! Tu ne penses pas qu'il a assez payé ? De toute façon, sa baraque est grillée et même s'il nous devait la vie, il refuserait d'ouvrir à nouveau. Il va avoir des soucis pour la remettre en état.

– Quand tu lui as dit qu'on payait la casse, tu étais sérieux ?

– Oui. Mais ça n'engage que moi. Tu n'es pas obligé de suivre. C'est à ton libre choix. »

A sa tête, je vois que son choix est tout trouvé.

Le lendemain, Haig a retrouvé la grande forme. Je m'en aperçois en regardant le devis qu'il m'a remis. A croire qu'il ne reste que les murs ! J'ai payé.

On a bien profité de lui, il a toujours été correct. Il était temps qu'il sorte de cette histoire et il ne méritait pas de partir perdant.

Maintenant que faire ?

Il me reste quelques milliers de dollars en poche. Mon train de vie est devenu trop important pour n'être assuré que par quelques parties occasion-nelles. Les quelques dettes qui restent à récupérer ne me mèneront pas loin. Le casino chinois me fatigue. J'ai vécu en seigneur, je refuse de donner l'image d'un type qui descend. Si je reste à Toronto, il me faut trouver un moyen de vivre sur le même pied.

Le départ est la meilleure solution. J'ai besoin de soleil. Le rythme de vie que je mène, entre la drogue et la vie nocturne, m'a poussé au bout du rouleau. Il me faut des vacances.

Mais je ne peux pas partir sur la pointe des pieds. Je vais m'occuper des dettes, organiser une fête dont on parlera pendant longtemps, faire sauter une dernière fois la table de jeu et prendre un avion pour arriver je ne sais où, sans un rond, comme d'habitude.

J'ai trois grosses dettes à encaisser. Le premier pigeon de la liste, Ronald, amené par Ginger, est un de ses anciens clients. Ce type est un dépravé, dont la plus grande jouissance est de se faire pisser dessus par une fille vêtue de cuir. Il paie plusieurs centaines de dollars pour jouer le pot de chambre.

En deux soirées au club je lui ai pris tout son cash. Je lui ai accordé un crédit, garanti par des titres de propriété d'une maison à Creek Waters. Sur le moment, j'ai trouvé cela bien. J'avais une maison à vendre s'il n'honorait pas ses dettes. Aujourd'hui j'ai besoin de cash. Mais monsieur fait le mort. Il a disparu. J'ai réussi à savoir où habitait sa mère et je pense bien arriver ainsi jusqu'à lui.

J'y vais seul, Bobby m'attend dans la voiture. Je viens juste chercher une adresse, que j'ai l'intention d'obtenir par la sympathie. Dans ce cas, la tête de brute de Bobby ne peut être que néfaste à mes projets.

Quand la mère de Ronald m'ouvre la porte de sa maison bourgeoise, elle est d'abord surprise par la taille du bouquet de fleurs que je lui tends. J'ai arboré mon plus beau sourire, celui réservé au troisième âge. Je n'ai pas à me forcer, c'est une femme très gentille.

Veuve d'un juge, cultivée et intelligente, elle n'a

rien à voir avec son dépravé de fils, dont elle ignore totalement les vices. Sa maison est agréable, meublée avec goût. On la sent heureuse : Ronald est son fils unique et elle reporte sur lui toute l'affection dont elle est capable.

Sympathique et sans méfiance, elle a cru à mon histoire de copains d'université désireux de renouer le contact. J'ai rapidement l'adresse de la garçonnière de Ronald.

En prenant congé, je sais que je n'irai pas. Secouer son abruti de fils n'est que justice, mais elle n'a pas à pâtir de sa conduite. J'ai passé un moment charmant à discuter en sa compagnie et je n'ai pas envie de la faire souffrir en lui faisant découvrir la triste réalité.

« Alors ? me demande Bobby, interrogateur.

– On laisse tomber, on va directement à l'autre adresse. »

L'avantage de Bobby, c'est qu'il ne pose pas de questions et se contente d'obéir. Lui, il tape quand je le lui dis, le reste n'est pas son problème. C'est la mécanique parfaite.

Mais quand la femme de mon deuxième débiteur a ouvert la porte, Bobby a pâli. Elle l'a regardé, étonnée et ravie, en lui faisant un grand sourire.

« Bonjour Bobby. Comment vas-tu ? Mais entrez donc. »

Interloqué, j'ai suivi la femme dans le salon, pendant qu'elle conversait avec Bobby qui me lançait des regards désespérés. Profitant d'un moment où elle s'absentait pour préparer le thé, Bobby m'a pris par le bras.

« Cizia, je suis désolé, mais je ne peux pas. C'est ma cousine ! »

Partis pour récupérer des dettes par tous les moyens, on aura finalement passé l'après-midi à siroter du thé et croquer des gâteaux secs comme deux gentlemen. Assis à mes côtés, gêné par mon sourire narquois, Bobby a même fait des efforts plus qu'honorables pour boire son thé élégamment.

Décidément, si je veux partir au soleil, il va falloir que je m'active. Tant pis pour Vic Costelli, mon troisième débiteur. Je suis énervé d'avoir perdu mon après-midi. Aucune excuse ne pourra le sauver. Lui, il va payer !

Ce sont ces pensées qui m'animent quand je passe la porte du Charity Club dont il est le manager.

La cinquantaine massive, les cheveux blancs, la voix grave, il fait très sérieux. Il me doit de l'argent depuis quelques semaines. Mais il est sympathique et, après ma première visite, je m'étais rendu compte qu'il avait des problèmes de famille.

En instance de divorce, sa femme, plus jeune que lui, lui menait la vie dure et lui prenait tout son argent, ainsi que ses enfants. Comme Vic manifestait une intention sincère de payer et que je n'avais plus rien à prouver, ma réputation étant solidement assise, je lui avais accordé un délai. Mais maintenant, je n'ai plus le temps. Il m'avait déjà invité de nombreuses fois dans son club de charité. En vain, car je ne suis pas fanatique de ce genre de réunion. Vic est l'ancien manager d'un hôtel Play-Boy et je me suis toujours demandé comment il en était arrivé à s'occuper d'un club de bienfaisance.

C'est lui-même qui nous ouvre la porte, surpris.

« Bonjour. On peut boire un verre ?

– Oui, bien sûr, installez-vous. Je ne m'attendais pas à ce que tu me rendes visite ici. Un détail à régler et je suis à vous. »

Assis dans un fauteuil confortable, je regarde la pièce avec stupéfaction. J'étais loin d'imaginer cela. Je pensais trouver des bonnes sœurs, des vieilles filles et quelques colonels en retraite, buvant du thé dans un décor de salle de classe. Rien de cela. La pièce est magnifique, avec un superbe bar qui trône au centre. L'éclairage est discret, les fauteuils de cuir accueillants et une excellente stéréo diffuse de la musique en sourdine.

Occupé derrière le bar, Vic nous jette des regards préoccupés. Il ignore pourquoi nous sommes là, mais cette visite l'inquiète. Avec son pardessus gris, Bobby est déplacé ici. Il a l'air de ce qu'il est : un tueur.

« C'est joli cet endroit. »

Il me fait visiter la salle. C'est le grand luxe! Les meubles d'acajou sont impeccablement cirés, les cuivres luisent et une épaisse moquette recouvre le sol. Des tentures pendent aux fenêtres. Des photos dédicacées d'acteurs et de personnalités célèbres sont épinglées au-dessus du bar. Une grande estrade, équipée pour les spectacles, est occupée par un piano à queue, sur lequel sont posés deux chandeliers en argent. J'aperçois même au fond de la salle une table de jeu avec un set de jetons, recouverte d'une housse de protection.

« Ils jouent, les membres du club?

– Non, non. Un peu, pour se distraire. La plupart sont des vieux pleins de fric qui n'ont rien à faire de la journée. »

Tout en nous pilotant à travers la pièce, il jette de fréquents regards sur Bobby comme s'il craignait que celui-ci n'empoche les cendriers. Quand j'estime que nous avons assez perdu de temps, je passe aux choses sérieuses.

« Vic, il faut me payer.

– Mais on s'était arrangé!

– Oui, je sais. Mais je ne peux plus attendre. Moi

et mes associés avons fait un plongeon financier et les flics ont détruit mon club.

– J'ai appris ça, oui.

– Alors tu comprends mon besoin d'argent.

– Mais je n'ai pas un rond. Ma situation financière ne s'est pas améliorée depuis la dernière fois. Il n'y a pas de miracle !

– Pourtant, il va falloir que tu en fasses un. Hypothèque ta maison, vends ta voiture. Fais ce que tu veux mais dépêche-toi ! Tu connais monsieur ? »

Je lui désigne Bobby, derrière moi.

« Tu sais ce qu'il fait ? Il casse les bras des mauvais payeurs. J'aimerais bien ne pas en arriver à de telles extrémités, mais tu ne me laisses pas le choix.

– Tu ne peux pas faire ça, Cizia. Tu sais bien que j'ai des problèmes... »

Il essaie encore de s'en tirer, ne voulant pas croire à l'inéluctable.

« Ça suffit ! Ne joue pas avec les sentiments. Tu fais ton boulot, moi je fais le mien, on s'arrête là. Il ne fallait pas prendre de risques. C'est toi qui t'es mis dans cette situation, en jouant à crédit tout en sachant que tu ne pouvais pas honorer tes dettes. Tu as triché, non ? Tu as essayé de m'arnaquer, non ?

– ... !?!

– Alors, il faut payer. Tu as jusqu'à demain après-midi pour trouver une solution. A demain. »

Je quitte le bar, suivi de Bobby qui n'a pu s'empêcher de tapoter l'épaule de Vic, terrorisé. Une idée commence à prendre forme dans ma tête.

Le lendemain, je suis assis à la même place avec Bobby et Harry. En nous voyant, Vic a pâli et, depuis une demi-heure, il essaie de sauver sa peau, m'énonçant toutes les possibilités, aussitôt rejetées.

La maison appartient à sa femme. Sa voiture est achetée à crédit, personne n'acceptera de lui prêter cette somme. Je sais tout cela et c'est pourquoi je lui avais accordé un délai. Si je n'avais pas besoin de l'acculer dans ses derniers retranchements, il y a longtemps que je me serais laissé convaincre.

Il n'a aucune solution, mais cet état de choses m'arrange. Quand il a la gorge sèche à force d'argumenter et que tout a été tenté, je le fixe un instant, sans mot dire.

« Bon, on est bien d'accord. Je t'aurai prévenu. »

Je me lève, aussitôt imité par mes deux casseurs, et marche vers lui.

« Non, Cizia, pas à moi. C'est pas possible ! »

Il a reculé, le dos au bar et, livide, lève les mains pour se protéger d'un geste instinctif. Pauvre vieux. Je suis désolé mais c'est lui ou moi. Il est à point pour la suite des opérations.

« Bon, je t'offre une opportunité. Ecoute et ne m'interromps pas. Voilà, ton club me plaît et on peut en faire un booze-can. »

Il s'attendait à tout sauf à cela, et l'indignation lui fait presque oublier sa peur.

« Mais c'est...

– Ta gueule ! Laisse-moi terminer. Tu me dois de l'argent et moi je suis fauché. Je te loue ton club et en moins d'un mois tu m'as remboursé et tout le monde est content.

– Mais je ne suis pas propriétaire. C'est un club d'actionnaires.

– Et alors? Qui le saura? De toute manière, c'est la seule issue pour toi. Sois logique, d'un côté c'est le règlement de comptes traditionnel, de l'autre tu as même la possibilité de te faire de l'argent. A quelle heure fermes-tu ici?

– Vingt-deux heures, vingt-trois heures au plus tard.

– Alors il n'y a pas de problème. On l'occupera de une heure à cinq heures du matin. Il n'y aura qu'une vingtaine de personnes au courant, tous des joueurs. Je ne suis pas intéressé par la vente d'alcool. Ce n'est pas un booze-can que je veux, c'est un endroit tranquille pour jouer. Les gens qui viendront, viendront avant tout pour le jeu. Tout sera très tranquille. Ne t'inquiète pas! »

Je m'efforce de lui manger la tête pour le persuader qu'il n'y aura aucune embrouille. Tout sera plus simple s'il adhère de lui-même à mon projet. Je lui démontre l'intérêt qu'il a à marcher avec moi et les avantages qu'il peut en tirer.

« Je te donne cent dollars par table de jeu, payés par les joueurs. »

Je le matraque d'arguments et l'idée commence à lui plaire.

« Mais il faudra prévoir un stock d'alcool différent de celui du club, non?

– Voilà, tu commences à comprendre! Tâche de réaliser que tu n'as que des avantages. Je mets une condition : tu ne participes à aucun jeu avec qui que ce soit. »

Quand je redescends, Vic est convaincu et je suis heureux. Je n'ai plus envie de partir au soleil. Mon nouveau club n'a rien à voir avec le booze-can de Bedford Street. Je commençais à en avoir marre de ce taudis quelconque!

Ici, ce n'est pas une habitation aménagée, c'est un vrai bar, un club de millionnaires, avec un décor fastueux. Je nage dans l'euphorie. Je ne pouvais rêver d'un meilleur endroit, c'est le *top luxe* de la ville.

Vic m'a montré toute l'installation. Il y a déjà tout le matériel pour le jeu, plusieurs très belles tables et des jetons en ivoire. La porte d'entrée est énorme, matelassée, et ma première pensée est qu'elle doit résister aux coups de hache! L'ouverture en est commandée à distance, électroniquement. Personne ne peut entrer sans que le barman ait actionné le bouton, dissimulé sous le comptoir, après avoir jeté un coup d'œil par le judas.

C'est presque trop beau. Toute mon énergie est revenue. Mes affaires vont redémarrer en force et prendre une dimension encore plus disproportionnée.

Personne n'a jamais osé faire un booze-can d'un club de charité tenu par des millionnaires des plus respectables. C'est la couverture idéale! Presque un gag.

Il y a même, jour et nuit, un vigile d'une compagnie de sécurité, chargé de faire fonctionner l'ascenseur et de contrôler les entrées. Vic m'a assuré qu'une promesse de mois double me garantirait son concours et sa discrétion.

Qui plus est, mon club est bien situé, au dernier étage d'un luxueux building commercial, donc vide la nuit, au milieu d'une galerie marchande, « Les Colonnades », sur Bloor Street, en plein centre-ville. C'est parfait!

Le jour suivant je débarque avec mon équipe : Louie D'Amour, Vic Costelli, Bobby, Jo et Roxanne.

« Messieurs, mesdames, demain commence une nouvelle ère. C'en est fini des booze-cans miteux. Nous passons à un niveau supérieur. Je vais sélectionner les clients et ne garder que les meilleurs. A partir de maintenant, j'exige de la classe. Nous ne sommes plus dans un tripot, mais dans le club le plus sélect de Toronto, le mien. Je compte sur vous pour donner l'exemple et je vous serais reconnaissant de vous procurer un smoking. Jo! Roxanne! En attendant mieux, je vous laisse choisir dans votre garde-robe la tenue la plus appropriée. Vic, tu me trouves un barman professionnel et toi, D'Amour, arrange-toi pour porter ton revolver de façon moins voyante. Nous ne sommes pas des truands mais les propriétaires d'un luxueux booze-can du centre-ville. »

Deux jours plus tard, c'est l'inauguration. Louie a passé le plus clair de son temps à donner des dizaines de coups de téléphone, pour rameuter une sélection de nos meilleurs clients. Si je n'avais pas été aussi pressé, j'aurais même envoyé des cartons d'invitation. J'ai convié mes amis, connaissances et relations, ainsi que les gérants et maîtres d'hôtel de tous les restaurants que je connais afin qu'ils me rabattent par la suite des clients intéressants.

Il y a toutes les filles du Julie's Mansion, Sam, le maître d'hôtel du Maxwell Plum's, le manager du Truffles, le restaurant du Hyatt Regency, et beaucoup d'autres dont je ne me rappelle plus les noms. Sans oublier, naturellement, les plus charmantes entraîneuses de la ville.

Vers trois heures du matin, il y a déjà une bonne centaine de personnes, et ce n'est qu'une sélection. Je n'avais pas le souvenir de connaître autant de monde! Je ne veux pas de jeu ce soir, mais je fais les choses en grand. J'ai décidé de fêter l'inauguration au champagne qui est servi à discrétion.

Les hommes sont en smoking ou complet et les femmes en robe du soir. Louie D'Amour, au comble du bonheur, papillonne de groupe en groupe et fait les honneurs de son nouveau club à tous les arrivants qu'il accueille à bras ouverts.

Il s'est offert une garde-robe complète et une gourmette en or massif. Les cheveux gominés et tirés en arrière, il a tout du gigolo des années trente. Pour la circonstance il n'a pu résister à l'envie de se coller dans le bec un énorme cigare, qu'il fume avec affectation. Trois autres barreaux de chaise dépassent négligemment de la poche de son smoking. Il est plus exubérant que jamais.

J'ai réussi à faire abandonner à Bobby son pull et son éternel pardessus gris pour un smoking. Le plus dur a été de trouver une veste car, s'il est de taille moyenne, il est exagérément large. Son cou de taureau l'empêche de boutonner le col de sa chemise et son nœud papillon est mis à même la peau. Il ne trompe personne, mais au moins il fait garde du corps de luxe.

Lui se sent très élégant et s'admire dans toutes les glaces en me lançant des clins d'œil. C'est la première fois qu'il a une réaction humaine. Il est à la porte et, pour l'occasion, il a consenti à se séparer de sa batte de base-ball qu'il a déposée à côté de lui. Il va même jusqu'à accueillir chaque personne avec une courte phrase de bienvenue, dont je lui ai fourni la teneur, et salue indifféremment barmen et hommes d'affaires avec un « Cher ami » qui, je dois l'avouer, manque un peu de chaleur.

Haig, en costume gris perle, une énorme fleur à la boutonnière, vient me féliciter dès son arrivée. Très en forme, il est accompagné d'une demi-douzaine de jolies filles. Comme prévu, le procès s'est bien passé et son désespoir d'alors n'est plus qu'un souvenir.

Il est enchanté de mon nouveau club qui va lui permettre de continuer sa vie nocturne sans risques. Curieux, il tâche de savoir auprès de Vic

Costelli, une de ses relations, par quel miracle je suis devenu propriétaire de club.

Celui-ci arbore une mine inquiète. Il ne s'attendait pas à une fête d'une telle ampleur et commence à se demander s'il a vraiment fait le bon choix. Après quelques verres, il se détend. Je le présente à tous en lui attribuant le titre ronflant de *general manager* de la chaîne de clubs que je compte ouvrir au Canada. Il en est flatté et se met rapidement dans l'ambiance. A la fin de la soirée, il parle avec volubilité des nouveaux clubs qu'il va bientôt diriger.

Chuck s'est coupé les cheveux et a, pour une fois, troqué son cuir pour un veston. Bananas a sorti un costume trois-pièces dont la coupe doit remonter au siècle précédent. Tous deux regardent la foule en évaluant les bénéfices à en tirer et Chuck m'a déjà demandé s'il y avait moyen d'organiser une petite partie ce soir.

Ils sont impressionnés par le décorum et n'ont pas tardé à réaliser les énormes possibilités qui s'offrent à nous. Angelo et Rocco Gucci sont aussi là, accompagnés de Paolo, qui a rasé ses favoris depuis qu'il est passé maître d'hôtel à La Strada. Angelo m'a félicité pour ma rapide promotion avec un sourire entendu.

Dany, mon coiffeur, chez qui je vais tous les après-midi, n'a pas voulu manquer la fête. Il est accompagné de sa femme, une brune aussi masculine que lui est féminin. J'entends parfois ses éclats de rire stridents qui fusent au-dessus des conversations.

Je repère même le Russe, prévenu par je ne sais quel téléphone arabe, en grande discussion avec une femme d'âge mûr qui doit être l'épouse du gérant du Truffles. Il est à l'évidence en train de lui fourguer quelque chose. J'envoie Harry lui conseiller de se calmer.

Lynn, mon ex-nymphomane, réconciliée avec moi, mais évitant soigneusement Ginger, est arrivée avec quelques amies, pour étudier ce nouveau terrain de chasse. Quelqu'un va souffrir...

Très maître de céans, assis à ma table je reçois les félicitations de mes invités. Ginger est aux anges. Elle ne quitte pas mon bras de la soirée, plus ravie que moi des compliments que l'on m'adresse. Excitée, elle finit par monter sur la table, au milieu des bravos, pour porter un toast au nouveau club, aux invités et à moi en particulier.

Les plus belles filles de Toronto sont présentes et donnent spontanément un coup de main aux serveuses, débordées par tant de monde.

Le plus surpris est le vigile de l'immeuble qui est chargé de faire fonctionner l'ascenseur. Je lui ai, comme prévu, accordé un salaire double et une gratification pour la soirée afin de débuter sur de bonnes bases. Il m'est tout acquis. Je l'ai prévenu que je donnais une fête privée, mais il ne s'attendait pas à un tel déferlement. Il passe sa nuit à ouvrir et fermer la porte d'accès au building et a du mal à en croire ses yeux.

Louie D'Amour, sorti pour raccompagner une copine, me dit qu'il prenait son rôle très au sérieux et allait jusqu'à ouvrir les portières des voitures, à la recherche du pourboire.

Lorsque, vers six heures, les dernières personnes quittent la fête, le stock d'alcool constitué à mes frais par Vic Costelli est épuisé. Mesquin, il avait vu petit, prévoyant une trentaine d'invités au plus. Pour l'instant, il contemple d'un œil morne la tâche qui l'attend. En qualité de *general manager*, il est chargé de tout remettre en état et de laver les dizaines de verres qui traînent avant l'arrivée des membres réguliers du club.

Les jours suivants s'écoulent dans l'euphorie la plus complète. J'ai repris un rythme de vie de fou et ne me consacre qu'aux plaisirs. Le club tourne à plein rendement et l'argent rentre à flots. C'est une joie de perdre son fric chez moi.

De ma vie, je n'ai jamais utilisé un matériel aussi beau. Les jetons avec lesquels nous jouons sont en ivoire poli par l'usage et incrustés de chiffres en nacre. La table de poker, un chef-d'œuvre d'ébénisterie, est ronde, massive et rassurante, couverte d'un tapis de feutre bordé de cuir noir.

Les profonds fauteuils de cuir, qui invitent à s'asseoir pour jouer, sont tellement agréables qu'il est impossible de quitter la table avant d'être complètement lessivé.

Il faut croire que ce raffinement attire les joueurs, car nous n'arrêtons pas de toute la nuit. De nombreuses personnes, qui ne venaient au début que pour boire un verre dans une bonne ambiance, sont maintenant assidues et les pigeons défilent.

Dans ce décor luxueux chacun se sent riche et mise de grosses sommes. De mon côté, je ne lésine pas. Les joueurs qui s'assoient à ma table sont mes invités. Ils ont droit au meilleur champagne, au grand désespoir de mon équipe.

« Les Canadiens ne sont pas habitués à un tel raffinement, me répète plusieurs fois D'Amour quand je déduis des gains d'énormes notes de frais. Tu n'es pas obligé de les pousser à boire.

– Voyons D'Amour, tu sais bien qu'un joueur éméché fait plus d'erreurs et n'hésite pas à flamber. Apprends que le champagne est un instrument de travail.

– Oui, mais la bière ou n'importe quel vin mousseux seraient largement suffisants. Les Canadiens n'ont pas le palais d'un Européen. C'est un luxe inutile.

– Louie D'Amour, tu es désespérant. Quand cesseras-tu d'être mesquin? Comment peut-on avoir de telles pensées dans un décor pareil? Regarde autour de toi. Tu ne comprendras jamais les jouissances de la vie. Et puis ici, c'est chez moi, et chez moi je n'offre que le meilleur. »

Chuck et Bananas ne sont pas non plus convaincus. Pour eux, capables de voler un dollar à un aveugle, le sens du mot « classe » est abstrait. Mais avec les nuits qu'ils font, ils finissent par reconnaître que ma méthode a du bon. Nous nous remplissons et le beau monde afflue au club.

C'est plus qu'un booze-can. C'est devenu le lieu de prédilection d'une certaine *gentry*. La plupart des gens se connaissent. Certains habitués ont leur table réservée, sur mon ordre. J'ai demandé aux hôteliers invités à l'inauguration de m'envoyer leurs meilleurs clients, ceux qu'ils jugent de confiance.

L'ambiance est excellente. Chaque soir, c'est la fête et les consommateurs, éméchés pour la plupart, se laissent aller sans retenue. Il ne se passe pas de soirée sans que quelqu'un se mette au piano pour un intermède musical. Lorsque des musiciens ou chanteurs de plus ou moins grande notoriété viennent dans mon club, ils font toujours, d'eux-mêmes ou à la demande générale, un passage au micro.

L'un d'eux, Rey, vient presque tous les soirs, après la fermeture du club où il joue. C'est un Noir, très sympa, excellent trompettiste de jazz, en passe de devenir célèbre. Il se sent là plus près de son public. Grand cocaïnomane, il chante surtout pour lui-même, les yeux mi-clos, une expression radieuse sur son visage, perdu dans les brumes de sa défonce. De la coke plein la tête, il a la musique dans le sang.

Mais Chuck, lui, a de la coke dans la tête *et* dans le sang! Et elle fait des ravages. Nous en faisons tous une consommation exagérée depuis longtemps. Mon budget est grevé par l'achat de quantités de plus en plus importantes. Mais alors que D'Amour, Bananas et moi en abusons avec « modération », en lignes ou dans des cigarettes, Chuck, qui est le seul à se shooter, se détruit lentement et se laisse bouffer la cervelle.

Depuis longtemps déjà il n'occupe plus de position clef à la table de jeu. Chaque demi-heure, il disparaît aux toilettes pour se faire un shoot. Incapable de la moindre lucidité, perdu dans un monde parallèle, il n'est plus bon à rien. En quelques mois, la coke qu'il s'injecte directement dans les veines l'a complètement détruit.

Je le garde par amitié, mais au jeu, c'est un danger plus qu'autre chose. Il a déjà fait des erreurs graves, au craps, en renvoyant les dés pipés quand il ne le fallait pas, nous faisant passer à deux doigts de la catastrophe.

Aux cartes, ses mains, qui tremblent sans arrêt, lui interdisent toute manipulation et, par manque de concentration, il est même devenu un très mauvais joueur du poker. Il a maigri et flotte dans ses vêtements. Lui, pourtant si soigneux de sa personne, se néglige. Il lui arrive de venir au club pas rasé, vêtu d'une chemise douteuse, avec laquelle il a vraisemblablement dormi.

Par pudeur, nous ne faisons jamais allusion à son état, et je ne me suis jamais permis une réflexion. Chacun est maître de sa destinée, mais jamais de celle de l'autre. Chuck est un adulte qui est censé savoir ce qu'il fait. S'il a pris cette voie, je n'ai rien à lui dire, c'est son propre choix. Ni père ni ange gardien, je ne suis que son patron et tant qu'il fait son boulot, sa vie privée ne me regarde pas. Mais, à présent, il n'assure plus sa part de travail. J'ai beau être gentil, je ne suis pas l'Armée du Salut.

J'en ai parlé avec Bananas qui a haussé lcs épaules, désabusé.

« Je lui en ai dit un mot mais, nerveux comme il est, on ne peut plus lui parler sans qu'il devienne agressif. Cela me fait mal au cœur, mais il ne m'appartient pas de lui faire la morale.

– Tu te doutes que je vais être obligé de le virer ?

– Ça paraît logique.

– Tu restes ou tu veux partir avec lui ? »

Cela fait des années qu'ils bossent ensemble, m'a expliqué D'Amour, et je comprendrais la défection de Bananas.

« Non, je reste. J'ai besoin d'argent. J'aime bien Chuck, c'est mon ami, mais ça changerait rien pour lui si je le suivais, et où d'ailleurs ? »

Malgré son état de décrépitude avancée, Chuck a encore des éclairs de lucidité et ce soir, quand je l'entraîne pour un entretien tête à tête, il comprend avant que je ne parle.

« Chuck…

– Je sais, je comprends.

– Désolé, vieux.

– Ouais, pas de problème. »

Depuis, il revient de temps à autre au club et j'assiste à la dégringolade finale. Il a vendu sa voiture, laissé son appartement pour une pension sordide dans les bas quartiers de la ville et survit d'extras, à droite et à gauche. Complètement à la dérive maintenant, barbu et négligé, vêtu d'un grand pardessus crado, il m'assure à chaque fois qu'il va mieux, que son état s'améliore, qu'on va bientôt jouer ensemble comme autrefois. Avant qu'il ne me le demande, je lui glisse un billet de cent dollars. C'est tout ce que je peux faire pour lui.

On l'a remplacé par Igor, un tricheur exceptionnel, autre copain de Bananas. Il est violoniste et joue parfois dans un orchestre russe. Blond, les cheveux mi-longs, poli à la limite de la timidité, c'est un doux. Je ne l'ai jamais vu se fâcher ni même élever la voix. Il parle d'ailleurs très peu et écoute la plupart du temps... Il est fin et cultivé. Il n'a pas une mentalité de tricheur et semble même étonné et gêné par notre violence et notre langage cru et imagé. Il n'a rien d'un truand et ressemble plutôt à un étudiant égaré dans ce bas monde. Même moi, qui me pique d'être un fin psychologue, je ne l'aurais pas deviné. Il joue du violon à chaque occasion. C'est sa seule vraie passion.

Haig est là dès l'ouverture. Il est toujours accompagné et contribue largement à créer une bonne ambiance. Chaque nuit, une centaine de personnes se retrouvent ici. J'ai dû engager d'autres serveuses. Elles portent une tenue spéciale, dessinée par moi, ou plutôt gommée, car je l'ai réduite au minimum !

Jambes gainées de bas résille, minijupe qui n'est qu'une large ceinture de cuir bouclée sur le côté, gilet, également en cuir, au décolleté affolant qui laisse la taille et les bras nus. Toutes sont très belles et portent cette tenue avec beaucoup d'élégance.

En grande tenue lui aussi, Bobby est toujours à la porte. Influencé par le décor, il a changé. Il ne quitte plus son smoking qu'il porte jour et nuit, quelle que soit son occupation, son vieux pardessus gris négligemment jeté sur les épaules. Au bout d'une semaine de ce traitement, son costume, très classe, semble sortir d'une poubelle. Il en a déjà usé deux et je me demande si je n'aurais pas mieux fait de lui faire connaître le survêtement ou la barboteuse.

J'ai abandonné pour l'instant les récupérations de dettes dont le côté fastidieux m'assommait : mêmes paroles, mêmes menaces, et finalement même résultat. Pour couper court, je n'accorde de crédit qu'aux joueurs de confiance et seulement pour de petites sommes.

Seul le Russe essaie encore de m'arracher un prêt, mais je n'ai pas envie d'avoir à lui faire tirer les oreilles. Je veux profiter et jouir de la vie.

Je me suis débarrassé du *Pager*. Très pratique au début, il était vite devenu emmerdant. Trop de gens avaient le numéro et je recevais constamment des messages dont certains n'avaient aucun sens.

En raison de ma galanterie et de la rapidité avec laquelle je peux disparaître après une brève étreinte, je me suis fait beaucoup d'ennemies dans la gent féminine, et l'une d'elles ou plusieurs avaient trouvé ce moyen de me faire chier. Il suffit de téléphoner au central et de donner mon numéro de *Pager* pour faire passer un message, n'importe lequel. La standardiste se contente de répéter ledit message, quel qu'en soit son contenu. Et il n'y a rien de plus désagréable que d'être dérangé au milieu d'une affaire sérieuse pour entendre que « la poule ne pondra plus d'œufs », qu' « il n'y a plus d'abonnés au numéro que vous avez demandé », ou des conneries de ce genre. De plus, mon équipe et moi avions l'habitude d'utiliser des messages codés et, les premiers temps, je me cassais la tête pour trouver à ces phrases incohérentes une signification qui n'existait pas. Cela me rendait fou de devoir subir des conneries sans pouvoir y répondre.

Un jour, après avoir téléphoné à deux numéros qu'on me demandait de rappeler d'urgence et avoir eu successivement l'horloge parlante et le bulletin météorologique au bout du fil, j'ai craqué. Dans un mouvement d'humeur mal contrôlé, et bien compréhensible, j'ai sauté sur le *Pager* à pieds joints et lui ai définitivement fermé la gueule. Ça m'a coûté mille dollars.

Le temps que je ne passe pas au club s'écoule chez Ginger, où Bobby m'amène le matin et vient me reprendre le soir. A part lui et D'Amour, personne ne sait où je suis et où je vais, et ils ont interdiction de me déranger. La maison de Ginger est accueillante. C'est le lieu de rendez-vous de ses innombrables copines et il ne se passe pas un après-midi sans que plusieurs d'entre elles ne lui rendent visite.

Ginger a compris depuis longtemps que j'étais un être volage et avide de plaisirs. Je ne peux voir une jolie femme dans mon entourage sans vouloir la posséder. Loin d'en être incommodée, elle cherche au contraire à devancer mes désirs et amène d'elle-même ses copines dans le grand lit de cuivre où je me prélasse tout l'après-midi en douce compagnie.

Ce sont des filles agréables et soignées, des mannequins ou de jeunes actrices pour la plupart, pas farouches et toujours disposées à venir boire un thé, prendre une ligne de coke ou se joindre à nous. Je suis le seul mâle autorisé dans cette maison où je règne en sultan sur mon harem.

Que désirer de plus? Je réalise les rêves secrets de tous les hommes!

DANS cette vie idyllique, les problèmes surgissent sans prévenir. Ce soir, Bananas arrive, très préoccupé.

« J'ai de mauvaises nouvelles. Très mauvaises. Des amis m'ont averti que Peter, le dealer de coke arnaqué par Louie, répand partout le bruit que D'Amour est un tricheur, ainsi que nous tous. Tu sais comme les bruits vont vite dans ce milieu. Les types qui ont perdu vont adhérer à l'idée. Dans quelques jours on ne trouvera plus un partenaire, heureux encore si on a les mains intactes. C'est la catastrophe! Il va être temps de quitter la ville! »

Et merde! Pas maintenant! Je vis les meilleurs moments de cette aventure. Je viens juste de me refaire en partant de rien et ce salaud de Peter va tout me refoutre en l'air. Bananas a raison. Si on le laisse faire on en sera bientôt réduit à se plumer entre nous dans le meilleur des cas.

Putain de merde, pas maintenant!

Je contemple le club luxueux, les consommateurs qui me saluent avec respect, les jetons en ivoire et Ginger qui rit de bon cœur à la plaisanterie d'une amie à la peau douce. Je ne vais pas tout abandonner à cause d'un connard vindicatif qui n'a pas su perdre!

Au matin, après une nuit de jeu fructueuse, ma décision est prise. Je dois faire taire Peter avant qu'il ne soit trop tard. Par n'importe quel moyen, et définitivement. C'est son silence contre mes plaisirs.

Il est cinq heures du matin quand nous nous entassons dans la voiture, Bobby, D'Amour, Harry et moi. Nous sommes dimanche et les rues sont désertes, recouvertes d'une neige grise. Le jour se lève, éclairant la ville d'une lumière sale et blafarde. Il fait froid et nous roulons en silence, conscients de ce que nous allons faire.

La maison de Peter se trouve en dehors de la ville, presque dans la campagne. C'est un cube de béton posé sur une pelouse, un genre de pavillon préfabriqué sans âme. Sa Corvette rouge est garée devant la porte. Les volets sont fermés.

Bobby arrête la voiture en face de l'entrée et prend le riot-gun qu'il cache sous son manteau. Puis nous nous planquons de chaque côté de la porte et D'Amour sonne longuement. Pas de réaction. Il recommence et frappe du poing sur la porte. Peter est un noctambule et il y a peu de chances qu'il soit levé à cette heure-ci.

Quelques instants après, j'entends un bruit de pas traînants derrière la porte.

« Qui c'est ? »

C'est sa voix, embrumée de sommeil.

« C'est D'Amour. Ouvre, il faut que je te parle.

– A cette heure ? »

Son ton est méfiant.

« Oui. J'ai une solution pour l'argent. On va arranger le coup. Cette petite guerre ne peut plus durer. J'ai pas envie de me faire descendre. »

Les verrous sautent et Peter entrouvre la porte.

« C'est seulement maintenant que tu... »

318

Il n'a pas le temps d'achever. Bobby se rue sur la porte de tout son poids et l'enfonce d'un coup d'épaule, projetant Peter. Nous nous engouffrons tous dans la pièce.

Harry a déjà attrapé Peter par les cheveux et l'a bloqué sur le divan d'un grand coup de genou dans le ventre, quand deux chiens se dressent en aboyant, deux grands danois hargneux.

Je dégaine en même temps que Bobby. Tournant sur lui-même, il pointe son arme vers les chiens.

« Non! Ils ne sont pas dangereux. »

C'est le dealer qui a crié, se débattant sous la poigne de Harry.

« Non, ne les tuez pas!

— Alors fais-les taire!

— Allez, couchés! »

Les deux molosses rentrent à contrecœur dans le couloir, dont D'Amour ferme prestement la porte.

« Qu'est-ce que vous me voulez? »

Mal réveillé, pitoyable en pyjama bleu, les cheveux ébouriffés, il tente de se lever. Bobby s'approche et lui balance un coup de crosse en plein visage qui envoie sa tête dinguer sur le mur, suivi d'une série de gifles qui lui éclatent les lèvres.

« Alors tu vas la fermer ta grande gueule, *bastard...* »

Le sang a giclé sur la chemise blanche de Bobby, tachant son smoking.

« Dégueulasse! »

Il prend son élan pour lui écraser son poing sur le nez.

« Ça suffit. »

Je ramasse un pardessus sur le portemanteau et le jette à Peter.

« Enfile ça. Tu viens avec nous. »

Il me regarde sans comprendre, terrifié. C'est

allé trop vite pour lui et la douleur de son nez brisé l'empêche de réfléchir.

« Tu nous as donnés, *asshole*! C'est pas bien. Tu connais le tarif. Allez, mets ça, on t'emmène en '' balade '' ».

D'Amour vérifie que la rue est déserte. Hébété, Peter enfile son manteau, puis Harry le pousse dehors. Au moment de franchir le seuil, il réalise enfin ce qui l'attend.

Il se cramponne à la porte. Bobby l'attrape et le jette dans la voiture. Tout s'est passé très vite et personne n'a rien vu.

Je suis assis à côté de D'Amour qui conduit. A l'arrière, Bobby a jeté Peter sur le sol et lui enfonce brutalement le canon du fusil dans la bouche.

Nous roulons rapidement en direction d'un petit bois, à plusieurs kilomètres. Etendu sur le sol, immobile et terrifié, Peter fixe le canon avec des yeux exorbités de terreur. Le sang coule sur son visage, s'échappant de ses lèvres éclatées. Personne ne dit mot.

La voiture cahote quelques instants dans l'allée du sous-bois où D'Amour coupe le contact.

« Dehors! »

Bobby soulève Peter par les cheveux et le projette dans la neige.

« A genoux, *son of a bitch*! »

Il braque sur lui le riot-gun.

Le froid est mordant. Pieds nus dans la neige, en pyjama, Peter le dealer grelotte. Son pardessus a glissé. Il est incapable de se réajuster, tétanisé. La peur a agrandi ses yeux et l'a rendu muet. Le vent a gelé instantanément le sang et les larmes. Il claque des dents convulsivement.

« Ecoute-moi, *bastard*. Pourquoi as-tu dit que nous étions des tricheurs? Comment as-tu pu imaginer qu'on allait te laisser parler? Ta combine c'est la coke, la nôtre c'est le jeu. Tu nous as vendus, c'est pas gentil... Alors tu vas mourir. »

Tout le monde s'est rapproché et le regarde en silence.

« Tu es croyant ? »

La question n'a pas atteint son cerveau ralenti par la terreur et le froid. Je répète :

« Tu es croyant, Peter ? »

Il hoche la tête, tout espoir envolé.

« Alors prie, c'est le moment ou jamais. Je te laisse deux minutes. »

Il tremble de plus en plus fort. Tout son corps est secoué de frissons.

« Adieu Peter ! »

Quand le canon touche sa tempe, il s'écroule, inanimé, dans la neige, évanoui sous le coup de la frayeur. Cela suffit. Je ne suis pas un assassin. Je sais que la leçon aura porté. Je m'approche de lui quand une odeur de merde frappe mes narines. Ce dégueulasse s'est chié dessus et une large tache marron macule son pantalon de pyjama. Il y a un instant de flottement, personne n'étant très chaud pour le ramasser et le mettre dans la voiture.

« On le laisse là ? suggère Louie D'Amour, pressé de rentrer.

— Non, il va crever.

— Y a qu'à le descendre, propose Bobby, partisan des solutions faciles.

— Non Bobby, on ne tue pas quelqu'un parce qu'il a chié dans son froc. Harry, réveille-le. »

Se bouchant le nez d'une main, Harry administre à Peter une série de petites tapes, qui ne tardent pas à le ranimer.

« Enlève ton pantalon », lui dis-je.

Il me regarde sans comprendre, amorphe.

« Vire tes fringues, *asshole*, on ne va pas y passer la journée. »

Il obtempère en titubant, le regard perdu dans le

vague. Il paraît ne plus sentir le froid. Son corps est marbré de taches bleues. Harry l'enveloppe d'une vieille tenue de krishna, maculée de cambouis, qui traînait dans le coffre.

« Peter, si je te laisse la vie sauve, c'est uniquement pour que tu rattrapes tes stupides bavardages. Cette fois-ci, plus d'erreur. Tu n'auras pas d'autre chance », lui dis-je en le déposant chez lui.

La leçon a porté. Trois jours après, il a fui, quittant la ville. Des types, qui l'ont vu avant son départ, m'ont dit qu'il avait subitement vieilli. Mais le mal est fait.

Moins d'une semaine a passé et j'ai repris confiance quand un incident éclate à la table de poker.

Le vieux débris, comme l'appelle Igor, est encore là ce soir. C'est un type âgé, de taille moyenne, le bide en avant sous un blazer, c'est un vieux rentier discret mais il m'emmerde. C'est un joueur assidu et un petit perdant qui nous gêne.

Il vient deux fois par semaine et chaque fois ne joue pas plus de cent ou deux cents dollars. Bon joueur de poker, il ne prend pas de risques, ne misant qu'à coup sûr. Il prend la place de joueurs qui pourraient perdre plus gros.

Ce type est un manque à gagner, mais je ne peux pas l'empêcher de s'asseoir à la table. Pour ne pas effaroucher les pigeons, je ne peux non plus fixer la mise minimale trop haut.

Beaucoup d'entre eux se sont assis avec l'intention de risquer cent dollars au plus et, de fil en aiguille, en tentant de rattraper les dégâts, ont perdu en une semaine les économies de toute une vie de labeur.

Mais avec le vieux rentier, rien à faire. Sitôt ses deux cents dollars perdus il se lève. S'il les perdait en dix minutes, ce serait rentable, mais le débris se cramponne à son argent pendant des heures. Il se paie même le luxe de gagner parfois car, par sa prudence, il échappe aux mains préparées et remporte des petits pots. Quand il gagne, il s'enfuit comme un voleur, ne nous laissant pas le temps de lui reprendre son gain. Un emmerdeur, quoi !

Ce soir, deux personnes attendent pour prendre la place d'un perdant, la vieille baderne arrivée en premier et un autre, plus gros joueur. Mais quand la place se libère, D'Amour désigne le second.

« C'est à vous. »

Le type ne se le fait pas dire deux fois. Il s'assoit à la table et la partie reprend. Surpris et indigné, le vieux commence à ronchonner que ce n'est pas normal, qu'il était là le premier et qu'on se moque de lui. Puis, comme on ne lui prête pas attention, il s'enhardit :

« Ça ne m'étonne pas, tiens. Ce n'est pas le respect des règles qui vous étouffe, à ce qu'on dit... »

Personne ne réagit et cet abruti le prend pour de la faiblesse. Il regarde Louie avec un sourire en coin et lance :

« Ça sent mauvais à cette table. Ça pue le tricheur ! »

Il a dit cela à voix basse, mais tout le monde a entendu. Les joueurs se regardent. Le grand mot est lâché, il faut que je stoppe le vieux débris. Salopard de Peter ! Je pose mes cartes sur la table.

« Explique-toi.

— Non, rien. Je me comprends.

— Explique-toi. Si tu sais des choses, dis-les. Je ne me sens pas concerné par tes accusations, mais j'aimerais savoir avec qui je joue. »

Tout le monde s'est arrêté et se tourne vers lui. Un silence de mort s'installe.

« Ce n'est pas la peine de me regarder. Je sais ce que je dis.

« Je n'en suis pas si sûr. Et c'est très grave : tu accuses mes invités. »

D'un geste, j'englobe toute la table, tricheurs et pigeons réunis.

« Tu n'offres ni preuves ni coupables et tu refuses de t'expliquer. C'est un manque de respect. Je veux bien croire à un geste de mauvaise humeur de ta part, ou à un verre de trop. Je te demande donc de quitter le club pour ce soir. »

Je fais un geste à Bobby, toujours à la porte.

« Bobby, tu raccompagnes monsieur. »

Bobby Thompson le prend délicatement par le bras avec un sourire, sans écouter ses protestations. La porte d'entrée se referme sur eux.

« Veuillez excuser, messieurs, cet intermède désagréable. Certaines personnes manquent de savoir-vivre et j'en suis le premier désolé. »

Les pigeons ont pris l'incident avec le sourire et l'un d'eux, à qui Bananas venait juste de rafler un bon paquet avec une main truquée, se tape l'index sur la tempe.

« C'est un vieux fou. Tu as bien fait de le mettre à la porte. »

Les sourires reviennent et la partie a repris, égayée de plaisanteries sur le vieux fou quand Ginger accourt et me glisse à l'oreille :

« Cizia, Bobby est en train de tuer quelqu'un, viens vite. »

Je m'élance, suivi de D'Amour. Dans le couloir c'est la folie. Bobby tient le vieux par le cou et lui frappe la tête contre le mur. Hurlantes, échevelées, Jo et Roxanne, pendues à ses bras tentent désespérément de le retenir. Adossé au mur, Vic se tient la mâchoire à deux mains.

« Bobby! »

J'ai hurlé mais il ne s'arrête pas. Il me jette un rapide coup d'œil et, d'un revers de main, projette violemment Roxanne au sol.

« Bobby, stop! »

Je dégaine mon 38 et vise sa masse. Cette fois-ci, il s'arrête et lâche le vieux qui glisse lentement sur le sol, comme une poupée disloquée.

« Du calme, Bobby. Vous, les filles, rentrez. Vic, retourne au bar. »

Toujours à l'affût, Haig s'est déjà faufilé et d'autres personnes accourent et regardent la scène. Je n'ai pas besoin de témoins.

« D'Amour, ferme cette porte, bordel! »

A contrecœur, les curieux rentrent dans le club et je me tourne vers Bobby, toujours immobile.

« Que se passe-t-il, Bobby, t'es devenu fou ou quoi? »

Il me toise, sans me répondre. Je n'aime pas son regard.

« Allez, rentre. »

Il obéit lentement, d'une démarche plus pesante encore que d'habitude. On réglera nos comptes plus tard. Pour l'instant, il faut s'occuper du vieux débris qui n'a jamais aussi bien porté son surnom. Il est bien amoché. Ses lunettes sont cassées, l'œil est déjà bleu et violet, son nez saigne et il a des morceaux de verre incrustés dans le front.

Il me faut plusieurs minutes, aidé de Ginger qui a apporté des serviettes mouillées, pour le sortir de ce K.O. Son premier geste est de ramasser ses lunettes et de les remettre. Un verre est brisé et une branche détachée pend, solitaire, à son oreille. L'image comique qu'il donne dédramatise la situation.

Je lui tapote gentiment le cou et lui dis :

« Alors, le vieux, tu t'es mis à la boxe?

– Laisse-moi tranquille, Cizia. »

Je le prends par le bras amicalement.

« Ce n'est rien, va, tu es toujours en vie. »

D'un geste brusque, il se dégage.

« Laisse-moi tranquille !

– Calme-toi, voyons. Allez, viens prendre un remontant.

– Sûrement pas ! »

Il se relève péniblement.

« Tu veux que D'Amour te raccompagne ? »

Il se retourne et me lance à travers ses carreaux brisés un regard haineux.

« Pour me finir tranquille, hein ! Assassin ! »

Je le regarde s'éloigner en direction de l'ascenseur, flageolant sur ses vieilles jambes, épongeant avec son mouchoir le sang qui coule de sa figure. Cet abruti pense sans doute que c'est moi qui ai ordonné à Bobby de le tabasser et il doit me haïr. Préoccupé, je retourne au club.

Ce genre de vieil emmerdeur est capable d'envoyer les flics pour se venger. Dans le club, l'assistance commente bruyamment l'incident. Haig, heureux d'avoir la vedette, raconte à qui veut l'entendre tout ce qu'il a vu. A mon entrée, tous se taisent et tournent vers moi un regard interrogateur.

« Qu'est-ce qu'on fait ? me demande D'Amour.

– Il vaut mieux fermer le club pour ce soir, par prudence.

– Merde ! Tu penses que l'autre est capable de faire des emmerdes ?

– Ce serait bien son style. Autant ne pas prendre le risque. Vic, fais sortir tout le monde, on ferme. »

Il se tient toujours la mâchoire, mais acquiesce, encore plus préoccupé que moi. Tant que tout allait bien, il ne pensait qu'à l'argent qui lui tombait du ciel tous les soirs et mon idée lui paraissait merveilleuse. Mais au premier problème, il redescend sur terre et commence à paniquer.

Les consommateurs s'en vont en silence. Certains me jettent un regard bizarre et je suis sûr que ceux qui sont au courant de l'incident à la table pensent comme le vieux débris. Tant pis, je n'y peux plus rien. J'appelle Bobby, toujours silencieux.

« Je vais te donner ce que je te dois. Tu t'en vas aussi. »

Son regard noir s'est encore durci. Il ne comprend pas, pas plus qu'il n'a compris ma réaction dans le couloir. Il n'a pas apprécié que je le braque et, entre nous, le courant ne passe plus. Comment lui expliquer que son geste m'a écœuré ? Pour lui, taper sur l'un ou l'autre revient au même. Il a vécu ma réaction dans le couloir comme une profonde injustice. C'est un être fruste, capable de dévouement, mais prompt à la haine s'il estime être trahi.

J'ai besoin de quelqu'un en qui je peux avoir toute confiance et qui m'obéit sans poser de questions. Du moment que j'ai senti une rébellion dans le couloir, je dois m'en séparer. Il devient un danger plus qu'une protection. Quand je le paie, je le sens rancunier. Ce n'est plus un copain, plus un employé, c'est un ennemi.

« Tu ne dors pas ? »

Inquiète, Ginger s'est dressée sur un coude.

« Qu'est-ce qu'il y a ?

– Je ne sais pas. Rien, rendors-toi. »

Elle se lève et s'approche de moi.

« Cela fait une heure que tu tournes en rond dans l'appartement. Tu ne peux pas dormir, tu veux que je te fasse couler un bain ?

– C'est gentil, avec plaisir. »

Et je me replonge dans mes pensées. Depuis que nous sommes rentrés chez Ginger, après avoir fermé le club, je n'arrive pas à dormir. Il y a quelque chose qui ne va pas. Quelque chose d'indéfinissable qui me met mal à l'aise.

Elle revient, me fait un café, me masse les épaules. Mais cela ne colle toujours pas. La dernière parole du vieux débris tourne dans ma tête : « Assassin! »

Pourquoi? Je ne suis pas un assassin, je n'ai tué personne. Jusqu'ici j'ai toujours utilisé une psychologie fondée sur l'intimidation, la pression exagérée et la violence verbale. Mes menaces ont fait payer mes débiteurs, plus sûrement que les coups. Dans cette comédie cruelle, j'ai plus souvent fait peur que mal. Je me suis fait une réputation de tueur sans tuer personne et j'en suis fier.

Alors pourquoi « Assassin »?

Parce que je suis en train d'en devenir un!

Je ne peux pas continuer dans cette voie et jouer mon personnage sans en arriver un jour ou l'autre à commettre l'irréparable. Il y a quelques jours, lors de l'affaire Peter, si j'avais dit : « On le tue », tout le monde aurait acquiescé et achevé cette loque sans l'ombre d'un remords. Même Louie D'Amour qui haïssait la violence.

Il est vrai que je n'ai descendu personne, que je n'ai jamais ôté la vie à quelqu'un au sens propre du terme. Mais il y a eu des victimes, beaucoup de victimes qui, moralement, ne s'en remettront jamais.

Des souvenirs, des scènes de récupération me reviennent. Des visages ensanglantés, aux regards terrifiés, défilent devant mes yeux. Mais je n'ai pas affaire à des enfants de chœur ou à d'honnêtes rentiers. Le monde où j'évolue est un monde dur où, pour survivre, je me dois d'être plus dur encore.

C'est un choix. En plongeant dans cette aventure, j'en ai accepté la violence dès le départ. Quand j'ai commencé les récupérations de dettes, je savais où j'allais. Mais j'aurais pu en contrôler la brutalité, au lieu de l'exagérer. Sans changer de méthode, j'aurais pu éviter beaucoup de coups inutiles, mais j'ai trop voulu suivre une image.

Quand j'ai commencé, c'était avant tout pour bien rigoler. Parodier les gangsters de la Mafia, m'inventer un personnage, manipuler les gens à leur insu comme des pions sur un échiquier, m'imposer à la flambe, sans rien d'autre que le culot et l'opportunisme, tout cela m'a bien amusé. Mais je me suis pris au sérieux! J'ai perdu de vue le comique de la situation. Je ne m'amuse même plus. A vouloir trop bien faire, je suis devenu un businessman du banditisme, préoccupé de rendement.

C'est pas moi cela! Je ne suis pas un gangster dans l'âme. Je recherche seulement le frisson. Mais quelle excitation peut m'offrir la ville à part ce genre d'aventure? Pour moi il n'y a pas d'autre alternative dans un monde citadin.

Je n'ai plus rien à faire dans cette ville.

Ce soir, j'ai eu comme un déclic et je tourne et retourne dans le studio, cherchant une réponse. Je regarde par la fenêtre, fais trois pas jusqu'à la salle de bain, reviens. Ginger, exténuée, s'est endormie, après m'avoir fait couler un bain.

J'avale un somnifère mais, une heure après, je me réveille avec une impression de malaise, des pensées plein la tête.

Ça va mal.

La journée commence lentement, trop lentement. Je m'emmerde. Je suis mal dans ma peau.

« On va faire un tour ? me propose Ginger en désespoir de cause. Tu veux que j'appelle D'Amour ? Je peux conduire aussi, si tu préfères. »

Même la limousine ne me paraît plus attrayante. Ce n'est plus un jouet luxueux, symbole de ma puissance, mais une cage dorée où je n'ai pas envie de m'enfermer.

La journée se traîne. L'approche du soir et des parties dans mon club de luxe n'a même plus de saveur. Des pensées, des anecdotes, des visages me traversent l'esprit comme des flashes.

Et ce soir, c'est presque avec soulagement que j'accueille l'arrivée de mes préférés.

« Police ! Personne ne bouge ! »

L'un des deux types accoudés au bar, un verre à la main comme des dizaines de consommateurs que je ne connais pas, vient de se dresser, exhibant son insigne de flic. L'autre se tourne vers Vic Costelli, debout derrière le bar.

« Toi ! Ouvre la porte et vite ! »

Liquéfié, Vic ne bouge pas. Il est tout pâle et ne peut que bredouiller :

« Mais, comment... mais... »

Le flic, énervé, passe la main par-dessus le comptoir et l'attrape par la chemise.

« Ouvre je te dis, vite ! »

Tremblant, Vic appuie sur le bouton d'ouverture. La foule de flics massés derrière la porte fait aussitôt irruption dans la pièce. J'ai profité de l'hésitation de Vic pour me fondre lentement, à reculons, dans la foule qui, abasourdie, commence seulement à réagir et à rejoindre le fond de la salle.

J'entraîne au passage D'Amour qui, pétrifié, n'a pas bougé.

« Par ici, l'escalier de secours. Par les toits. Grouille! »

Les flics, quelque peu intimidés par le faste du décor, hésitent à se répandre dans la pièce. Nous en profitons pour rallier la fenêtre, courbés, cachés par la masse compacte des consommateurs qui refluent.

Je lutte quelques secondes avec la fenêtre qui refuse de s'ouvrir. Bon Dieu! Et merde pour la discrétion! En deux coups de pied, je fais sauter la vitre qui vole en éclats.

D'Amour enjambe l'appui, suivi de Ginger, ses chaussures à talons hauts à la main.

« Hé! vous, là-bas! arrêtez! »

Un flic m'a repéré. Hurlant pour couvrir les cris des femmes, il se rue à travers la foule. C'est le signal du sauve-qui-peut.

Je suis déjà dehors. Le vent glacé me coupe le souffle. Je cours sur le toit enneigé du building contigu. Au bout, une autre plate-forme, trois mètres en contrebas.

J'aide d'une tape dans le dos D'Amour qui hésite à sauter. La neige amortit notre choc.

« Vite, *partner*, c'est vraiment pas le moment de se faire prendre. »

Ginger, qui a lâché ses chaussures, a déjà atteint l'escalier de secours. Moitié courant, moitié glissant, nous dévalons les marches de fer à toute allure dans un bruit d'enfer.

Derrière moi, des cris et des chocs dans l'escalier, qui vibre sous notre course, m'indiquent que d'autres ont choisi le même chemin. Je trébuche et me rattrape à la rampe gelée.

Le dernier tronçon de l'escalier est remonté. Ginger s'escrime sur la sécurité du treuil, bloquée par le gel.

« On n'a pas le temps, saute! »

Je glisse sous la rampe, me suspends par les mains à la ferraille et atterris lourdement sur le sol. Après un court moment d'hésitation, Louie et Ginger sautent à leur tour.

La ruelle est déserte. Ils n'ont même pas pensé à bloquer – ni même à surveiller – la sortie arrière. Un dernier coup d'œil au sommet du building, où un flic en uniforme nous somme d'arrêter en hurlant, et je m'élance.

Devant moi, Ginger court pieds nus dans la neige. Deux minutes plus tard, nous sommes bien au chaud dans la limousine.

ÉPILOGUE

L'aventure est finie. J'en ai pris la décision cette nuit même en arrivant chez Ginger. En me dénonçant, le vieux débris a apporté la solution à mon problème. Je n'ai plus de club et pas la moindre envie d'en rouvrir un. Je vais repartir au soleil.

Cette nuit, je dors bien. Pour la première fois depuis longtemps, je m'offre une grasse matinée décontractée. Plus de soucis, c'est une nouvelle histoire qui commence. Je flemmarde au lit, rêvassant aux pays où je suis sûr de trouver du soleil.

Je fais l'inventaire de ma garde-robe en sifflotant, heureux, sans arrière-pensées. Ça c'est pour les pauvres, ça j'emmène... Je sélectionne quelques costumes et les jette sur le lit. Les smokings ? Non, là où je vais, inutiles. Les chaussures non plus, du moins pas autant. Je fais quelques aller et retour dans la salle de bain, pour ramasser mes ustensiles.

Je me regarde dans la glace, j'ai bonne mine, je suis heureux !

« Ginger, il y a une Armée du Salut ici ? Tu leur donneras tout ça », dis-je en montrant les placards pleins.

Elle ne pose pas de questions, elle a compris et me regarde vaquer dans la pièce avec un regard triste. Pauvre Ginger ! Je n'y peux rien, la vie doit suivre son cours et je suis déjà ailleurs, dans l'avion, sur une plage au soleil, loin.

Je regarde les affaires entassées sur le lit. Je n'ai jamais porté de valises de ma vie et je ne vais pas commencer maintenant. Je fais une rapide sélection, éliminant quelques chemises, et puis finalement je n'ai besoin de rien. Tout cela appartient au passé.

Je bazarde le tout et fourre dans un petit sac en cuir un jean, une chemise et une brosse à dents.

Je range dans un tiroir fermé à clef mon 38 et son holster. Je n'en ai plus besoin. Cizia, mafioso, tueur et tricheur, c'est fini! Mon aventure canadienne se résume au rouleau de billets que j'ai dans la poche.

Le temps de récupérer mon passeport au bureau de l'immigration, de prendre un billet sur le premier avion en partance vers le sud et demain je me sentirai bien.

Je retrouve D'Amour en fin d'après-midi au Maxwell Plum's. Il a l'air abattu mais me regarde venir comme le Messie en personne. J'ai un grand sourire rayonnant qui le rassure aussitôt.

« Alors, qu'est-ce qu'on fait?

— Ce que tu veux, pour moi, c'est fini.

— Bon Dieu, qu'est-ce que tu dis?

— Fini, Toronto, fini les booze-cans. Ça a assez duré, je passe à autre chose.

— Mais, *partner*...

— Il n'y a plus de *partner*, vieux... »

J'entrouvre ma veste et lui montre mon épaule vide de tout holster.

« Je me retire du jeu. *E finita la commedia!* Je suis fatigué et j'en ai marre. C'est toujours la même chose. J'ai envie de soleil et de mer.

– Alors, plus de parties de cartes ensemble, plus de pigeons et de déconnades? »

Il me regarde, triste comme un enfant à qui on vient d'annoncer que Noël est supprimé cette année.

« Je n'ai pas dit cela. Seulement Toronto et les booze-cans, ras-le-bol! Je pense aller à Miami. Laisse-moi le temps de m'agrandir un peu et je te fais venir pour plumer les plus riches pigeons de ta vie. »

Je lui lance le double des clefs de la limousine.

« Je te rends ta voiture, tu n'as pas tout perdu. »

Il en retrouve le sourire et voit mon départ d'un autre œil. Décidément, Louie D'Amour est indécrottable!

CE soir, nous sommes tous réunis pour la dernière fois. C'est l'apothéose, le champagne coule à flots. Autour de la table, les acteurs de ces derniers mois sont venus saluer avant le rideau final.

En plus des intimes, beaucoup de relations, habitués du Maxwell Plum's, se joignent à nous. La plus grande partie de l'assemblée est composée de filles, toutes des copines, aussi belles les unes que les autres. Maîtresse d'un soir, partenaire d'une étreinte rapide entre deux jeux, je les ai toutes eues. J'ai beau parcourir la salle du regard en quête d'une dernière nouveauté, je m'aperçois avec satisfaction que je n'aurais pu mieux faire.

Entre deux coupes de champagne, je caresse quelques croupes d'un geste mélancolique pendant qu'autour de moi la fête bat son plein. Igor et Louie D'Amour, déjà sérieusement entamés, se disputent les tournées avec le Russe, présent pour la circonstance. Il s'est visiblement refait une santé financière qui lui permet de retrouver ses racines et de nous offrir le show complet. Grand seigneur, il boit à la cosaque et chacun de ses toasts est accompagné d'un fracas de cristal, au grand désespoir de Sam, le maître d'hôtel, qui, s'il est habitué à mes excès, les tolère difficilement chez les autres. Mais pour rien au monde il ne ternirait ma dernière fête et lorsque le Russe s'empare d'une hache d'incendie pour sabrer dignement le champagne, il ne s'interpose pas.

A mes côtés, Paolo vise la grande classe. Moustache conquérante, des bagues à chaque doigt, boudiné dans un costume violet aux épaules rembourrées, il s'est attaqué à la seule tâche impossible de la soirée : draguer comme un forcené Jo et Roxanne qui se prêtent au jeu et hurlent de rire à chacune de ses bêtises. De temps à autre, il m'adresse un clin d'œil complice et assuré qui augmente l'hilarité de ses « proies ».

Pour la première fois, Bananas sort de son rôle de père de famille et, toujours vêtu de son vieux costume démodé, lance quelques mains timides en direction des rondeurs féminines qui s'agitent autour de la table.

Seule Ginger, accoudée au bar, reste silencieuse. Elle, d'habitude si expansive, ne participe pas à l'euphorie générale. Debout en face de moi, elle ne me quitte pas du regard. Quand nos yeux se rencontrent, elle s'efforce de sourire, d'un sourire triste qui l'embellit encore. Elle n'a d'ailleurs jamais été aussi belle. Son corps aux courbes parfaites est moulé par une robe aux couleurs vives. J'ai présent dans l'oreille le tintement cristallin de son rire. A cet instant, j'ai envie d'oublier tout le monde, de la serrer dans mes bras, sans un mot, de sentir ses cheveux crépus et parfumés contre ma joue.

Pendant trois mois, elle a été pour moi la compagne idéale. Merveilleuse au lit, parfaite en toutes circonstances, exubérante ou effacée selon mes états d'âme qu'elle devinait instinctivement, Ginger a toujours su respecter mon indépendance. Elle fait partie des rares personnes pour qui aimer c'est avant tout donner. Sa prévenance, son rire et son admiration enfantine, elle ne me les a jamais refusés, trop attentive à mes humeurs. Aucune jalousie, jamais un reproche.

Moi aussi je suis triste, mais je réprime l'envie de la consoler par les seules paroles qu'elle aimerait entendre. Je ne veux pas m'abandonner à une tendresse qui se changerait vite en hypocrisie.

Demain, je pars et, malgré toutes les qualités de Ginger, il est exclu que je l'emmène. Je suis un solitaire à la recherche de l'aventure et ma liberté passe avant tout. C'est ma vie.

Pour évacuer l'accès de tristesse qui me prend, une seule solution : la fête et beaucoup de coke. Toute ma réserve doit y passer. Il est seulement deux heures et la nuit est encore jeune.

« Gin', passe-moi tes clefs. Je vais chercher le paquet à la maison. D'Amour, tu m'accompagnes dans ta nouvelle voiture ! »

Le champagne et la coke nous ont bien allumés et nous marchons à grand-peine. La voiture zigzague à travers les rues désertes.

« Je t'accompagne en haut, dit-il en se garant tant bien que mal le long du trottoir. Je veux au moins venir une fois sur le lieu de tes exploits ! »

Je ne l'ai jamais autorisé à entrer chez Ginger malgré ses demandes réitérées. On ne peut pas tout partager et je trouvais plus drôle de regarder sa tête envieuse quand je lui racontais mes après-midi.

« O.K., si tu arrives à monter les marches. »

Nous gravissons difficilement et bruyamment l'escalier qui mène au premier étage. Incapable de trouver la lumière, j'ai du mal à mettre la clef dans la serrure. L'appartement est plongé dans l'obscurité. Je tâtonne pour trouver l'interrupteur quand une odeur frappe mes narines, une odeur aigre de transpiration inhabituelle dans ce lieu toujours propre. Je fais quelques pas et allume la lumière.

Le premier coup me cueille à la base du crâne et me précipite en avant. Deux Noirs, armés de battes de base-ball me réceptionnent d'un grand coup dans le ventre. Puis cela pleut de partout, sur la tête, les épaules, dans le dos. Derrière moi, j'entends Louie hurler. Je me défends des pieds et des coudes, aveuglé par le sang qui coule sur mon visage. Des os craquent sous mon poing, j'entends un hurlement de douleur.

Une seule pensée m'anime : sortir de ce piège avant de m'écrouler. Je fonce dans le tas, bousculant tout sur mon passage. Un coup en pleine gueule me stoppe net et je m'écroule, entraînant un assaillant dans ma chute.

Je me relève, un coup à droite, un coup à gauche et je suis dehors. Le dernier assaut m'envoie bouler dans l'escalier où je roule jusqu'en bas, talonné par mes agresseurs. Je me relève à peine qu'ils sont déjà sur moi. Mes jambes courent toutes seules et m'emmènent droit devant moi.

A travers ma semi-inconscience, une seule pensée m'anime : fuir. Une cavalcade éperdue m'amène sur le trottoir quand une voiture s'arrête devant moi dans un crissement de freins, portière ouverte.

« Cizia, vite ! »

C'est la voix de Louie. Aveuglé par le sang, je n'avais pas reconnu la Lincoln. Je plonge dans la voiture qui démarre dans un hurlement de pneus martyrisés au moment où les Noirs jaillissent sur le trottoir.

« Cizia, je vais mourir. »

D'Amour vient de se tâter le crâne avec précaution et regarde, horrifié, ses doigts ensanglantés, oubliant la conduite de la Lincoln.

Je m'affale sur le siège. Je tremble nerveusement

et glisse lentement dans un trou noir. La bouche pleine de sang, je balbutie :

« Va à l'hôpital au bout de l'avenue. On va se faire soigner. »

« Non ! Je veux aller à l'hôpital catholique. Je vais mourir. Je veux voir un prêtre. »

Il m'énerve. Je veux lui dire d'arrêter ses conneries, mais parler est au-dessus de mes forces.

« Si tu en as blessé un, c'est là qu'ils vont venir ! Il faut aller à l'hôpital catholique. »

Sa voix est lointaine. Je me raccroche désespérément à une petite lumière pour ne pas tomber dans les pommes. Je souffre de partout.

A l'hôpital, des infirmiers, surpris bien que blasés, m'aident à sortir de la voiture et m'étendent sur une banquette. D'Amour, persuadé que sa dernière heure est venue, gémit doucement. Le sang qui coule dans ma gorge m'étouffe et, entre deux quintes de toux, j'entends ma voix résonner dans ma tête, étrangement calme et lointaine.

« Tranquille... on va se faire soigner... puis on retourne chez eux... leur faire sauter la tête... pas de problème... »

Il me regarde, horrifié. Son visage danse devant mes yeux.

« Mais je vais mourir !

– Mais non... On va tout faire sauter... tout à l'heure... pas de problème... »

Il pousse un long gémissement.

« Tu es fou, tu as vu dans quel état tu es ? »

Les infirmiers reviennent et nous emmènent dans la salle de soins. Au passage, je me vois dans une glace. Malgré le voile qui tombe devant mes yeux, je mesure les dégâts.

Mon visage n'est qu'un masque sanglant, les chairs sont déchirées et mon nez est une bouillie informe. Dans ma bouche aux lèvres éclatées je sens les dents qui bougent. De mon crâne ouvert le sang coule abondamment. Tout mon corps me fait mal. Seule blessure honorable, la jointure de mes doigts est à vif.

Une douleur aiguë me perce le côté quand je respire. Mon cou est bloqué et mon bras gauche refuse tout service. Je sombre doucement dans le brouillard.

La brûlure de l'alcool sur mes plaies me tire de ma torpeur.

« Ne bougez pas, me dit l'infirmier qui me désinfecte le visage. Il va falloir vous hospitaliser. »

J'articule péniblement un non catégorique. Un docteur arrive, me fait plusieurs points de suture sur le crâne et me recoud l'oreille droite dont le lobe pend, arraché.

« Vous refusez l'hospitalisation ?

– Oui, ça va aller. »

Bien que je sois encore cotonneux, mon cerveau recommence à fonctionner. Ça va déjà un peu mieux.

« Que s'est-il passé ?

– Rien, ça va.

– Ce n'est pas une réponse. Je suis obligé de faire un rapport. »

Il insiste et lentement mon esprit se met en branle.

« On s'est battus tous les deux, maintenant, on est copains.

– Et c'est le petit maigre qui a gagné, je suppose », me répond-il, sarcastique.

J'acquiesce d'un hochement de tête qui m'arrache un grognement de douleur.

« C'est votre problème de toute façon », dit-il en s'éloignant.

Je suis salement touché, mais je tiens encore debout. La colère atténue l'effet des blessures. Je me fais conduire à Chinatown où Li-Han me propose aussitôt une planque et son aide. Harry me contemple, catastrophé, évaluant les dégâts.

« Harry. Trouve Ginger. Pas qu'elle aille chez elle. Ramène-la ici. »

Ma bouche est en compote. J'ai du mal à articuler.

« Reviens. On a du boulot. Prends le 38 chez Ginger. Reviens.

– O.K.... O.K... Repose-toi. »

Une heure plus tard, je sais que la vengeance va devoir attendre. Je ne suis plus qu'une seule douleur. Il faut que je récupère au moins quelques jours. Je lutte contre un sommeil qui m'envahit et raidit tous mes mouvements.

Un quart d'heure plus tard, je comprends enfin que je suis K.O., gravement touché, et je sombre.

Les premiers jours ont été terriblement durs. Le corps immobilisé, plongé dans un sommeil noir qui n'empêchait pas la douleur, je suis resté totalement inconscient quarante-huit heures.

J'ai émergé, conscient mais invalide. Ginger s'est dévouée, constamment à mes côtés, inquiète et attentive. Elle essayait de me faire avaler des bouillies, à la petite cuiller. Je ne pouvais pas le supporter. Je ne voulais pas qu'elle garde ce souvenir de moi. Savoir qu'elle me regardait dans cet état d'impuissance me rendait fou. Et cette douleur qui ne cessait pas...

J'ai repoussé toutes ses attentions. Les quelques mots que je pouvais articuler ont été des méchancetés cruelles. Il fallait qu'elle cesse de s'intéresser à moi. De plus, elle n'était pas en sécurité ici. S'ils la touchaient...

Tout allait mal, tellement mal. Il fallait qu'elle parte. Après deux jours de traitement, elle a cédé. Je lui ai fait donner beaucoup d'argent. Elle est partie pour Tobago, son île natale. Elle pourra y prendre l'air en sécurité. Elle disparue, j'ai pu sombrer à nouveau, mon principal souci réglé.

Et j'ai demandé de l'opium.

C'est la seule solution pour supporter les massages, pourtant prudents, que Yac-Minh me prodigue. Régulièrement, elle vient doucement tenter de redonner de la souplesse à mes muscles qui ne répondent plus. Je navigue dans un semi-coma, dont j'émerge en sursaut. Parfois, tout est obscur autour de moi, à part la petite veilleuse du Bouddha, parfois des visages de vieillards chinois sont penchés sur moi. J'entends vaguement jacasser à côté. Parfois, c'est le visage de Yac-Minh, la petite masseuse, qui me contemple avec inquiétude.

Je n'ai qu'à tendre la main pour prendre une boulette d'opium. Le simple geste de la porter à ma bouche est une torture. C'est encore pire de l'avaler, car ma gorge a dû enfler, mais au bout de quelques minutes la petite boule me renvoie dans le noir.

Peu à peu, je reviens à la vie. Chaque mouvement m'arrache un grognement de douleur mais je peux supporter d'être conscient quelques heures par jour.

Je suis couvert d'hématomes et de plaies. J'ai pris un nombre incalculable de coups. Respirer me fait mal. J'ai certainement quelques côtes froissées ou fêlées. Ma gorge me semble brisée, comme par une angine, et je ne peux pas fumer.

Un coup de batte m'a fait sauter des bouts de dents, sur le devant, en bas. Mes lèvres, n'en parlons pas. Ce sont les plaies les plus douloureuses. Les plus pénibles, celles qui entretiennent ma rage, sont les coupures, légères et peu profondes. C'est une lame qui m'a sectionné l'oreille. Je porte sur le torse et le dos plusieurs estafilades.

Li-Han a fait devant moi l'inventaire de mes vêtements. Tout est lacéré. Il a déployé devant moi mon manteau de fourrure en lambeaux et m'a fait remarquer ce que j'avais déjà compris :

« Ils voulaient te tuer, Cizia. »

Ils voulaient me descendre à la batte, puis me découper tranquillement. J'ai eu beaucoup de chance. La coke alliée à mon instinctive envie de vivre ont dû me porter. Tomber sous leurs coups, c'était la mort. C'est une sorte de miracle, mais je vis encore.

Ces enculés avaient décidé de m'exécuter !

Chaque fois que le nom d'Isaac Jones me vient à l'esprit, une flambée de haine m'envahit. C'est une rage impuissante, désespérante. Dans l'état où je suis, je ne peux que me mettre en colère. Cela n'empêche pas ce maquereau de merde de dormir tranquille. Rien ne peut atténuer ma honte. Je me suis fait descendre comme un pigeon par des *pimps* noirs rancuniers. Ils m'ont forcé à courir, à détaler presque inconscient. A fuir ! Moi, la grande gueule, je me suis fait avoir.

Dans la position où j'étais, après avoir persuadé la ville que j'étais le plus fort ! Quelle honte ! Et mes employés, Li-Han, Harry, Yac-Minh, qui me voient dans cet état!

Je n'ai qu'une hâte, c'est de pouvoir bouger et d'aller faire ravaler à Jones et à ses clowns chacune de ces minutes. Je vais les écraser. Je vais nettoyer la ville de ces salopards. Je les aurai un par un.

L'impuissance est un sentiment terrible. Je suis totalement dépendant, incapable de bouger. S'ils me trouvent ici, je ne pourrai rien faire. Je sais que l'endroit est secret. Bobby Thompson n'en connaissait pas l'existence. La seule possibilité qu'ils aient de me retrouver, c'est qu'un de mes employés me trahisse. L'idée me semble le plus souvent absurde. Harry m'a déjà prouvé sa fidélité. Li-Han, jusqu'à présent, a semblé régulier...

J'ai planqué le 38 à côté de la natte, sous un chiffon. Il ne me sauvera pas mais je pourrai au moins tirer une fois. J'aurai peut-être Jones s'il se déplace en personne. Ou ce salopard de Li-Han s'il m'a trahi.

Je divague. Je suis totalement en sécurité ici. Petit à petit, mes pensées redeviennent cohérentes et les douleurs, enfin, reculent. Je passe mes heures, entre deux massages, à ruminer mes plans de vengeance.

En attendant ce jour merveilleux, je me repose. Je n'ai rien d'autre à faire qu'à rester immobile. Mon nez cassé en trois endroits m'interdit de prendre de la coke et, sans ce poison, pour la première fois depuis des mois, je peux me détendre.

Je dors mieux. Le sommeil m'emporte dès que la nuit tombe. Je me réveille tôt le matin. Nous sommes en avril et les journées sont plus claires. C'est pourtant vrai qu'il fait jour parfois dans cette ville. Je l'avais presque oublié.

Je sens les forces renaître dans mon corps et bientôt je commence à marcher dans la chambre, mais je suis encore raide et contusionné. Je mange régulièrement des soupes que me monte Li-Han, mon brave copain chinois.

Mon moral s'améliore. Sans la coke, je suis plus lucide. Je sors d'un tourbillon fou qui m'a entraîné plus vite et plus loin que je ne le réalisais.

Je me suis fait apporter un miroir, maintenant que je m'imagine présentable : quelques rougeurs, une cicatrice à l'oreille, le nez dans un sale état témoignent de l'agression. Pour le reste, la gueule pâle d'un type qui a trop fait la fête. Plus quelque chose d'autre.

Sous les dégâts, mon visage me semble différent. Peut-être dans les traits, ou dans le regard. J'ai un peu de cette expression dure que je forçais pour impressionner et qui ne disparaît pas. J'ai vieilli.

Solitaire, je pense à ce qui s'est passé ces derniers mois. A toutes mes actions, même les plus inavouables, celles dont je ne parlerai jamais. Je me vois comme j'étais, un fou, avide de déclencher le plus grand bordel possible, et qui est allé trop loin.

Petit à petit, ma haine se calme. Les Noirs ont agi avec logique. J'ai récolté les coups que j'avais semés et, d'une certaine manière, la volée m'a été salutaire.

Je réglerai les comptes, mais j'ai renoncé à l'idée de buter tout le monde.

Je passe de longs moments avec Harry. Il m'apporte les nouvelles. Li-Han monte souvent me voir. Le reste du temps, je le consacre à réfléchir.

Louie D'Amour a disparu, en quatrième vitesse.

Quand il a appris que j'avais l'intention de faire sauter les Noirs, il a dit à Harry que c'était trop pour lui. Il est parti en vacances à New York.

Ginger est en sécurité. Elle s'est montrée fantastique jusqu'au bout.

Bobby Thompson. C'est lui qui m'a trahi. Il a donné à Jones l'appartement de Ginger. Personne ne m'avait attaqué auparavant pensant que j'étais le représentant d'une organisation puissante. Bobby a passé assez de temps dans mon intimité pour savoir que j'étais un solitaire marchant à la flambe.

Bananas a disparu. Bonne chance !

Haig s'est inquiété de savoir ce que j'étais devenu. Je ne lui donnerai pas de nouvelles. Il a eu assez d'ennuis comme cela. Je lui souhaite une longue vie, qu'il s'amuse encore longtemps.

Isaac Jones. Il va payer. Je n'éprouve plus de rancune, mais j'y suis obligé. Vis-à-vis de moi-même. Mais c'est sans haine.

Un soir, je dis à Harry :

« J'ai un dernier travail, vieux.

– Pas de problème.

– Tu sais, le casino, c'est terminé.

– Pas de problème. »

Je lui ai expliqué ce que nous allions faire. Il m'a approuvé et il est allé chercher toutes nos armes. On a passé une bonne partie de la nuit à nettoyer le riot-gun et le 38 en déconnant.

Le lendemain, il a réuni quatre de ses relations, des types sortis de Kingstown, le pénitencier fédéral. Ce sont des mécaniques parfaites qui ne connaissent que la violence. Li-Han, pour ne pas être en reste, m'a fourni deux Asiatiques, des boxeurs thaïlandais trapus et dangereux, que j'ai envoyés en repérage chez Isaac Jones. Je sais qu'il habite du côté ouest, un building moderne doté d'un parking souterrain. Je sais également qu'il rentre vers quatre heures du matin chez lui.

Le soir, on y va. Harry m'aide à descendre l'escalier. Dans le restaurant, je dis adieu à Li-Han. Il est ému, il sait que je ne reviendrai pas, il a pris mon billet d'avion. Je change de continent demain, tôt, le matin. Tout est prêt, sauf la dernière formalité.

« Adieu, Li-Han.
– Adieu, Cizia. Bonne chance. »

Dans la rue, l'air froid de la nuit blesse mes poumons. Harry conduit. Les autres nous précèdent.

Dans le parking, c'est la distribution. 38 pour moi, riot-gun pour Harry. Les autres ont leur propre matériel, couteaux et coups de poing américains. Bien sûr, nous avons chacun une bonne vieille batte de base-ball.

Je suis le seul à avoir le visage découvert. Les autres ont des passe-montagnes qui dissimulent leurs traits. Ils ne risqueront ainsi aucune représaille. Moi, je pars, et à quoi servirait cette expédition si Isaac Jones ne savait pas qui venait lui rendre visite?

Il tarde. Nous sommes accroupis derrière les voitures. Nous attendons depuis deux heures. Le froid mordant de la nuit sur mes blessures fraîchement cicatrisées m'indispose et me rappelle le pourquoi de ma présence. Il faut qu'il vienne cette nuit. Mon avion est pour ce matin et je ne peux décemment pas partir avec une ardoise impayée.

Plusieurs fausses alertes entretiennent le suspense. Des noctambules attardés, dont un est venu se ranger à quelques mètres de nous.

S'il nous avait découverts, il aurait eu la trouille de sa vie.

A cinq heures enfin, la Cadillac rose et vert se gare dans le parking. Isaac Jones en descend avec ses gorilles. Mes hommes ont bondi et, quand ils s'aperçoivent de notre présence, c'est déjà trop tard. Ils sont fouillés et désarmés. Isaac Jones est en face de moi.

Je m'approche. Harry me tient les bras, m'aidant à lever la batte de base-ball.

Le coup qui lui a fait sauter toutes les dents n'était qu'une formalité. Il m'avait rendu service en me ramenant à la réalité. Je lui ai retourné le message, en espérant qu'à lui aussi, ce serait profitable.

J'ai payé tout le monde, largement, puis Harry a chargé l'arsenal dans notre voiture. Nous sommes allés jusqu'au bord du lac Ontario. J'ai déchargé le 38 et je l'ai envoyé le plus loin possible avec le holster. Le riot-gun a pris le même chemin, puis les battes de base-ball et les chaînes.

Le jour allait bientôt se lever. Nous avons bu un café en silence, Harry et moi, puis j'ai sorti de ma poche tout mon argent. Un rouleau épais de grosses coupures que je lui ai tendu.

Surpris, il a ouvert de grands yeux et a voulu protester.

« Chut ! C'est pour l'Australie. »

Il l'a pris sans rien dire. Il a des projets pour cet argent, il en profitera mieux que moi. Et surtout, je n'en veux pas. Il ne faut rien garder de ce mauvais pognon.

« Salut, Harry.

– Salut, Cizia. »

Toronto, une cité américaine prospère et tranquille !

Dans le taxi, sur le chemin de l'aéroport, j'ai vu le soleil se lever, resplendissant, sur Toronto. La lumière m'a fait cligner des yeux. A travers la vitre, la chaleur est venue me caresser. Que c'est bon d'avoir chaud.

Le chauffeur de taxi, un sikh en turban, qui ne sait pas conduire, se retourne vers moi et me demande :

« Touriste?
– Touriste.
– Vous avez aimé le Canada?
– Beaucoup. »

Toronto, c'était la fin de mes aventures citadines.

Pendant des mois, je me suis réveillé la nuit, hurlant, ruisselant de peur, les bras tendus en avant pour me protéger des coups.

DU MÊME AUTEUR

ORO, Hachette, 1985.
SAHARA, Hachette, 1986.

IMPRIMÉ EN FRANCE PAR BRODARD ET TAUPIN
Usine de La Flèche (Sarthe).
LIBRAIRIE GÉNÉRALE FRANÇAISE - 6, rue Pierre-Sarrazin - 75006 Paris.

ISBN : 2 - 253 - 04642 - 6   ◈ 30/6482/1